買って寝るだけ！

ゼロから5年で月5万円もらえる高配当株

投資系YouTuber
かつを

KADOKAWA

日本人は高配当株が大好きです。日本人ほど高利回りという言葉に心をくすぐられる国民はいません

（たぶん）。

30年近く続いた空前の低金利のせいか、はたまた、毎年定期的な収穫を心待ちにする農耕民族の習性か、日本人の多くは**高利回りの金融商品**に恋焦《こいこ》がれる傾向があります。**「元本保証で利回り30％」**（そんな金融商品あるわけない！）といった甘い囁《ささや》きに魅せられて巨額のお金を騙《だま》し取られる投資詐欺も頻発しています。日本人の高利回り崇拝は詐欺師たちに狙われやすい突っ込みどころ、弱点にすらなっているのです。

「貯蓄から投資へ」という国策のもと、２０２４年からは**生涯の非課税投資枠が最大１８００万円**に大幅拡充された**新ＮＩＳＡ**（ニーサ：少額投資非課税制度）がスタート。

成長投資枠（年間２４０万円／最大１２００万円）を使って高配当株に非課税投資できる

ようになりました。

新ＮＩＳＡでは**全世界株式や米国株価指数Ｓ＆Ｐ５００といった外貨建てのインデックス型投資信託に毎月つみたて投資**するのが最もポピュラーな投資手法になっています。確かに分配金（投資で得た株主配当などの利益）を再投資に回して**複利効果**で資産を大きく増やすうえでは新ＮＩＳＡの最適解かもしれません。

しかし、老後になるまで投資した資金に一切手をつけず禁欲的な生活を送るのが果たして**人生の最適解**といえるでしょうか。

高配当株投資なら定期的に株主配当金というキャッシュが入るので生活費＋αに使えます。

図1　新NISAで高配当株投資のイメージ

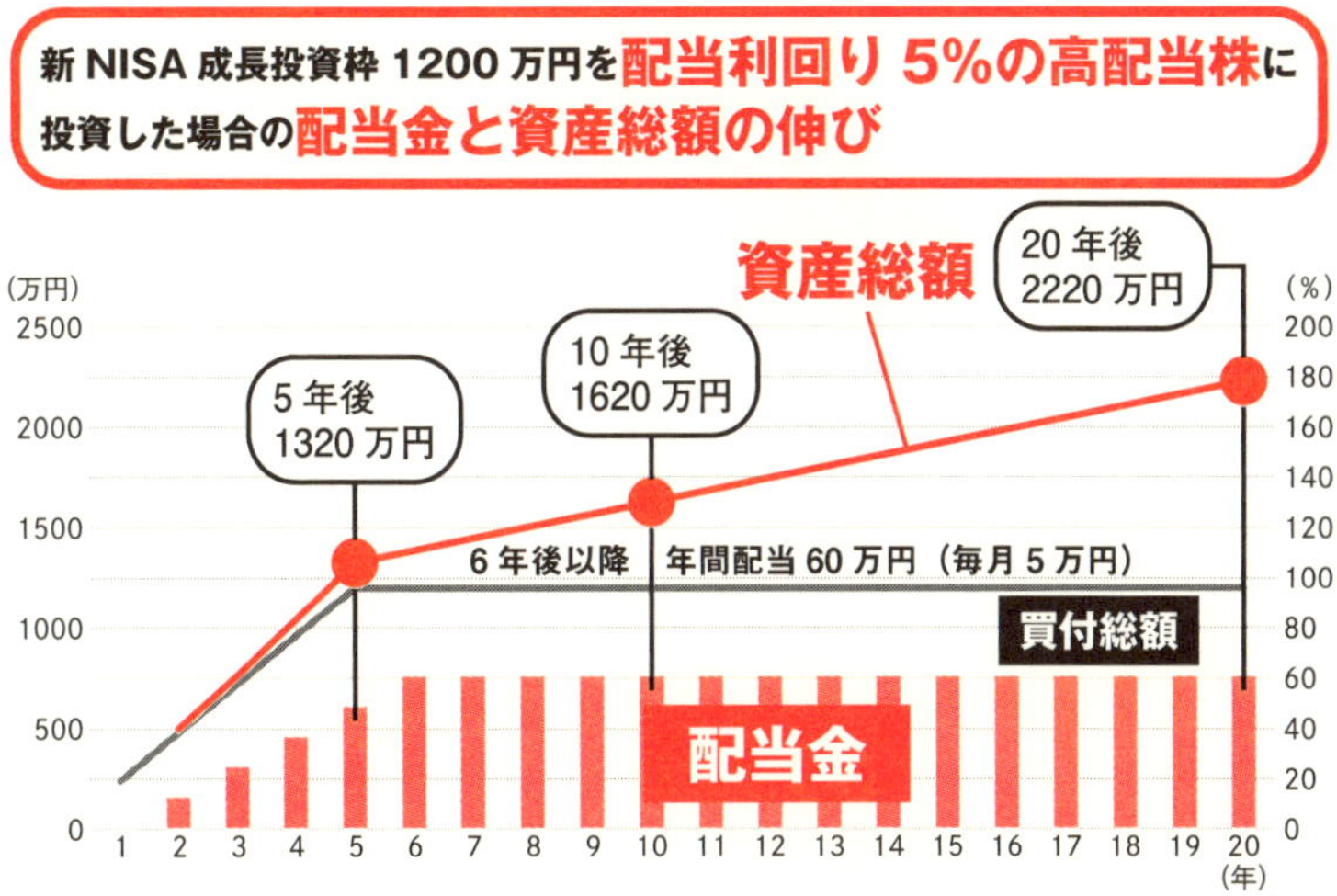

インデックス投資は新NISAの**つみたて投資枠（年間120万円／総額600万円）**だけでコツコツ続けて、成長投資枠では日々の生活に潤いをもたらし、家計の節約にもつながる高配当株投資を行いたいという投資家のニーズは根強いはず。

図1は新NISAの成長投資枠を使って年間の投資上限240万円を配当利回り5％の株に投資したときの資産の増加と毎年の配当

金の推移を示したものです。

成長投資枠は最大1200万円ですから、**最短5年**で非課税投資枠すべてを投資できます。

もし株価も年率5％の配当利回りもまったく変わらなかった場合、1200万円を投資し終わった6年後からは年間60万円の株主配当を非課税で受け取ることができます。

年間60万円なので月々5万円。

自分自身はまったく汗水垂らして働かなくても、

毎月5万円をチャリンチャリンと

図2　配当利回りの計算式

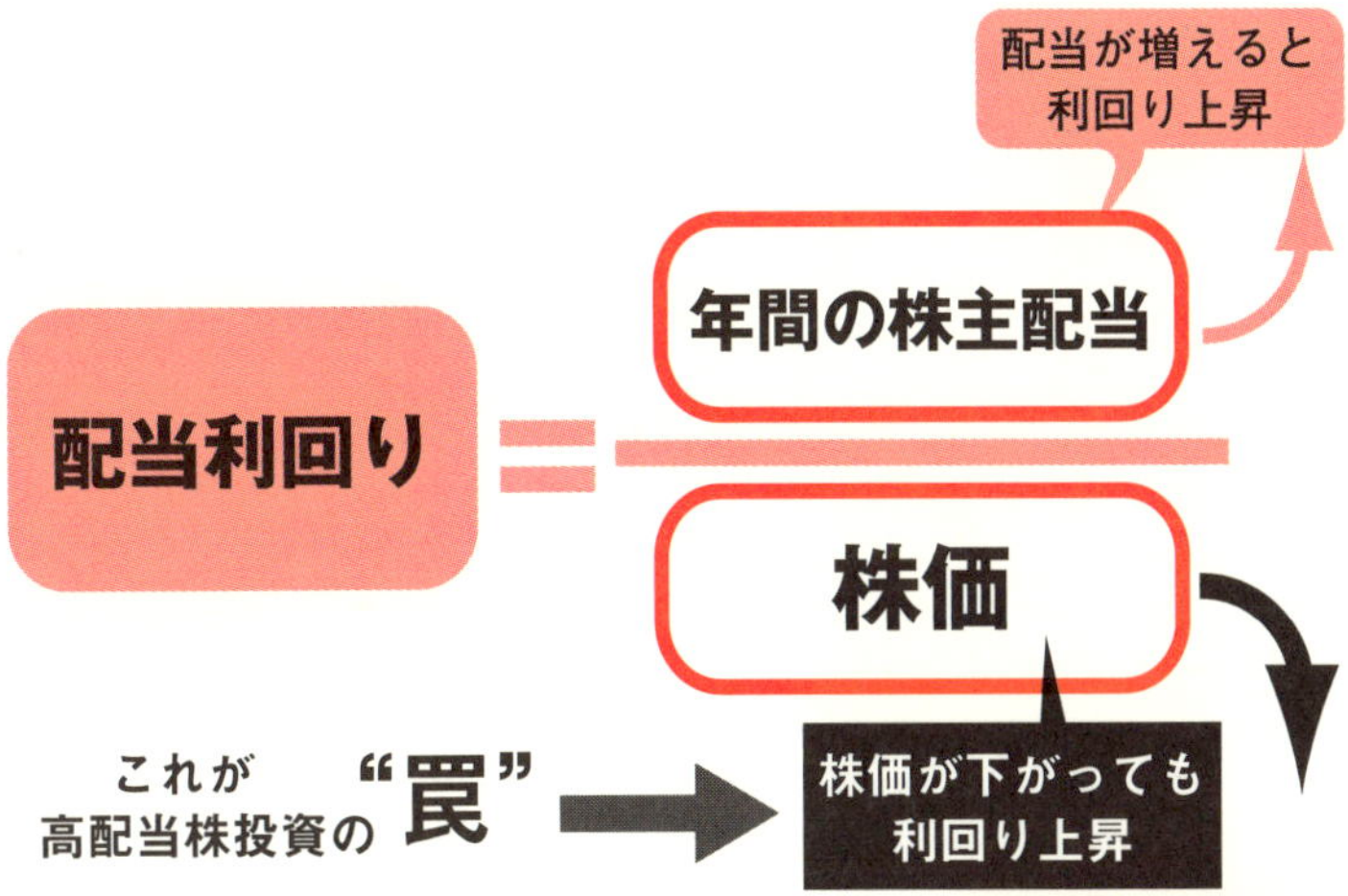

生み出してくれるお金マシーンを作ることができるのです。むろん、図1はあくまでモデルケース。実際は株価も値動きするし、株主配当の金額も毎年増減するので配当利回りも変化していきます。

配当利回りは「年間の株主配当÷株価」（図2）で計算しますが、そこには罠が仕掛けられています。

〇　分子の株主配当が増える（増配される）と利回りが上がる。

×　分母の株価が下がっても利回りは上がってしまう。

どちらがいいかは一瞬でわかりますよね。

これが配当利回りの高さだけに目がくらんで高配当株に投資する怖さです。

高配当利回りだと思って投資してみたら、その後、業績が悪化して株価も下落。とうとう株主配当を1円も出せなくなってしまった（無配転落）……。これが最悪パターンです。

では、ベストなシナリオは何かというと図3のように**業績が好調で株主配当が増え、もともと高配当株だったうえにさらに配当利回りが上がり、結果的に株価も上昇してホクホク**という最高パターンです。

図3　高配当株の最高・最悪パターン

では、最悪の高配当株と最高の高配当株を見分ける決め手とは？

それが本書の肝である「増配率《ぞうはいりつ》」。

投資対象の企業が毎年、株主配当をどれぐらい増やしているかの目安です。図4は購入当初、配当利回りが4％だった株が毎年5％ずつ株主配当を増やしていった場合、年間の配当金や買付金額に対する利回りがどれぐらい増えていくかをシミュレーションしたもの。

新ＮＩＳＡの成長投資枠1200万円を最短5年（毎年240万円）で埋め切るパターンで計算したところ、株主配当の買付金額に対する利回り（本書では**「自分利回り」**と呼びます）は年々増加し、運用開始から**8年後には利回り5・1％、年間配当収入は61・4万**

図4　高配当株投資成功の鍵は増配率

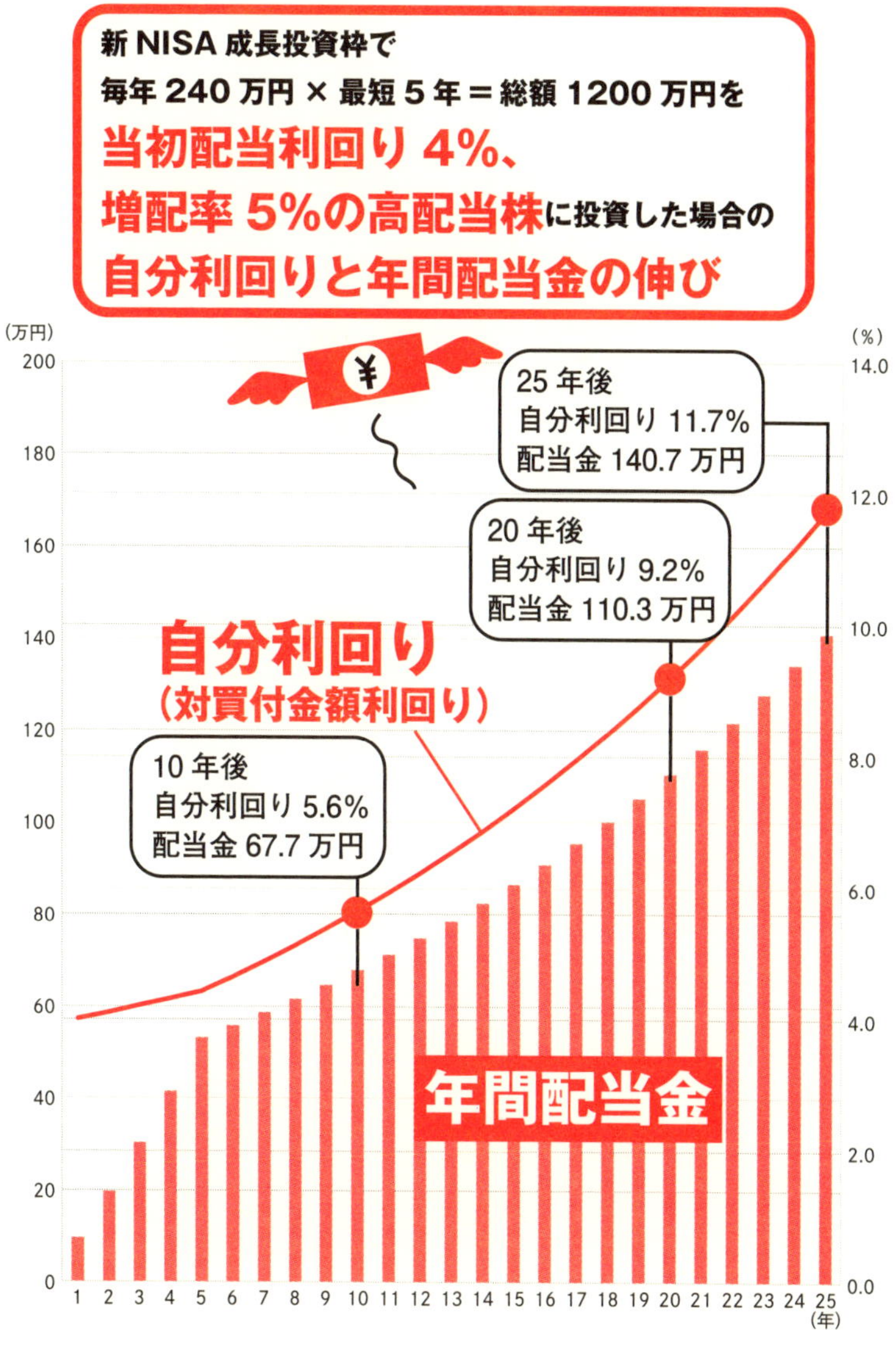

円（毎月5・1万円）に到達。目標の毎月5万円を達成できます。

さらに、

運用開始20年後の自分利回りは9・2％、年間配当110・3万円（毎月9・2万円）。

増配率に注目することで配当利回りも毎年もらえる株主配当の金額も飛躍的に上昇していくのです！

当然、投資元本に毎年、受け取る株主配当の金額を加えた**資産総額**（株価の上昇は加味しません）もうなぎのぼりに増えていきます。

図5は当初3％の配当利回り、増配率10％の企業に25年間、投資し続けたときの資産総額と年間配当金の推移です。

図5　25年後の差は155万円にも

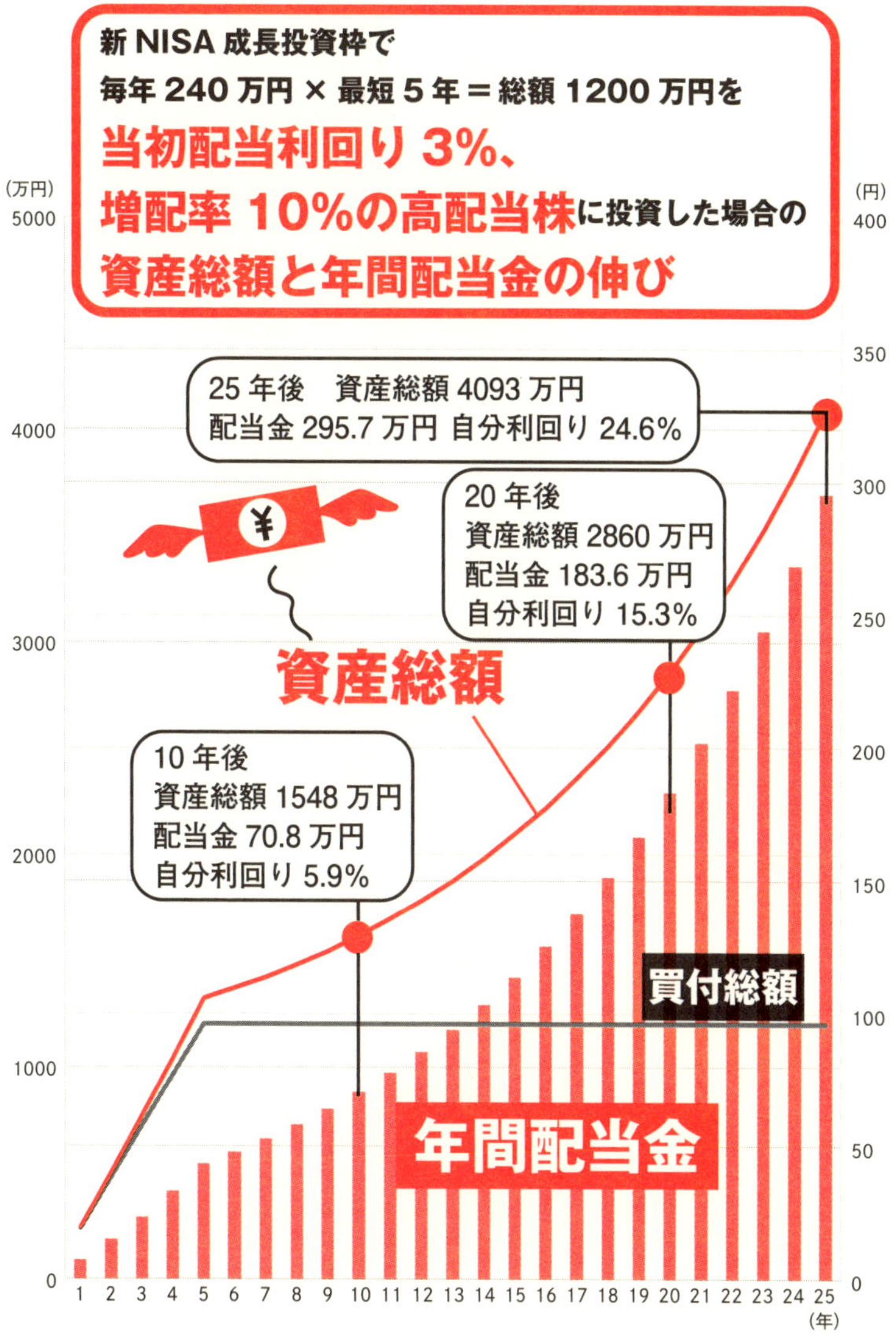

仮に増配率10％が25年間続いたとすると、当初の買付金額に対する**自分利回りはなんと24・6％**に跳ね上がります。

25年後の年間配当は295・7万円、資産総額4093万円（うち獲得利益2893万円）！

しかも、これは株価が25年間、1円も上がらなかったと仮定したもの。株価の浮き沈みに関係なく、株主配当という**頼れるインカムゲイン（定期収入）だけで2893万円もの実現利益（非課税）**が得られることになります。

毎年、株主配当を10％ずつ増配してくれる銘柄は業績も好調ですから当然、株価も大きく上昇して**投資元本1200万円に少なくとも数百万円の含み益**が発生していても不思議ではないでしょう。

増配率に着目して将来の配当金を想定する最大のメリットは今後、株価がどうなるか、クヨクヨしたり右往左往したりしなくていいこと。というのも、自分にとって重要なのは今、その株を買った場合の配当利回りではなく、あくまで自分がその株を買った時点の**買付金額に対する現在の株主配当の利回り**。

過去の自分の買付金額はいったん買ってしまえば永遠に変わりません。そのため、株を買った企業が平均5〜10％程度の増配率で毎年、株主配当を増やしてくれさえすれば、

将来の「自分の買値に対する配当利回り（自分利回り）」

を想定できるわけです。その計算式は次のようになります。

自分利回り＝数年後に増加した配当金÷買ったときの株価

増配率５％の企業は毎年、利益が５％ずつ増えている可能性が高いでしょう。利益が５％成長していれば株価も毎年５％ずつ上昇していても決しておかしくありません。つまり、

増配率≒利益成長率≒株価上昇率

ということ。株主配当も年々増加して、それにつられて株価も年々上昇する二重の意味でハッピーなお宝株を仕込むことができます。

成長投資枠1200万円の投資元本についてはまったく気にすることなく（きっと年々増えているでしょう）、年々増加する株主配当をチャリンチャリンと受け取れる**自分だけのお金マシーン**を手に入れることができます。

高配当株を**現時点の配当利回りの高さ**だけで選んでしまうと、分子の株主配当が増加せず、分母の株価が下がることで見た目の配当利回りが上がってしまった**罠銘柄**に引っかかってしまいます。

そこに**増配率という新たな視点**を加えることで株価の長期的な上昇にも期待できるお宝高配当株を見つけることができるわけです。

本書は新ＮＩＳＡの成長投資枠に特化した新しい高配当株投資のやり方を解説した本です。その方法はとても簡単。

配当利回りに執着した**間違いだらけの高配当株投資**から、増配率や自分利回りなど、ちょっと視点や角度を変えるだけで**バラ色の新ＮＩＳＡ投資**を行うことができます。皆さん、本書を読んで、

新ＮＩＳＡの成長投資枠（最大１２００万円）を日々の生活に潤いを与え人生に幸せと豊かさをもたらすお金マシーンに変えましょう！

はじめに

こんにちは、私はサラリーマンをしながら日夜、高配当株投資に励む**かつを**（アラフォー）と申します。銘柄分析系ＹｏｕＴｕｂｅｒとしてチャンネル登録者数４・４万人の**「かつを@かたひじはらずに投資する」**などを運営させてもらっており、**ＳＮＳ総フォロワー数は6万人**を超えました。

これまでの投資歴は約10年。株式投資のほかＦＸ（外国為替証拠金取引）、暗号資産、不動産クラウドファンディングなど手広く行っています。

高配当株投資に関しては日本株に加え、米国株も投資対象にしています。

投資しているのは投資の神様ウォーレン・バフェット氏も愛した世界的飲料メーカーで62年連続増配（２０２４年現在。以下同）の**ザ コカ・コーラ カンパ**

ニー（KO）、18年連続増配の米国通信会社大手**ベライゾン・コミュニケーションズ（VZ）**など。

2024年10月現在（本書の株主配当利回りは特に指定がない場合、すべて2024年10月15日現在の終値で計算したものです。株価変動などにともない配当利回りは日々変化するのでご注意ください）のコカ・コーラの配当利回りは2・75％、ベライゾンは6・17％です。

私はこれらの米国高配当株を買うと同時に**米国個別株のオプション取引を行う「カバードコール」という投資戦略**を使って、配当金とオプション取引のプレミアム料合わせて**利回り換算10％超**を叩き出しています。

オプション取引を使って高配当株の利回りをさらに向上させるテクニックは少し高度でリスクもあるので、本書の付録として巻末で少し紹介しますね。

本書のメインテーマはあくまでも**新NISAの成長投資枠を使った日本の高配当株への非課税投資**。

投資元本についてあまり気にしなくても、新ＮＩＳＡの成長投資枠１２００万円から年間60万円、毎月５万円のインカムゲイン＝株主配当を生み出してくれるお金マシーンの作り方、適切な高配当株の選び方を詳しく解説していきます。

増配率が高く今後、自分利回りの向上と株価上昇がダブルで見込める高配当株5～6銘柄を選んで最短５年で成長投資枠１２００万円を埋め切れば、あとは**寝ていてもチャリンチャリンとお金が入ってくる仕組み作り**を読者の皆さんと共有できればと思っています。

キーワードは**増配率、そして自分利回り**！

かつを式高配当株投資で潤いのある生活、豊かな人生、チャリンチャリンと非課税でお金がもらえるバラ色の投資ライフを過ごしましょう！

2024年11月1日

買って寝るだけ！ 月5万円もらえる「高配当株」投資 目次

第2章 3つのポイントで簡単に探せる! 「一生保有したい」高配当株の見つけ方

第3章 過去10年間の業績を1分で調べて50年は続く(だろう)高配当株をゼロから探す方法

第4章 非課税の配当が寝ているだけでもらえる 新NISA「月5万円」不労所得マシーン運用法

第5章 「自分で選ぶの自信ないです」に完全対応！ 間違いなしの高配当株56選

付録

【上級者向け】高配当株カバードコール戦略

なぜ利回り10%超もありうるのか？

本書に記載された株価や株主配当利回り、予想PER、PBRなど株価指標の値は文章に特段の記載がない場合、2024年10月15日の終値を用いて計算しています。同じ銘柄でもどの時点の終値を用いているかで異なりますので、ご了承ください。

●本書の内容の多くは、2024年11月1日までの情報をもとに作成しています。本書刊行後、新NISA（少額投資非課税制度）を含めた金融・投資に関連する法律、制度が改正、または金融機関各社のサービス内容が変更される可能性がありますので、あらかじめご了承ください。
●本書は新NISAを活用した株式や投資信託の投資情報の提供も行っていますが、特定の投資手法を推奨するもの、またその有用性を保証するものではありません。また、個々の金融サービスまたその金融商品の詳細については各金融機関にお問い合わせください。
●新NISAを含む投資や資産運用にはリスクがともないます。運用によって生じた利益・損失について、執筆者ならびに出版社は一切責任を負いません。投資や資産運用は必ず、ご自身の責任と判断のもとで行うようにお願いいたします。
●第5章「10期グラフ」は10期前後のデータで数にバラつきがあります。予めご了承ください。

装丁／井上新八
DTP制作／㈱キャップス
スクリーニングソフト画像提供／マネックス証券「銘柄スカウター」
チャート提供／TradingView
編集協力／エディマーケット
編集／荒川三郎

第1章

超大手銘柄でも起こる「利回りの罠」

間違いだらけの高配当株投資

日本人の現預金はインフレで目減り中

高利回りというフレーズが大好きな一方、元本が目減りする可能性がある投資は怖いし不安だし大嫌いという人が多いと思います。日本銀行の「資金循環の日米欧比較」（2024年8月30日発表）によると、日米欧の家計の金融資産の構成比率は以下の通りです。

日本 **現預金50・9％　株式14・2％　投資信託5・4％**
米国 **現預金11・7％　株式40・5％　投資信託12・8％**
欧州 **現預金34・1％　株式21・5％　投資信託10・6％**

（残りは保険・年金・定型保証、債務証券、その他）

米国では現預金を1割しか持たないで、**株式や投資信託などリスク資産に5割以上投資**して成功した多くの人が陽気でウハウハな生活を満喫しています。

一方、日本人は**金融資産の5割を現預金**で抱え、**リスク資産への投資は20%弱**。少子高齢化による低成長とこれまで長く続いたデフレ（物価下落）時代に備えた資産配分になっています。

しかし、2020年以降の新型コロナウィルス感染症の蔓延《まんえん》や2022年のロシア・ウクライナ戦争の勃発、「世界の激安工場」として世界的な低金利時代を支えた中国と西側諸国の新・冷戦時代突入もあり、日本にもインフレの波が押し寄せてきました。

インフレになると、現預金の価値が下がります。例えば年率10%の物価上昇が起こると、1年前には1000円で食べられた豚骨ラーメンが1100円出さないと食べられなくなります。

その豚骨ラーメンが味も量もまったく同じ豚骨ラーメンだとすると、お金の価値は1000円÷1100円＝0・90909…で約91%に減り、**約9%目減りしてしまいます。**

銀行に預金しておけば元本保証で安心と思っていても、物価が上昇した分だけお金の価値が減っていくのです。だからこそ、**企業という「モノ」＝株式に投資**することでインフレから資産を守る必要があるのです。

預金だけをしていると知らず知らずに損をしてしまう以上、インフレ時代に突入した日本でも株式などリスク資産への投資が必要な時代になっています。

新ＮＩＳＡで生活に潤い、家計に余裕を！

今後、新ＮＩＳＡは日本人が資産形成して**幸せな人生を送るためになくてはならない投資のインフラ**になるでしょう。最大１８００万円の非課税投資枠を使って、どれだけ資産を増やせるかが勝負の分かれ目になります。

中でも使い方に大きな差が出るのが、

新ＮＩＳＡの成長投資枠（年間２４０万円／最大１２００万円）

つみたて投資枠（年間120万円／最大1800万円）では、長期・つみたて・分散という観点で資産形成に適した金融庁選定の投資信託やETF（上場投資信託）にしか投資できません。

一方、成長投資枠は投資信託以外にも**日米の個別株に自由に投資可能**です。

じゃあ一体、成長投資枠で何に投資すればいいのか？

「自由すぎて逆に迷う」と考え込んでしまう人も多いでしょう。

その使い方を決めるうえでは次の2つの価値観が影響します。

❶とにかく資産を安定して大きく増やしたい
❷毎年、非課税で定期収入を得て生活費に役立てたい

新NISAに投資できる資金的な余裕にも差があるでしょう。

Ⓐまとまった貯金がなく、投資できるのは毎月数万円程度
Ⓑある程度まとまった貯金があって数百万円はすぐに投資できる

図6　タイプ別新NISAの定番投資法と投資対象

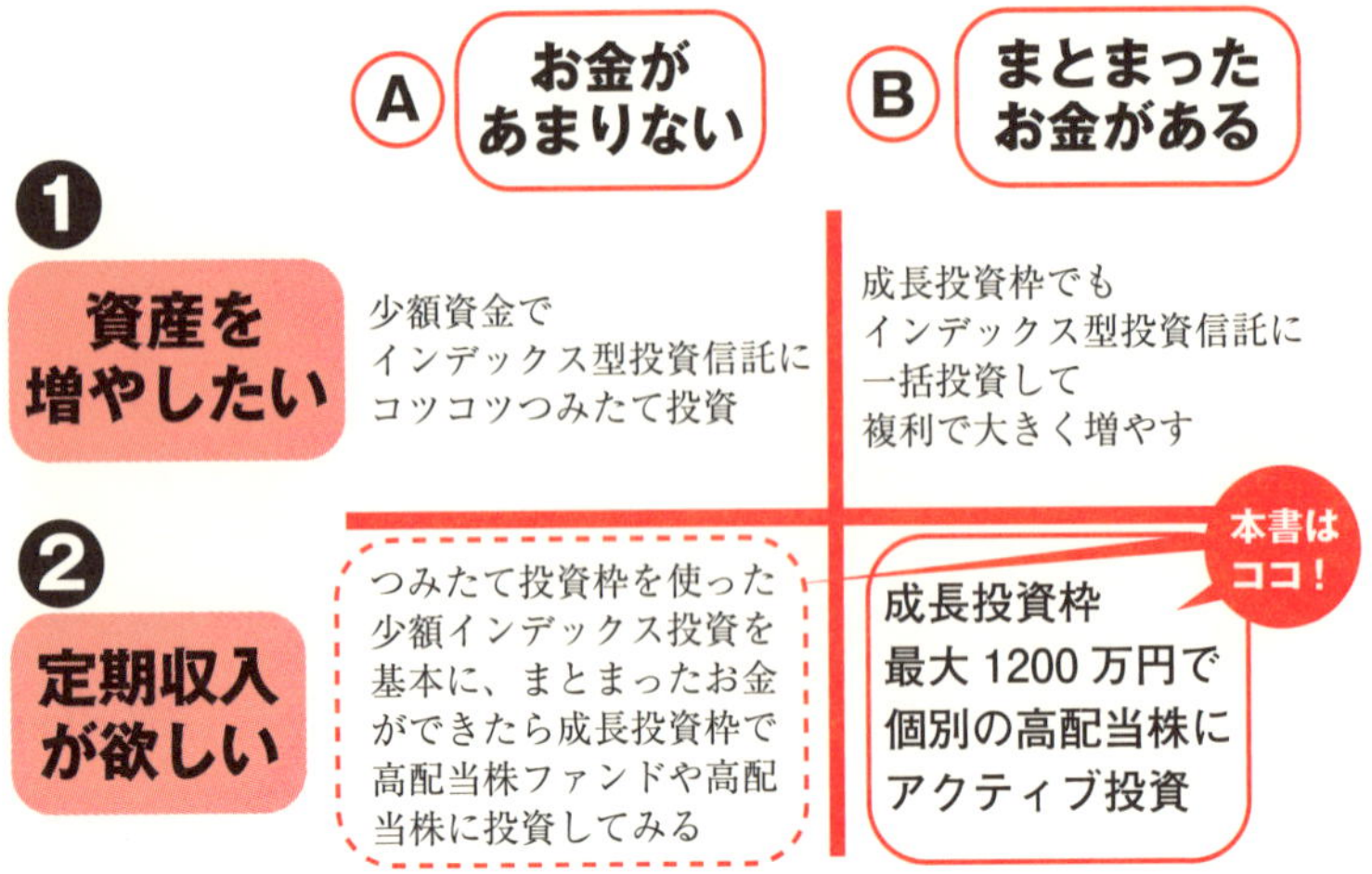

	Ⓐ お金があまりない	Ⓑ まとまったお金がある
❶ 資産を増やしたい	少額資金でインデックス型投資信託にコツコツつみたて投資	成長投資枠でもインデックス型投資信託に一括投資して複利で大きく増やす
❷ 定期収入が欲しい	つみたて投資枠を使った少額インデックス投資を基本に、まとまったお金ができたら成長投資枠で高配当株ファンドや高配当株に投資してみる	成長投資枠 最大1200万円で個別の高配当株にアクティブ投資　　本書はココ！

図6に示したように「❶かつⒶ」、つまり、まだ貯金が少なく資産形成をするために新ＮＩＳＡを使いたい人は、つみたて投資枠も成長投資枠もすべて使って、**全世界株式や米国株式S&P500に連動するインデックス型投資信託**にコツコツつみたて投資するのが最もポピュラーでオーソドックスな定番投資法です。

世界全体も世界一の経済大国・米国も長い目で見れば右肩上がりに経済成長していくはずです。また、お金の価値が目減りしてモノの価値が上がるインフレが続けば、企業という「モノ」についた価格＝株価も自然と上昇していきます。

経済成長とインフレと時間を味方につけて着実に資産形成したい人は長期インデックス投資が最適解です。

ただし、運用で得られた利益を再投資に回すことが複利効果で資産を大きく増やす原動力になるので、**運用期間中は投資で得た利益を受け取らないで再投資すること**が基本戦略になります。

一方、「❷かつⒷ」の人、つまり、**すでにある程度まとまった資金**があり、毎年、**株主配当という定期収入を非課税で受け取って生活費＋αに役立てたい人**におすすめしたいのが本書で解説する高配当株投資なのです。

今はまとまった資金がないものの、これからコツコツ将来の収入増を目指す「❷かつⒶ」の人にも本書の高配当株投資は有効なのでぜひ参考にしてください。

高配当株投資の3つのメリットとは？

王道の長期インデックス投資ではなく、成長投資枠1200万円を高配当株に投資するメリットをまとめると、以下に見ていく3点になります。

❶高配当株投資は定期的にキャッシュが入るので生活費＋αに使える。値動きが読めない株価と違い、今期の予想配当額を事前に公表している企業が多いので消費の計画も立てやすい

この話をすると「インデックス型投資信託でも、例えば運用資産の4％分を毎年定期的に売却する」といった**取り崩しルール**を決めれば同じだという人もいます。ただ**定率**で売却する場合は投資信託の基準価額の上下動で受け取り額が変わってきます。毎年決まった金額を現金化する**定額**方式の場合は基準価額の下落などで運用資産が減っているときも同じ金額を取り崩すため、資産の減り方が不規則になり管理しにくくなります。
この❶こそが新NISAの成長投資枠で高配当株に投資する最も大きなメリットになります。

❷株価が暴落しても配当金さえ減らなければインカムに変化はないので心穏やかに株式市場を眺めていられる

インデックス投資の基本は、利益も再投資に回して複利効果で資産を大きく増やすことです。複利効果は「雪だるま」といわれるように時間が経てば経つほど、その効果が発揮されます。逆にいうと頻繁に利益を確定したり、分配金を受け取ったりすると十分な複利効果が得られません。

つまり、資産運用中は運用資産に手をつけず、**長期投資という名の「禁欲生活」**に徹する必要があります。

暴落が来て運用資産が急減しても、その恐怖や不安にひたすら耐えないといけません。

2024年8月5日、日経平均株価が前日比4451円安という史上最悪の下落幅を記録したときには恐怖や不安にかられて、インデックス型投資信託ですら解約する人が出た、といった記事も見かけました。

まだ新NISAが始まって1年足らず。つみたてた資産が最大でも360万円にしか達していない状況でも暴落が来たら大騒ぎになります。

努力に努力を重ねて新NISAの非課税投資枠1800万円を埋め切った直後に2008年9月のリーマンショックのような株価暴落に見舞われたら、どれほどの騒ぎになってしまうのでしょう。

リーマンショックをはさんだ2007年6月〜2009年2月、米国株価指数**S&P500は直近高値から60・7%下落**し、元に戻るまでに**4年9カ月の月日**がかかりました。

さすがにリーマンショックレベルの金融危機が来たら、高配当株の株主配当も業績悪化で**減配の憂き目**に遭うと思います。それでも株主配当がまったくのゼロになることはないでしょう。投資元本についてはあまり気にせず、定期的に株主配当を受け取ることで、家計に少しは余裕を持たせることができます。優良高配当株に投資していれば株主配当を受け取りながら株価の回復をじっくり待つこともできます。

❸高配当株に限らず個別株投資はマクロの経済環境から業界動向、個別企業の業績や財務などを調べる必要があるのでとても勉強になる

私も最初は面倒くさそうだなぁと思っていましたが、必要に迫られて学ぶうちにどんどん興味が湧いて銘柄分析が趣味になりました。今ではＹｏｕＴｕｂｅ動画を通じた視聴者の皆さんとの交流が生きがいになっているほど。

インデックス投資だと結局**「全世界株式かＳ＆Ｐ５００に連動したインデックス型投資信託」の一択**になります。全世界株式かＳ＆Ｐ５００のどちらがいいのかといった**些末な論争**がＳＮＳ上で繰り広げられていますが「どっちでも大きな違いはない、好きなほうに投資すればいい」というのが結論です。

すなわち、インデックス投資はすでに最適解＝答えが出ているのであらためて知識をつけたり、技術を磨いたりする余地はありません。

その点、個別株投資で**いい銘柄を探すのはお宝探し**みたいなもの。**株式投資がとても楽しくなる**ことは保証します。

東証プライム市場の平均利回り2・42％

成長投資枠1200万円を高配当株に投資して**毎月5万円以上の配当収入を非課税で受け取ること**が本書の最終目標です。

年間では5万円×12カ月なので60万円。年間の株主配当60万円÷投資元本1200万円＝0・05ですから**配当利回りに換算すると5％**になります。

東京証券取引所（以下、東証）によると、2024年10月17日現在の東証プライム市場に上場する企業の単純平均利回りは2・42％、東証スタンダード市場に上場する企業は2・48%になっています。

日経平均株価に採用された225社に関しては、ハイテク関連の成長企業も多いため、予想配当利回りの平均は1・96%です。

ちなみに配当利回りには、前期に実際に株主に支払った株主配当を現在の株価で割った**「実績（前期基準）配当利回り」**と、会社が「今期はこれだけ支払う予定です」と決算短信などで発表（予想）している**「予想配当利回り」**の2つがあります。株式投資にとって重要なのは未来ですから、高配当株投資で配当利回りを見るときは「予想配当利回り」に注目しましょう。

前期に比べて今期の配当金が増える場合は**「増配」**、減る場合は**「減配」**、配当金が出なくなることを**「無配」**、無配だった企業が配当金を再び支払うようになることを**「復配」**といいます。

予想株主配当はあくまでその会社が決算期の最初（期初《きしょ》）に公表したもの。「今期はこれぐらいの売上高や利益を達成できそうなので、株主配当はこれだけ支払えそうです」という見通しです。時間が経過する中で予想以上に増えたり、減ったりすることがあります。今期の業績が思った以上によくて、決算期の途中（期中《きちゅう》）に株主配当を増やすことを「配当金の**増額修正**」と呼んだりします。

高配当株の基本用語を概観しましたが、日本を代表する東証プライム市場の平均予想配当利回りが２・４２％ですから、目標の５％には届きません。

配当利回り４％以上の銘柄は５６３銘柄

図７は今期の予想配当利回りの市場全体の分布図です（２０２４年10月17日現在）。私が個別銘柄分析に使っている**マネックス証券の「銘柄スカウター」**なら全市場の配当利回り分布図を閲覧できます。

ネット証券各社にはスクリーニング機能のついた株価情報ページが用意されていますが、マネックス証券の銘柄スカウターは業績、配当、ＰＥＲなどの株価指

図7　日本株の全市場の配当利回り分布図

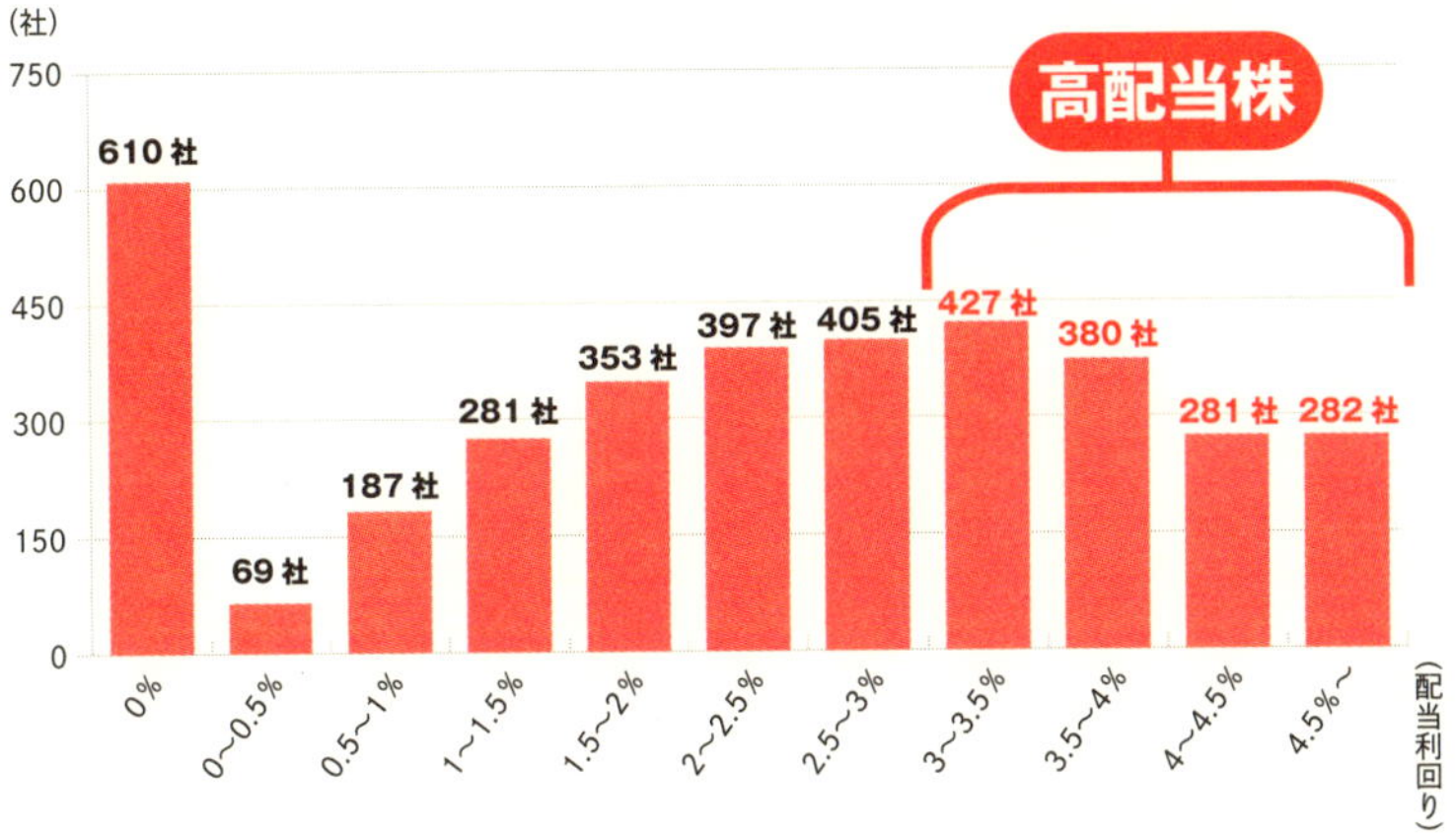

2024年10月17日現在・マネックス証券銘柄スカウターより引用

標を過去10年間にわたって閲覧できたり、非常に多彩なスクリーニング機能が完備されていたり、業界随一の銘柄分析ツールだと思います。

この分布図を見てもわかるように、東証プライム市場の平均が2・42％ですから、それよりも配当利回りが高く、年率で3〜5％台の銘柄もたくさんあります。図7の右側の棒グラフの予想配当利回り毎の銘柄数を見ると、

- **3〜3・5％　427銘柄**
- **3・5〜4％　380銘柄**
- **4〜4・5％　281銘柄**

●4・5%〜　282銘柄

となっています。数えてみると**4%以上が563銘柄、3・5〜4%まで含めると943銘柄**もあります。こういった平均以上の利回りで株主配当を出している企業が高配当株投資のターゲットになります。

高配当利回りランキングの上位銘柄は？

ネットの検索欄に「配当利回り　ランキング」と入力すると、投資情報メディアなどが集計した配当利回りの上位銘柄ランキングをすぐに見ることもできます。図8は2024年9月20日現在の東証プライム市場の高配当利回りランキング上位10番目までの企業と簡単な解説です。

さすがに配当利回りが10%を超える企業はありませんが、1位の**極東証券（8706）**は7・27%、同率9位の**MIRARTHホールディングス（889**

図8　日本株の高配当利回りランキング10

	企業名	業種	配当利回り	どんな会社？
1	**極東証券** (8706)	証券・商品先物取引業	**7.27%**	中堅の対面型証券会社。債券トレードに強い
2	**日産自動車** (7201)	輸送用機器	**6.15%**	仏ルノー、三菱自動車と連合。中国売上比率高い
3	**高島** (8007)	卸売業	**6.13%**	建築資材、太陽光発電などを扱う多角的専門商社
4	**ITメディア** (2148)	サービス業	**6.09%**	『ねとらぼ』などIT系ネットメディアを運営
5	**丸三証券** (8613)	証券・商品先物取引業	**6.07%**	中堅の対面型証券会社。投資信託販売が好調
6	**UTグループ** (2146)	サービス業	**5.89%**	半導体、自動車工場など製造業向け人材派遣会社
7	**東洋建設** (1890)	建設業	**5.86%**	海洋土木・洋上風力に強い。フィリピンにも進出
7	**スミダコーポレーション** (6817)	電気機器	**5.86%**	自動車、スマホ、産業機械向けコイルメーカー
9	**岩井コスモHD** (8707)	証券・商品先物取引業	**5.84%**	関西地盤の対面型証券会社。ネット取引も行う
9	**MIRARTH HD** (8897)	不動産業	**5.84%**	「レーベン」ブランドのマンション分譲が主力

2024年9月20日現在。配当利回りは株価変動にともない日々、変化します

7）は5・84％。高利回りが大好きな日本の個人投資家から見ると「おいしそう」と思える高配当利回り銘柄が並んでいます。

配当利回り7％超の極東証券はどんな会社？

1位の**極東証券**は古くからある対面型の中堅証券会社です。図9に極東証券の業績、配当、株価の推移を示しました。高配当株の分析をするときに必須の情報なので順を追って見ていきましょう。

まず❶の業績を見ると2021年3月期から2023年3月期までは減収減益が続き、2024年3月期は大幅な増収増益に転換。収益の多くを債券トレードで稼いでいるため、業績は債券市場や為替相場次第の面があり、2025年3月期の株主配当の会社予想（❷）は未定になっています。

❷の株主配当は2023年3月期まで業績悪化にともなって減配でしたが、2

－ 図9　高配当株の業績、配当、株価の見方①極東証券 －

極東証券(8706)　東プ※　証券・商品先物取引業

前期実績
配当利回り
7.27%

❶ 業績（売上高・利益の推移）を見る

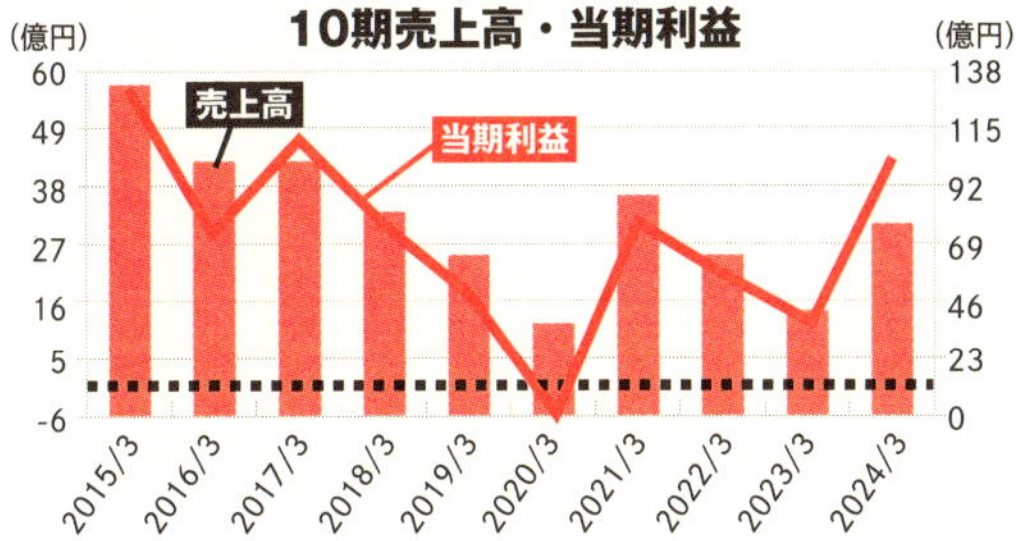

❷ 株主配当の推移を見る

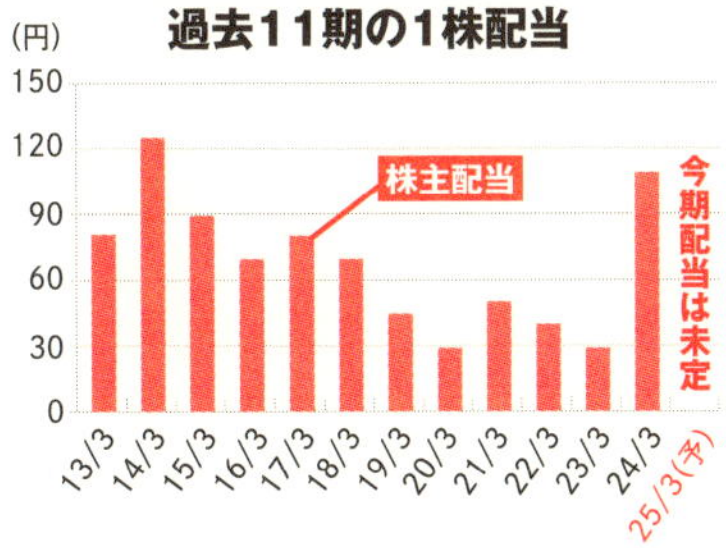

❸ 配当政策を確認

ホームページに連結配当性向※70%および連結純資産配当率（DOE）※2%のいずれか高い金額を支払う配当方針を掲載

❹ 株価チャートを確認

極東証券の月足チャート
(2013年1月～2024年10月)

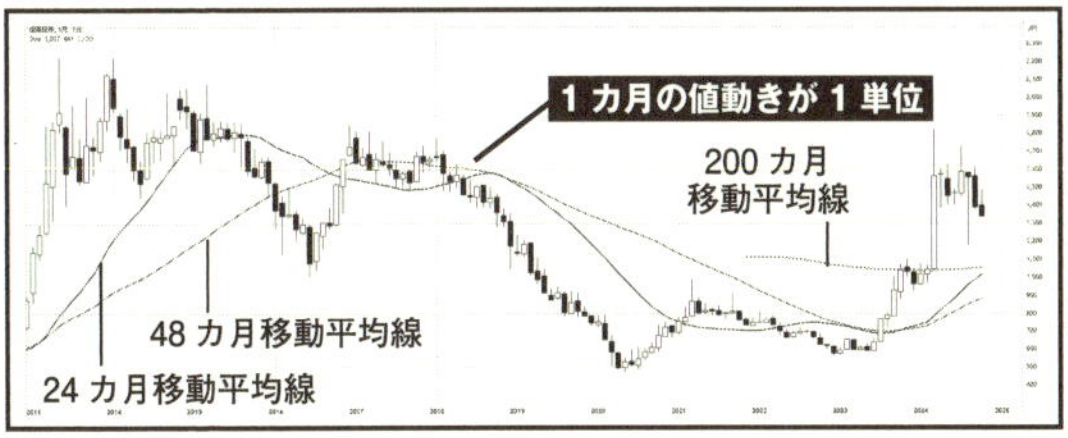

※「東プ」は東証プライム市場上場を示します（以下同）。
配当性向やDOEについては第2章109ページ以降を参照

024年3月期の大幅な増益を受けて、いきなり1株あたり110円まで増えています。**毎年稼いだ利益の中から何%を株主配当に回すかを示した「配当性向」**を従来の50%から70%に引き上げる**配当政策の変更**（❸）も影響しています。

2013年から約12年間の値動きを記した❹の株価チャートを見るとずっと右肩下がりでしたが、2024年3月期の業績好転が判明した2023年半ばあたりから反転上昇し、2024年3月期の大幅増配を受けて急騰しています。

ここまで見ても、この会社の配当利回りが高い理由としては、

その決算期の業績がよかったので配当利回りが跳ね上がった
配当性向を70%に引き上げるという配当政策の変更があった

という2点が大きいことがわかります。

毎年稼いだ利益の70%を株主配当に回すのは、この会社が新規に投資して事業を拡大するほど成長余地がないからかもしれません。また収益の多くをトレーディング益で稼いでいるので、この高配当が続くとは限りません。

配当利回り6％超の日産自動車はどんな会社？

高配当利回りランキング2位は誰もが知っている自動車メーカーの**日産自動車（7201）**です。配当利回りは6・15％に達しています。

同社は**株主総還元率（株主配当や自社株の取得費用など、毎年の利益の何％を株主還元に回しているかを示した比率）**を30％以上にする経営方針を打ち出しています。この方針のもと、2024年3月期は前期比10円増配で2023年12月に実施した自社株の消却も含めて株主総還元率は46・2％に達しました。

さらに2025年3月期は増収減益予想ながら5円増配の1株あたり25円配当を予想しています。

ただ同社の配当利回りが6％超まで跳ね上がった要因の多くは株価が下がって

いるからなのは図10の長期月足チャートを見れば明らかです。

どうして株価が下がっているかというと業績が悪化しているから。同社が2024年7月25日に発表した2025年3月期の第1四半期の営業利益は前期比99・2％減益となり、期初予想の株主配当は据え置いたものの、通期業績については下方修正しています。このように日産自動車の配当利回りが高い理由は、

業績が悪化して株価が下落している
業績悪化にもかかわらず株主配当の予想を据え置いている

からです。今後も業績悪化が続くようなら株主配当についても減額されるリスクが高そうです（実際、11月7日に業績下方修正と配当額未定を発表）。

配当利回り6％超の高島はどんな会社？

東証プライム市場の配当利回り3位の**高島（8007）**はもともとトラックの

図10　日産自動車の株価チャートと業績

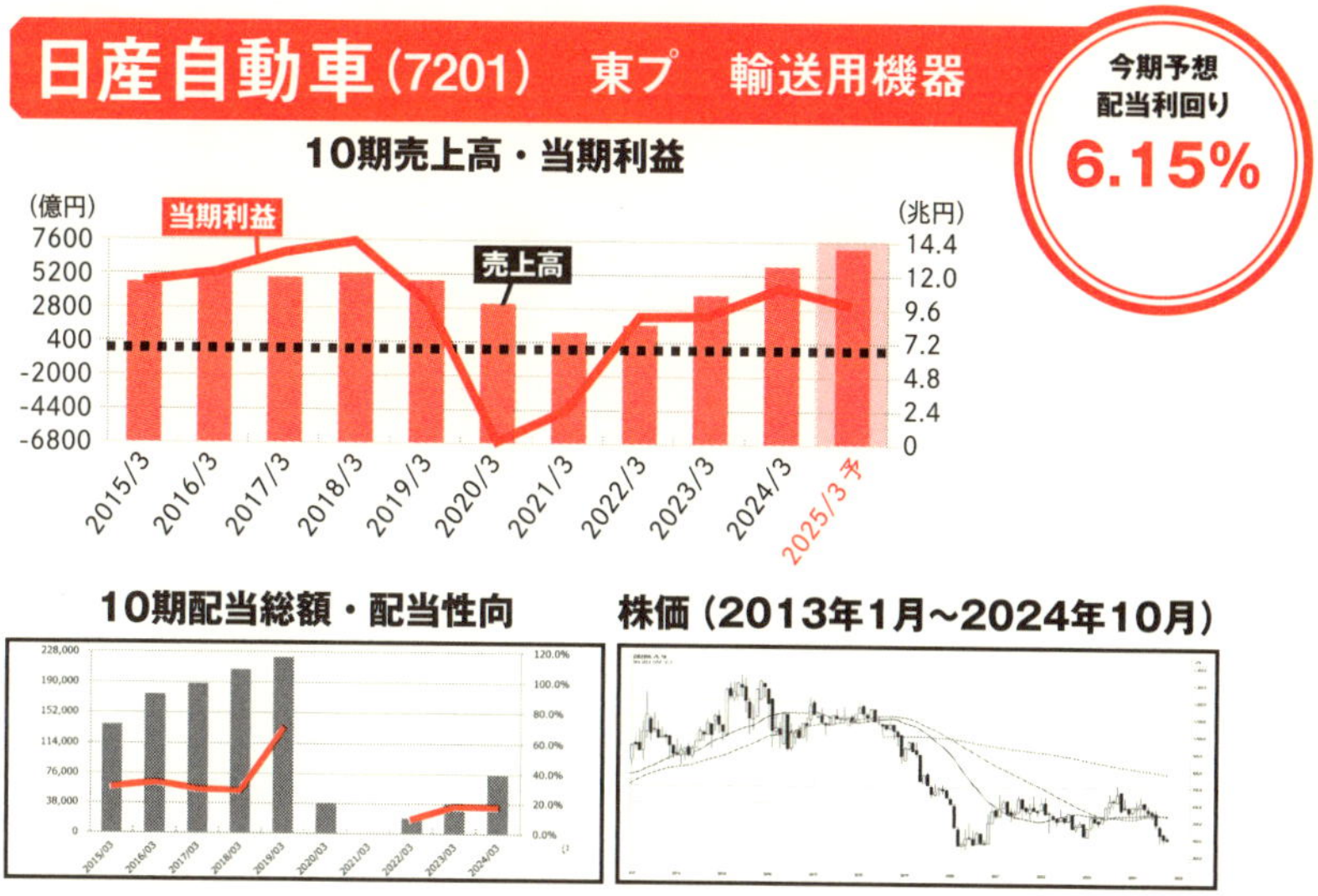

荷台の幌《ほろ》などを作っていた繊維メーカーで、戦前から続く古い会社です。その後、建材や産業資材、電子・デバイス事業などM&Aを繰り返して事業多角化を図りニッチな商社として生き残ってきました。

次ページの図11に示した業績を見るとわずかながら増収増益が続いていますが株価は２０２３年以降、急騰しています。その理由は株主還元と収益力の向上に力を入れているから。

２０２４年8月には従来の配当性向40%、自社株買いなども含めた総還元性向50%を２０２６年3月期まで時限的に配

図11　高島の業績と株価チャート

高島(8007)　東プ　卸売業

今期予想
配当利回り
6.13%

10期売上高・当期利益

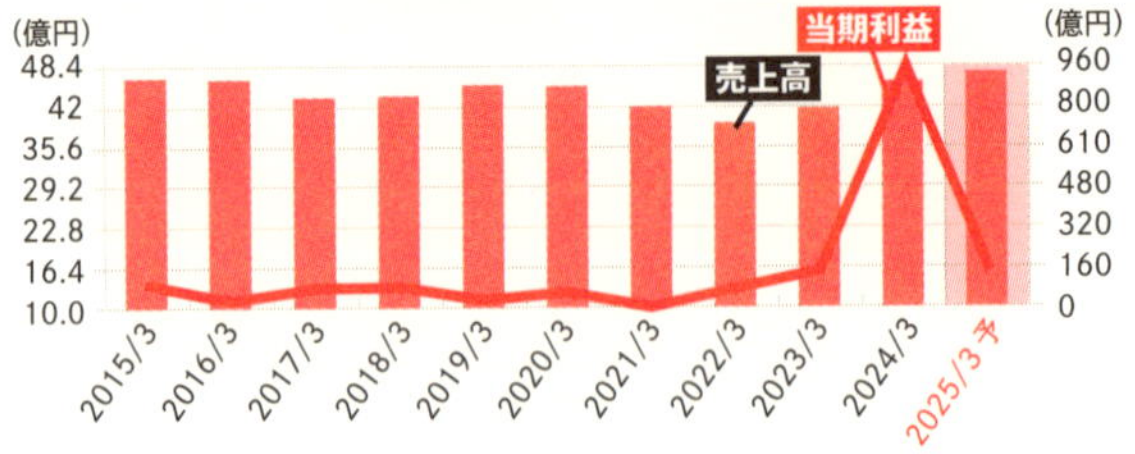

10期配当総額・配当性向

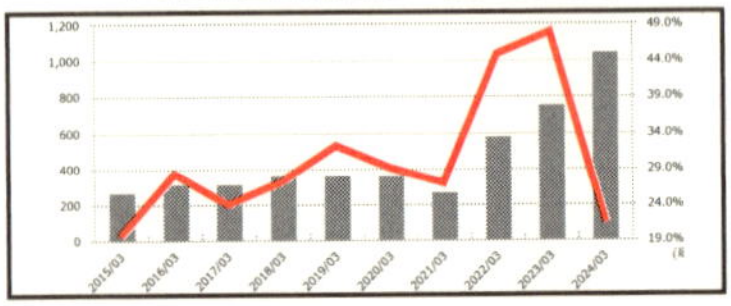

株価（2013年1月～2024年10月）

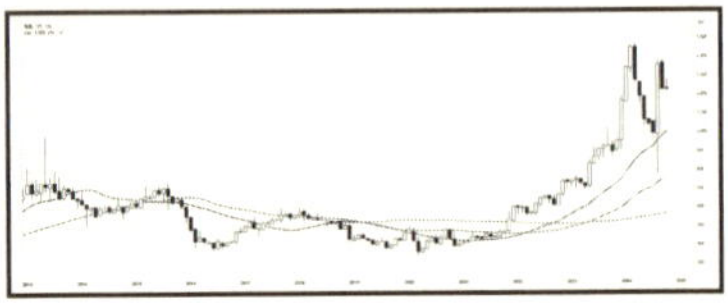

当性向80%、総還元性向１００％に変更することを発表。それが株価急騰の原動力になっています。

２０２４年３月期に突出した当期利益を計上したのは東京の銀座の元本社跡地に建てたホテルとして利用されているビルを売却した特別利益のおかげです。つまり、この会社が高配当な理由は、

非常に積極的な株主還元方針を打ち出しているから
資産売却という本業とは関係のない特別利益があったから

といったものになります。同社が株主

還元に積極的な点は非常に評価できます。だからこそ株価も最近、大きく上昇しています。ただ本業はそれほど成長しているわけではありません。銀座の一等地にあった元本社跡地のビル売却が終わったあとも順調に業績を伸ばして配当金を増やしていけるでしょうか。その点に関して自分なりに判断する必要があります。

株価が下落して配当利回りが下がる罠銘柄

高配当株がどうしても「間違いだらけ」になってしまう理由、それは「配当利回り＝株主配当（分子）÷株価（分母）」という計算式からもわかります。

冒頭にも述べたように、配当利回りは「〇分子の株主配当が増えても、×分母の株価が下がっても」上昇します。**利回りだけ見ても、どちらが原因で高配当になったのかわからない**のです。

もっといえば、高配当利回りになる理由の8割、9割方は「分母の株価が下がる」ことが原因です。

なぜなら、分子の株主配当が増えるためには通常、その企業が前期より今期、より多くの利益を稼いでいる必要があります。もしくは先ほど見た極東証券や高島のように、配当性向を高めるなど株主還元策を強化した一環として配当利回りは向上します。いずれも株価そのものの上昇材料になります。つまり、分子の株主配当が増えたときは分母の株価も上昇することが多いわけです。

これが高配当株投資の落とし穴。**株価が下がることで配当利回りが上昇している株は「罠銘柄」**と呼びましょう。配当利回りだけに目がくらんで、罠銘柄に引っかからないことが高配当株投資では最も重要なのです。

罠銘柄は株価→業績→配当の順で悪化する

罠銘柄にはまった場合、最悪、業績の悪化で株価がさらに下落し、最終的には減配されて高配当株ですらなくなるという悲惨な目に遭う確率が高くなります。

株価は将来の企業の業績を占うものですから、株価と業績のどちらが先に動くかというと、通常は株価のほうが先に業績動向を見越して動きます。

次ページの図12にも示したように、業績が悪くなりそうな気配がすると株価はドンドン下がり、株主配当は実際に業績が悪くなったあとに下がるパターンが多いです。

つまり、株価↓業績↓配当という順で動くことが多いのです。

株価が下落したあと、実際に業績が悪化して株主配当が引き下げられる（減配される）までにタイムラグがあることが高配当利回りの罠銘柄がたくさん生み出されてしまう理由です。

先ほどの配当利回りベスト3の例でいうと日産自動車が罠銘柄候補の典型といえるかもしれません。ただし今後、日産自動車の業績や株価が回復する可能性もあるのでしっかり分析することが大切です。

図12　株価、業績、配当のタイムラグと罠銘柄

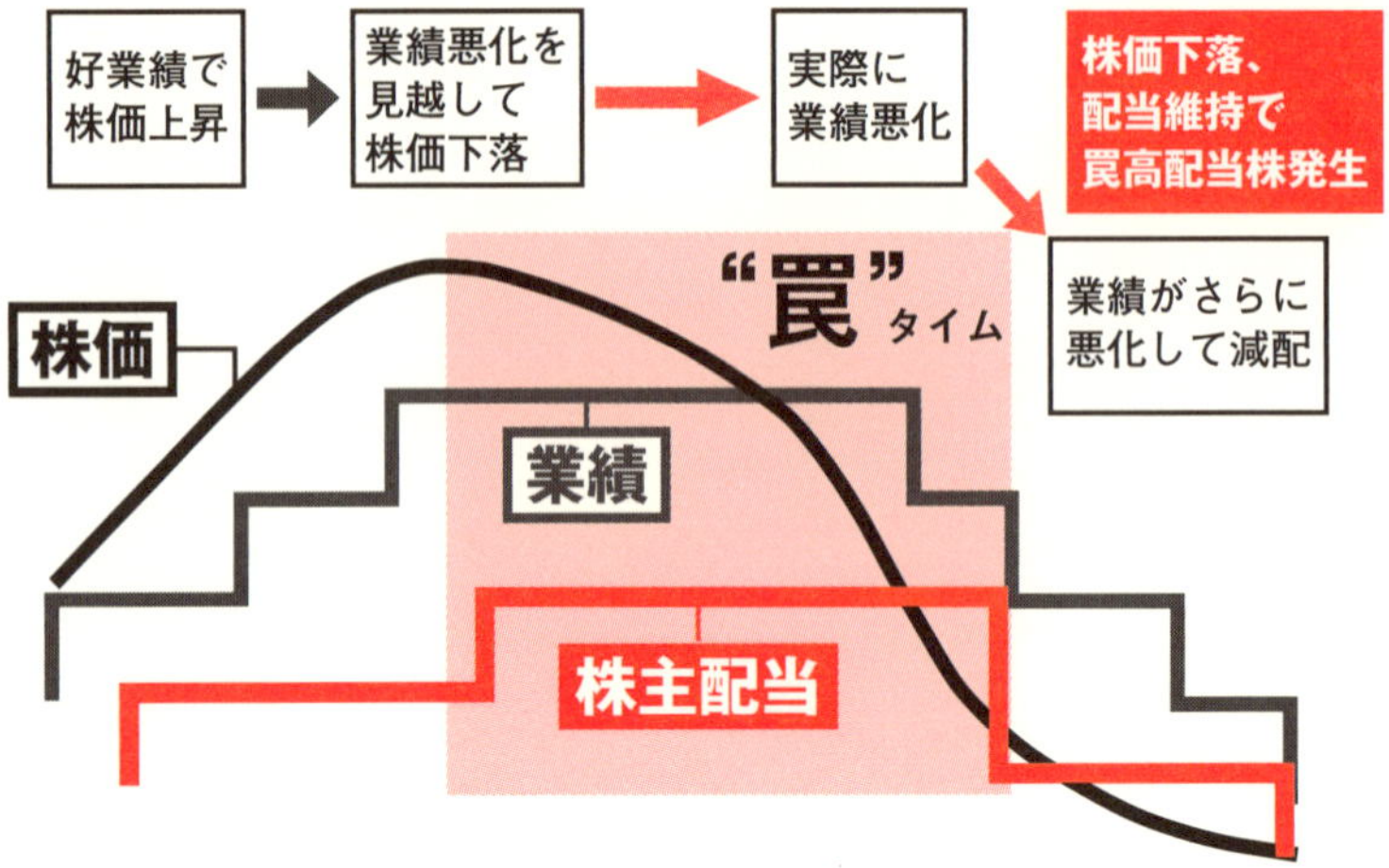

配当利回りに注目して高配当株を探すときは分子の株主配当と分母の株価という**逆方向に動く2つの要因**を同時に相手にしないといけません。配当利回りが高い理由は「分子がプラスになっているからなのか、分母がマイナスになっているからなのか」を見極めるのが投資初心者には結構難しいので、罠銘柄に騙されてしまうのです。

増配率≒利益成長率≒株価上昇率でスッキリ

では、その難しさを回避するためにはどうすればいいのか？

鍵になるのが本書の冒頭で指摘した**「増配率」**です。

株主配当が毎年、どれぐらい増えているかをパーセンテージで示したものが増配率。毎年高い比率で増配を続けていけるのは基本的には**本業で稼ぐ利益が増えている企業**です。毎年、利益が成長している企業の株価は基本的に上昇することが多いもの。

どうですか。このロジックで高配当株を見つめ直すと、

増配率≒利益成長率≒株価上昇率

と3つの動くものを1つの方向にまとめてとらえられるので、よりシンプルにスッキリと有望な高配当株を見つけられるようになると思いませんか！

新ＮＩＳＡの成長投資枠1200万円を配当利回り5％の株に投資していれば年間60万円、毎月5万円の株主配当がもらえます。

これが当面の目標です。

しかし、単純に配当利回りだけを基準にして**利回り5%超の銘柄に飛びついてしまうと罠銘柄に引っかかるリスク**が高くなります。業績が悪い銘柄は将来、減配の可能性が高いので長期的に見ても月5万円の配当収入維持の可能性が遠のきます。

逆に当初は配当利回りが5%に達していなくても、増配率が高く、今後も配当が増え続ければ毎月5万円という目標達成に近づきますし、将来的には毎月10万円配当も夢ではありません。

つまり、これから**ドンドン増配してくれそうな、いい銘柄**を選ぶことが大切。そこで重視したいのが増配率というわけなのです。

現状の配当利回りと今後の増配率を設定すれば、新NISAの成長投資枠が将来、どれぐらいの株主配当を生み出すお金マシーンに変身するかが一目瞭然になります。

図13は❶**購入時配当利回り**、❷**目標増配率**を設定して新NISAの成長投資枠

― 図13　購入時配当利回りと目標増配率を使った配当早見表 ―

配当早見表　Excel で簡単に作れる

	購入額／年（万円）	240
❶	購入時配当利回り／年	3%
❷	目標増配率／年	10%

❶購入時利回り 5%、❷増配率 0%の場合

❶購入時利回り 4%、❷増配率 5%の場合

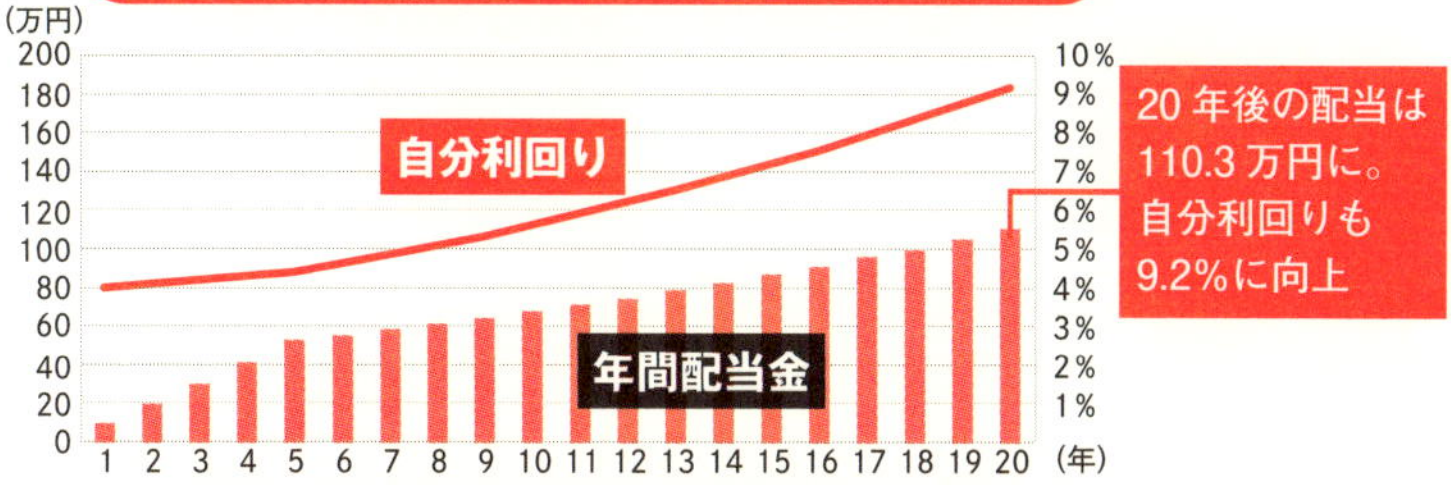

❶購入時利回り 3%、❷増配率 10%の場合

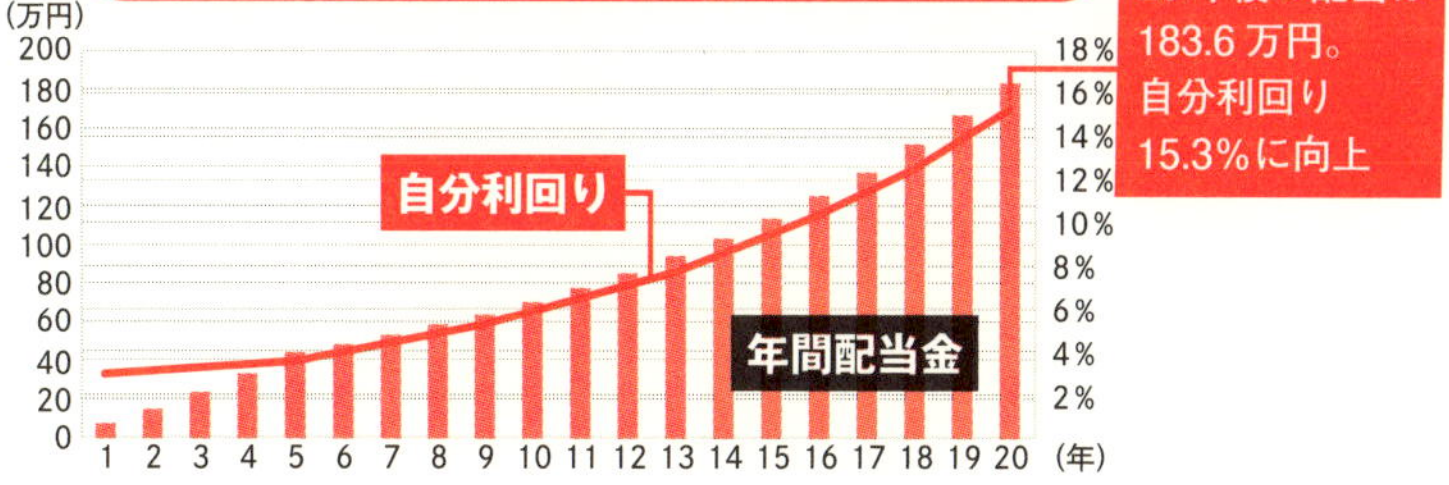

で年間最大の投資額２４０万円を5年かけて投資した場合、元手１２００万円から受け取れる配当金が１～20年後にどれだけ増えるかを示した**「配当早見表」**です。簡単な数式をＥｘｃｅｌに入れるだけで作れます。

当初の配当利回り❶が5％でも❷の**増配率が０％**の場合は20年後も年間に受け取れる配当金は60万円（毎月5万円）のまま。

当初の配当利回りが４％で**増配率が５％**の場合、20年後の配当金は１１０・３万円（毎月9万１９１７円）まで増えます。投資元本１２００万円に対する利回りは9・２％まで上昇します。

購入時の配当利回りが３％でも順調に利益成長が続いて**増配率10％**を続けてくれた場合、20年後の配当金は実に１８３・６万円（毎月15万３０００円）まで膨らみます。**投資元本に対する利回りは15・３％**。これほど素晴らしいお金マシーンを作ることができたら老後は安泰です。

高配当株投資では自分利回りの視点が大切

増配率と並んで、高配当株投資をするうえでぜひ意識していただきたいのは**「自分利回り」**という考え方です。

先ほどの配当早見表の中の「投資元本（購入時の買付金額）に対する利回り」が自分利回り。つまり、**自分が買ったときの株価に対する将来の配当金の利回り**のことです。

高配当株というと現在の配当利回りばかりに注目が集まりますが、自分にとって大切なのは自分がその株に投資したときの買値に対する利回りです。今の株価から導き出されている配当利回りはまったく関係ありません。

例えば株価100円、1株配当が3円の株を買ったとしましょう。その後、その企業が増配を続け、配当が1株あたり9円になった場合、**自分利回りは9円÷**

100円で9%になります。

一方、株価100円、1株配当が5円の株が減配を続け、1株あたり2円配当になったとしましょう。その場合、たとえ株価が40円に下がって将来の配当利回りが依然5%の高配当株だったとしても、**自分利回りは2円÷100円で2%に低下**。しかも、100円で買った株がほんとに40円まで値下がりしていたら大損です。

このように「自分利回り＝数年後の配当金÷自分が買ったときの株価」で考えないと高配当株投資は失敗します。だからこそ、**配当金がドンドン増えるような増配率の高い優良株**を探すことが大切になってくるのです。

増配率はどうやって調べる？

「配当利回り＝株主配当÷株価」なので、これら逆方向に動く2つのものに惑わされないために、株主配当と株価が同じ方向を向きやすい**「増配率」という視点を持って「自分利回り」を高める**ことを目指す。

これが高配当株投資の常識、思い込み、固定概念をぶち壊すための**「かつを式シン・高配当株投資」**です。

買ったあとに配当金が増えて（増配率）、自分利回り（自分の買値に対する配当利回り）を高くするには、シンプルに配当金が増える優良株を探せばいいだけです。現在の配当利回りよりも**今後、増配を続ける期待値の高い銘柄を選ぶ**という発想です。

残念ながらかつを式の重要な着眼点である増配率に関しては、過去のデータを集計して掲載してくれている投資情報メディアはありません。『会社四季報』などで過去数年間の配当金の額を見て、手計算する必要があります。

といっても、そんなに難しい作業ではありません。

例えば、次ページの図14は北米の自動車やアジアの二輪車販売に強い**本田技研**

図14　本田技研工業の10期の配当と平均増配率

工業（7267）の2016年3月期から2025年3月期予想までの1株あたりの配当金の推移です。

合計10期の株主配当の**平均増配率は11・4%**になります。2021年3月期はコロナ禍もあって減配となりましたが、2023年3月期の40円から2024年3月期の68円まで株主配当が70%も増えたことが増配率向上につながっています。

もっと昔までさかのぼって見たいときは**マネックス証券の銘柄スカウターなら12期前までの配当データ**が図表だけでなく棒グラフでも表示されているので非常

に役立ちます。

次ページの図15は**トヨタ自動車（7203）、本田技研工業、日産自動車、マツダ（7261）**の2013年3月期から2025年3月期予想まで13期の1株あたりの株主配当の推移です。日産自動車やマツダはコロナ禍に見舞われた2021年3月期に無配に転落しています。全体的に見て最もなめらかな右肩上がりで推移しているのがトヨタ自動車なのは一目瞭然でしょう。

トヨタ自動車の2013年3月期～2024年3月期の平均増配率は**15・6%**になります。2024年3月期の実績配当利回りは2・93%です。

先ほど紹介した配当早見表に**購入時配当利回り2・93%、増配率15・6%**というトヨタ自動車の数字を入れて計算すると、20年後には**自分利回りが35・2%**に達します。資産総額は株価の上昇を加味しなくても20年間の株主配当だけで新NISA成長投資枠の元本1200万円が**4103万円（実現利益2903万円）**に増えます。

図15　大手自動車会社4社の株主配当の推移

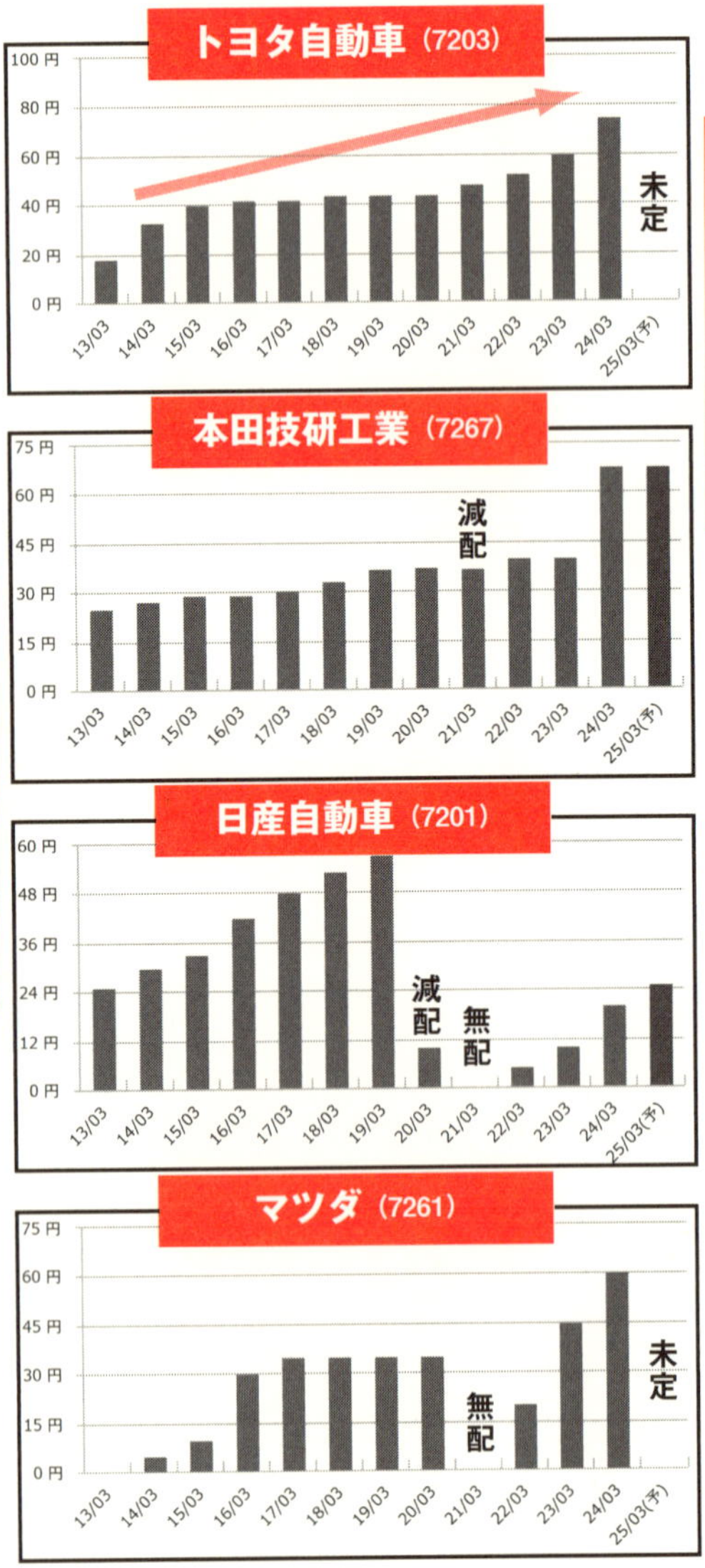

13期1株配当の推移

トヨタ自動車が減配もなく右肩上がりの配当維持・増配が続いている。銘柄分析では同業他社との比較が大切

さすがに世界一の自動車会社・トヨタ自動車でもここまでの増配率維持は難しいかもしれません。ただ、新NISAの成長投資枠でお金マシーンを作り上げるために大貢献してくれそうな銘柄だということがわかるでしょう。

日経連続増配株指数から有望株を見つける

毎年、**株主配当を増額している連続増配株**なら増配率も高くなります。中には連続増配といっても0・1円増配とか1円増配とか増配を続けるためだけのアリバイ作り的な小幅増配を繰り返している会社も多いですが、**連続増配株かつ配当利回り3〜4%の高配当株**なら有望投資先になるでしょう。

連続増配株に関しては非常に便利な株価指数があります。

それが**「日経連続増配株指数」**。原則として10年以上連続して増配している企業70社の株価をもとに日本経済新聞社が2023年6月から算出を開始した株価指数です。残念ながら、採用銘柄70社の配当利回りがどれくらいかは、この指数を紹介している「日経平均プロフィル」のホームページには掲載されていません。
ただ、どの企業が採用されているかは調べられます。採用銘柄70社を手計算で調べた結果、2024年10月17日時点で配当利回りが3・5％以上で10期以上連続増配株は図16に示した銘柄でした。

詳しくは触れませんがこれらの銘柄は10年以上連続増配をしていて、しかも現状の利回りが3・5％以上ですから、この中から増配率の高い銘柄を選んで投資すれば10年、20年後の自分利回りはとても高いものになっているでしょう。

連続増配の企業はいったん増配を止めるともう連続増配株と呼ばれなくなってしまうので、**何が何でも収益を上げて連続増配という記録を続けようというモチベーションの強い会社**です。

株主配当が増えないリスク、減配や無配転落のリスクが小さいという意味では**「鉄板」**といっていい銘柄なので、これらの銘柄の中から新ＮＩＳＡの成長投資

― 図16　配当利回り3.5%以上の日経連続増配株指数銘柄 ―

日経連続増配株指数の採用銘柄ですでに配当利回りが3.5%以上の高配当株はこれ！

企業名	予想配当利回り	連続増配年数	企業内容
ジーテクト (5970)	4.49%	14年	自動車の車体メーカー
シークス (7613)	4.36%	17年	電子機器の受託製造
ビジネスブレイン太田昭和 (9658)	4.27%	13年	企業会計コンサルティング
グローブライド (7990)	4.24%	13年	釣り具世界一。ゴルフ用品も
芙蓉総合リース (8424)	4.09%	19年	旧富士銀系リース会社
みずほリース (8425)	3.99%	19年	旧興銀系リース会社
三菱HCキャピタル (8593)	3.95%	25年	三菱系リース会社
ヨシコン (5280)	3.78%	13年	静岡地盤の不動産会社
豊田通商 (8015)	3.76%	14年	トヨタグループの商社
コンドーテック (7438)	3.71%	13年	足場など産業資材メーカー
SBIグローバルアセット (4765)	3.66%	15年	SBI系資産運用会社
オカダアイヨン (6294)	3.62%	14年	建物解体用建機メーカー
セントケア・HD (2374)	3.59%	16年	訪問介護などの介護サービス
日本電信電話 (9432)	3.51%	13年	日本一の通信会社

予想配当利回りは2024年10月17日現在。連続増配年数は2024年度までの実績

枠で投資する企業を選んでみるのもいいでしょう。

東証の市場改革も高配当株投資の追い風

高配当株投資には最近、力強い追い風が吹いています。

2023年3月末、日本株が取引されている東証は上場企業に対して**「資本コストや株価を意識した経営の実現」**を要請しました。

資本コストというのはその企業が投資家（株主）から調達した資本に対して払うコストのこと。ちょっと難しいですが**配当金の支払い**や株主から受け取った**資本を効率的に使って収益を高める努力**のことを指します。

東証の要請を受け、株式市場が注目したのは、株価がその企業の保有する1株あたり純資産を下回っている**「PBR（株価純資産倍率）1倍割れ」企業**です。

経済産業省が調べた2022年度のデータによると、TOPIX（東証株価指数）500に採用された日本企業500社のうち**197社（39％）がPBR1倍割れ**という割安な株価水準にありました。一方、米国のS&P500採用企業500社の中でPBR1倍割れ企業はたった13社（3％）しかありませんでした。

東証の要請はPBR1倍割れ企業に対して「もっと自社の魅力を高めて株価を上げる努力をしてくださいよ」という強烈なプレッシャーになっています。

PBRは「株価÷純資産」で計算するので、PBR1倍割れから脱出する一番手っ取り早い方法は**配当金をたくさん払って株価を上げると同時に純資産を減らすこと**。そのため、2023年4月以降は多くのPBR1倍割れ企業が増配や自社株買いなど積極的な株主還元策を取るようになりました。

東証は2024年10月現在も「資本コストや株価を意識した経営の実現に向けた対応」に対する具体策を開示した企業を公表するなど、本気で市場を改革して国内だけでなく海外の投資家に日本株の魅力をアピールしようとしています。

今後も多くの企業が**株主配当を引き上げて投資家にとって魅力的な会社になる**

ための努力をするようになるでしょう。

ＰＢＲ１倍割れ企業は毎年の利益の中からだけでなく、内部留保として蓄えてきた**純資産の中からも配当金**を支払って、自社の株価を引き上げＰＢＲ１倍割れを解消しようとするでしょう。

例えば、先ほど見たトヨタ自動車や本田技研工業の株価も２０２４年10月17日現在、いまだＰＢＲ１倍割れです。本田技研工業にいたってはＰＢＲ０・５５倍。ＰＢＲを１倍以上に引き上げるための増配余地がまだまだ豊富にあります。

東証が進めている市場改革は高配当株投資にとって究極の追い風といえるのです。

第2章

3つのポイントで簡単に探せる！

「一生保有したい」高配当株の見つけ方

高配当株とは一生のおつきあいになる

かつを式高配当株投資では、**増配率と自分利回り**に注目することを第1章で述べました。

ただ、決め手となる増配率までたどり着くためには日本株だけで4000社近くある上場企業の中から有望そうな銘柄を粗選《あらえら》びする必要があります。

新NISAの成長投資枠最大1200万円は何歳になったら終わりといった期限つきのものではなく、**一生涯死ぬまで投資し続ける**ことが可能です。

投資元本1200万円から得られる株主配当の**自分利回りを極限まで高めることができれば、死ぬまで元本を取り崩す必要がない**かもしれません。新NISA口座から毎年チャリンチャリンと吐き出される配当収入だけで暮らし、死んだあとは手つかずの投資元本を棺桶に入れて……いやいや、息子さんや娘さんにそのままで相続してもらってもいいぐらいです。

何がいいたいかというと、新NISAで投資する高配当株とはそれこそ一生のおつきあいになるということ。

一生のお宝になる高配当株はじっくり慎重に、正確に選びたいところです。

そこで第2章では、そもそも魅力的な高配当株とはどんな株か？　その株を見つけるための着眼点は何か？　かつを式高配当株投資を実行に移すまでの銘柄選びの手順を解説していきたいと思います。

高配当株の条件は❶業績　❷割安　❸利回り

一生のお宝として生涯いっしょに暮らしたいような魅力的で、割安で高配当利回りの銘柄には3つの条件があります。

いきなりですが本書の肝の部分となるので、その3条件を次ページの図17に示

図17　これが高配当株選びの3つの条件！

❶	**業績が長期的に拡大**	過去5〜10期の売上高・利益が平均5%以上は成長しているなど。利益率にも注目
❷	**株価が割安圏**	株価の割安度を示すPER、PBRが高すぎないこと。PER15倍以下、PBR1.5倍以下など
❸	**配当利回りが高い**	利回り3%以上が目安。自分利回り向上のために増配率やその企業の配当政策にも注目

しました。

これらの3つの条件のうち、1つだけ満たしていても魅力的な高配当銘柄にはあてはまりません。

例えば、❸の配当利回りだけが高くても❶の長期的な業績が拡大傾向にない場合は「たまたま」「そのときだけ」配当利回りが高くなっているということも実際よく起こります。

それでは3つの条件について、順を追って解説をしていきましょう。

高配当株の条件① 業績が長期的に拡大

業績が長期的に拡大しているというのは、**各年度の売上高と利益が期を追うごとに増収増益で右肩上がり**であることです。

結論からいうと成熟企業の場合、

売上高と営業利益と1株あたりの当期利益（ＥＰＳ：Earnings Per Share）が平均して毎年５％程度伸びていること

が高配当株の選別基準だと私は考えています。

例えば、次ページの図18は住宅総合メーカーで物流施設や商業施設の建設、運営なども手掛ける**大和ハウス工業（１９２５）**の2007年3月期から2025年3月期予想まで19期の業績推移です。マネックス証券の銘柄スカウターから引用しました。

― 図18　大和ハウス工業の2007年～2025年の業績推移 ―

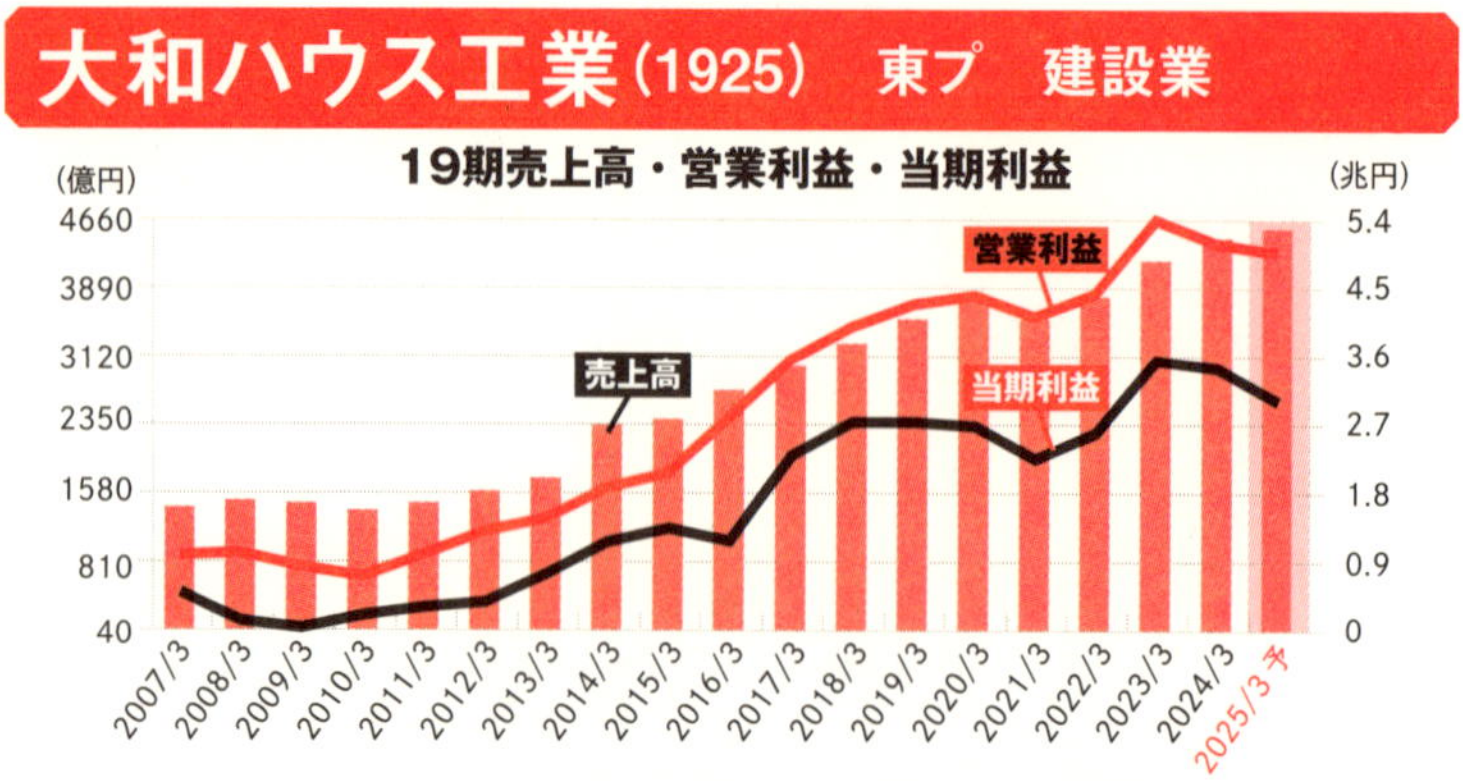

	売上高	営業利益	当期利益
3年平均成長率	8.0％	7.2％	15.3％
5年平均成長率	4.7％	3.4％	4.7％
10年平均成長率	6.8％	10.4％	11.3％

棒グラフで示した売上高や折れ線グラフで示した営業利益・当期利益の推移を見ると、２０１１年３月期あたりから右肩上がりで推移していることがわかります。ここ10年間の平均成長率は売上高が６・８％、本業の利益を示す営業利益が10・４％、最終的な当期利益が11・３％。**毎年10％を超える利益成長を10年間にわたって続けている**わけですから、とても立派です。

利益成長にともなって２０２４年３月期まで14期連続の増配を続けており、**予想配当利回りは3・18％**です。

2008年秋のリーマンショック後に業績が横ばいから減少に転じる不景気な時期もありましたが、その影響が落ち着いてからは株主配当も右肩上がりで増えており、2020年3月期から2025年3月期予想まで**直近6期の平均増配率は4・8%**です。

有望株を選別するときの重要なポイントは、

売上だけではなく、利益も同じように（もしくはそれ以上に）伸びていること。

株主配当の基本的な考え方は、

会社が事業で利益を上げて
その利益の一部を配当金として株主に還元する

というもの。**会社が利益を伸ばしていないと配当金を増やすことができない**ということです。

加えて重要なポイントは**高利益率であるとさらによい**という点です。どういうことかというと、会社が効率よくたくさんの利益を生み出すことができていれば配当金もより多く出すことができるということです。

高利益率であるということは、企業の競争力が高い、すなわち、

- **ライバルが少ない**
- **製品やサービスが同業他社より優れている**
- **ブランド力があって値段が高くても買ってくれる**

といった優位性のある証拠です。利益率が高い企業ほど長期的に業績を維持・拡大していきやすく、配当金を増やす余力も大きいと考えられます。

大和ハウス工業の場合、マネックス証券の銘柄スカウターによると**10年平均の営業利益率は8・5%、当期利益率は5・2%**になっています。

利益率に関しては単独で見ても「果たしてこの業種の他の企業と比べて高いのか低いのか」がわかりません。よって、同業他社と比較する必要があります。

同業他社の**積水ハウス（1928）**、**旭化成（3407）**、**住友林業（191**

図19　住宅メーカーの10年平均利益率の比較

大和ハウス工業
(1925)

	営業利益	当期利益
3年平均利益率	8.9%	5.7%
5年平均利益率	8.8%	5.4%
10年平均利益率	8.5%	5.2%

積水ハウス
(1928)

	営業利益	当期利益
3年平均利益率	8.9%	6.3%
5年平均利益率	8.5%	5.9%
10年平均利益率	8.5%	5.7%

大和ハウス工業は積水ハウスと並んで高い利益率。3年平均が10年平均を上回り利益率の向上が続いている

旭化成
(3407)

	営業利益	当期利益
3年平均利益率	6.0%	1.6%
5年平均利益率	6.9%	2.7%
10年平均利益率	7.9%	4.5%

住友林業
(1911)

	営業利益	当期利益
3年平均利益率	8.7%	6.2%
5年平均利益率	7.3%	5.0%
10年平均利益率	5.6%	3.5%

1）と比べてみると図19のような結果になりました。積水ハウスとともに業界トップレベルの利益率を維持しているので合格といえるでしょう。

つまり、高配当株の条件❶の「業績が長期的に拡大している」に関しては、

❶-A　売上だけでなく利益も拡大している
❶-B　同業他社と比べて利益率が高い

という2点を押さえておきましょう。

次ページの図20は中小企業庁の調査データをもとに、業種別の経常利益率をま

図20　業種別（内需株）の平均的な経常利益率

利益率は**業種**によって異なる。
同業他社と比較して高いかに注目

業種別経常利益率

業種	経常利益率
建設業	5.4％
製造業	5.3％
情報通信業	7.8％
運輸業、郵便業	2.4％
卸売業	2.6％
小売業	2.7％
不動産業、物品賃貸業	10.3％
学術研究、専門・技術サービス業	15.4％
宿泊業、飲食サービス業	8.8％
生活関連サービス業、娯楽業	4.2％
サービス業（他に分類されないもの）	5.7％

中小企業庁「中小企業実態基本調査」より著者作成

とめたもの。**業種によって利益率に大きな差**があることがわかります。

一番高いのは「学術研究、専門・技術サービス業」の15・4％です。学術研究、専門・技術サービス業は、

●市場そのものが小さくてニッチ

●したがってライバルの参入が少ない

●専門性が高いので、値段が高くてもその企業に頼らざるをえない

という状況にあるため、利益率が高くなる傾向があります。

一方、卸売業は2・6％、小売業は2・7％でかなり低くなっています。

例えば、メーカーからモノを仕入れて小売店などで一般消費者に販売するのが小売業のビジネスモデルになりますが、このような商売は「数をこなして利益を稼ぐ」という薄利多売が基本なので利益率は低くなる傾向があります。

ポイントは**利益率が高いほうがよくて、低いのはダメというわけではない**こと。業種やビジネスモデルによって利益率が変わってくるということです。

したがって「利益率10％以上じゃないとダメだ」と考えるのではなく、業種に応じて選別基準をゆるめに設定したほうがいいでしょう。

例えば、情報通信業で銘柄を探したいのであれば、業種の平均経常利益率が7・8％前後だと確認したうえで「経常利益率が5％以上だったらいいかな」と、**業種ごとの特徴を見て利益率を設定**することがポイントになります。

さらに❶の業績に関しての注意点が1つあります。それは、

大切なのはこれからの業績拡大。過去の業績推移はそれほど関係がない

ということ。例えば、皆さんはAとBのどちらの株を買いたいですか？

A　今まで業績がよかったが今期・来期以降に業績が落ち込みそうな銘柄

B　今までの業績はそこそこだったがこれから業績が拡大していきそうな銘柄

当然、Bのほうを買いたいと思うはずです。

未来の業績を正確に予想するのは不可能ですので、過去の業績の伸び率や最近

の変化から「将来の業績拡大はこれくらいだろう」と予想するしかありません。過去の分析自体は非常に大切で重視すべきです。ただ、**過去はあくまで将来予想の参考値**であると割り切ってとらえることも大切です。

小売業、サービス業は既存店売上高に注目

現在進行中の業績を占う客観的な判断材料があるとなおよし、です。

例えば、一般消費者を相手にしている小売業やサービス業に属する企業の多くは**既存店売上高の前年同月比での伸び率**などを**「月次情報」**として毎月ホームページで開示しています。

予想配当利回りが4・39％に達する高配当株で、百貨店やクレジットカード会社を運営する**丸井グループ（8252）**は毎月中旬に前月の「月次営業概況」を開示しています（次ページの図21）。四半期の決算発表を待たないでも、売上

— 図21　丸井グループの月次営業概況（2024年9月）—

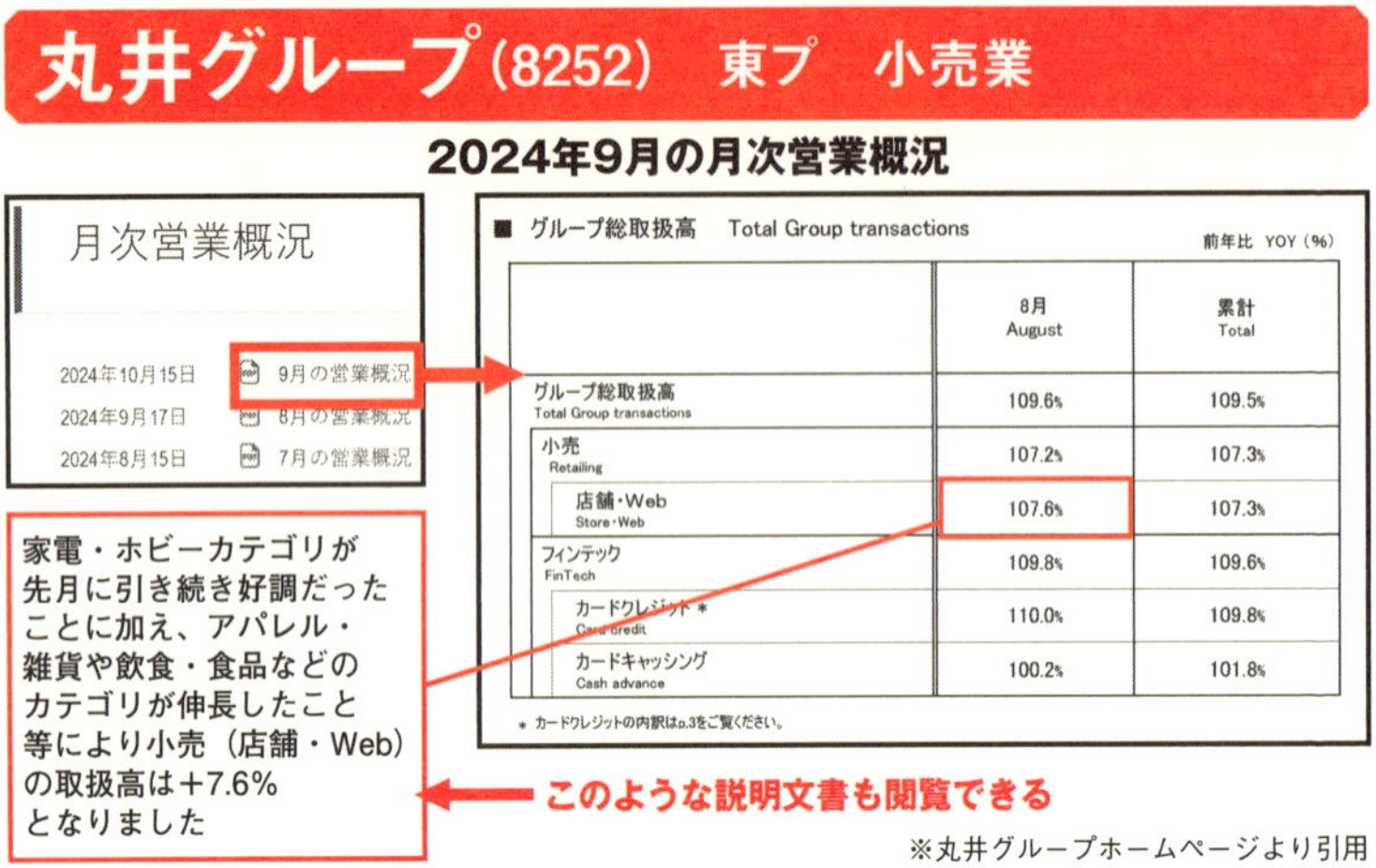

	8月 August	累計 Total
グループ総取扱高 Total Group transactions	109.6%	109.5%
小売 Retailing	107.2%	107.3%
店舗・Web Store・Web	107.6%	107.3%
フィンテック FinTech	109.8%	109.6%
カードクレジット＊ Card credit	110.0%	109.8%
カードキャッシング Cash advance	100.2%	101.8%

＊ カードクレジットの内訳はp.3をご覧ください。

※丸井グループホームページより引用

高の推移が前年同月比でリアルにわかるので便利です。既存店売上高が前年同月比でプラスに推移していれば、現在進行中の今期売上高が前期より増える可能性が高いですし、当然、利益も伸びていくでしょう。

海運業なら船賃に注目

一般消費者を相手にしないBtoB企業の場合、こうした月次情報の開示はないものの、**探せば業種特有の客観的な判断材料はある**ものです。

例えば、コロナ禍で世界的に物流網が混乱した2021年～2022年に中国から米国へ向かう便などコンテナ船の船賃が高騰して海運株が空前の好業績を叩き出しました。そんな海運株の利益の源泉は**船賃**です。

この船賃に関しては海運会社最大手の**日本郵船（9101）**が自社のホームページ上の「海運市況」の欄に掲載している**中国輸出コンテナ運賃指数**（CCFI：China Containerized Freight Index）などが参考になります。

CCFIは中国から世界各地への船賃の推移です。次ページの図22を見てもわかるように、新型コロナウィルス感染症が世界中に広がった2020年後半からコンテナ運賃が高騰しました。

実際、この波に乗って、日本郵船をはじめ**商船三井（9104）**、**川崎汽船（9107）**といった日本の海運株の業績は飛躍的に拡大していきました。

日本郵船の場合、2022年3月期には前期比7・2倍超の当期純利益を稼ぎ、株主配当も前期2021年3月期の66・6円から483・3円（株式分割考慮

図22　中国輸出コンテナ運賃指数の推移

日本郵船（9101）　東プ　海運業

同社ホームページ「海運市況」欄のCCFI

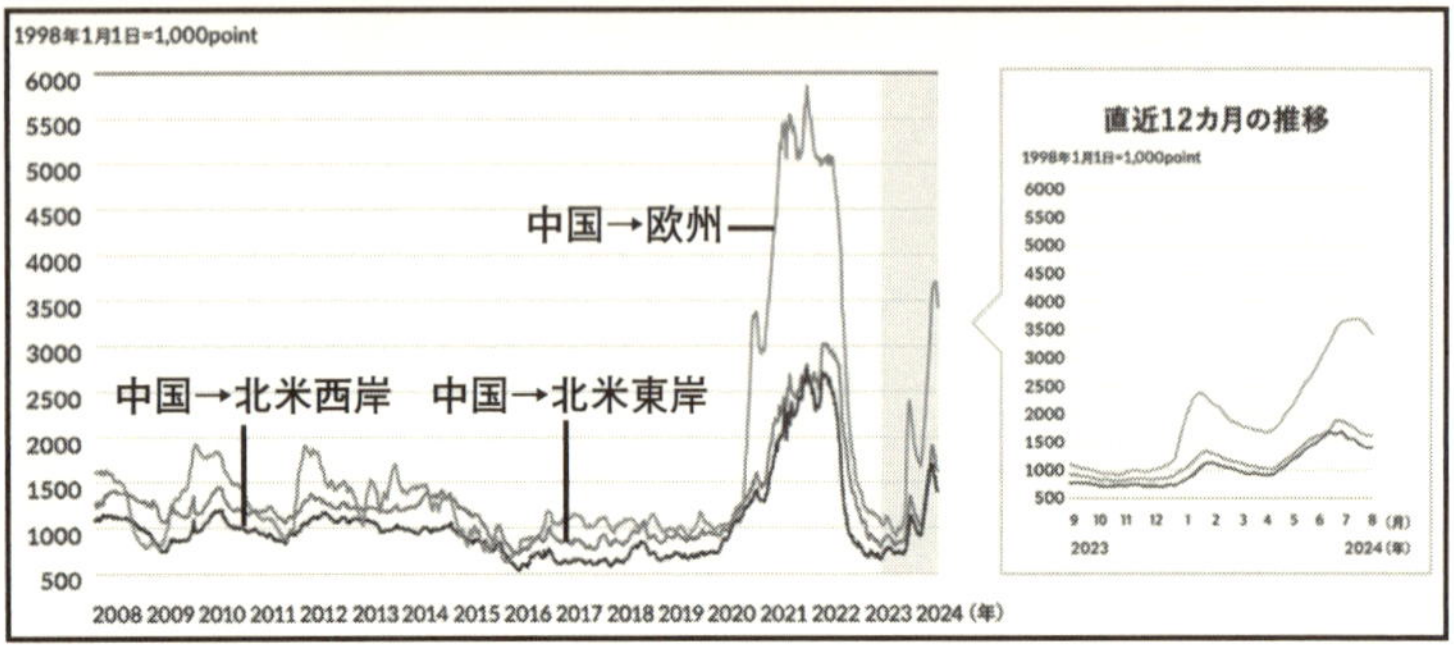

※日本郵船ホームページより引用

後）まで７・２５倍も増額。**当時の配当利回りは10％を超える水準**に達しました。

あらためて図22を見ると、２０２２年から２０２３年にかけてＣＣＦＩは急落。その後、再び２０２３年後半から２０２４年半ばにかけてコンテナ運賃が上昇に転じています。

海運業の業績は中国から世界各国に向かう輸出品を載せたコンテナ船の船賃と強く連動しているので、ＣＣＦＩという客観的な業績判断材料の推移は今後の業績予想に大変役立ちます。

海運市況を示す指数としては、ロンド

ンのバルチック海運取引所が石炭、鉄鉱石、穀物などの船賃価格から算出している**「バルチック海運指数」**も業績予想の手がかりになります。

他にも自動車メーカー最大手のトヨタ自動車はホームページ上で月次の販売・生産・輸出実績を発表しています。

Ｅｘｃｅｌで作られた非常にシンプルな図表ですが、特に「国・地域別販売」タブに掲載されたグローバル販売や北米販売の前年比累計伸び率などを見ると今期のトヨタ自動車の業績がいいのか悪いのかわかります。

高配当株の条件❷株価が割安圏

高配当株2つ目の条件は**株価が割安かどうか**を見極めることです。

株式投資で値上がり益を得るためには**安く買って高く売る**必要があります。それは長期保有が大前提の新ＮＩＳＡを使った高配当株投資でも同じ。

業績に比べて株価があまりにも割高な銘柄を**高値つかみ**すると、その後の業績悪化や投資家人気の落ち込みで含み損をずっと抱えたまま、減配リスクにおびえる日々を過ごさないといけません。

なるべく業績に対して**株価が「もう、これ以上は下がらない」という割安な局面**で買ったほうが安心して長期保有できます。

投資の神様ウォーレン・バフェット氏も「企業本来の価値よりも割安な株価で買う」ことを重要な投資原則に挙げています。「恐怖は投資家の友」と語るバフェット氏は**すべての株が叩き売られるような暴落相場**で優良株を底値買いするのが得意中の得意です。バフェット氏のマネをしたいなら業績に比べて株価が割安か割高かを判断する基準について知っておくべきです。

株価の割安さを見極めるうえで大切な指標が２つあります。

ＰＥＲ（株価収益率：Price Earnings Ratio）
ＰＢＲ（株価純資産倍率：Price Book-value Ratio）

図23　PERとPBRの計算式

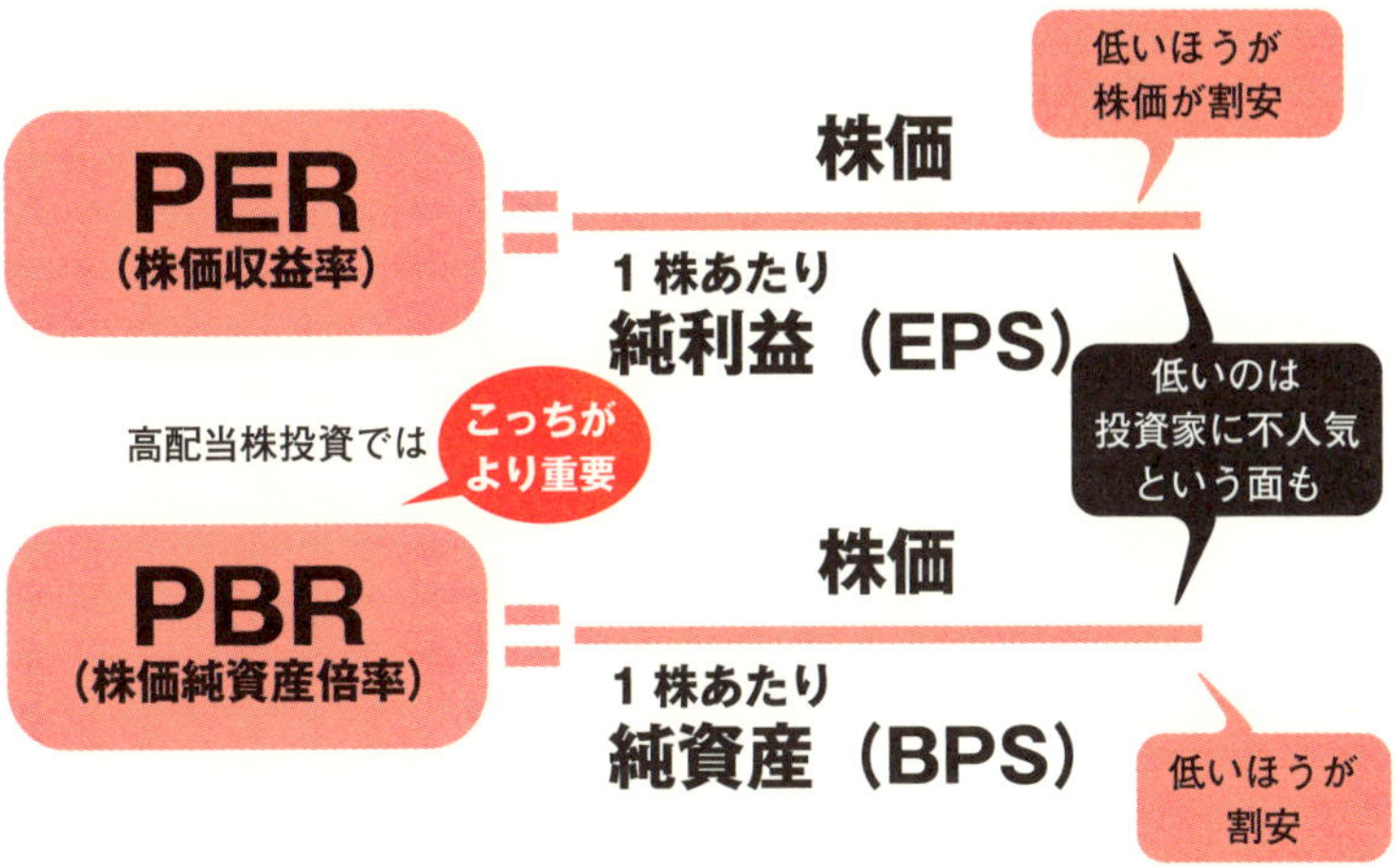

図23に示したようにPERの計算式は**「株価÷1株あたり純利益（EPS：Earnings Per Share)」**で、株価が1株あたり純利益の何倍まで買われているかを見る指標です。イメージとしては「今の株価がその企業が上げる利益の何年分に相当するか?」。PERが低いほうが株価は割安と判断されています。

一方、PER以上に高配当株投資で重要な株価指標がPBRです。

「PBR＝株価÷1株あたり純資産（BPS：Book-value Per Share)」で計算します。株価がその企業の総資産から負債を引いた1株あたり純資産の何倍まで買われているかを見る指標です。

ＰＥＲ・ＰＢＲは高すぎないことが最重要

ただし、ＰＥＲやＰＢＲが低ければ何でもいいというわけではありません。

ＰＥＲやＰＢＲが低い株は「投資家から今後、大きな利益成長が見込めないだろう」と見なされた**不人気銘柄**でもあります。

つまり両方とも**株価の割安さ・割高さを測る指標**であると同時に、**投資家からの期待値が低いか高いかを測る指標**でもあるわけです。

ＰＥＲやＰＢＲが低くて「割安だ、バーゲンセールだ」と思って買ったのに**業績悪化や利益成長の低さ**を嫌われてさらに株価が下がってしまったということが起こりやすい指標というわけです。

では、高配当株投資において何に注意しなければならないかというと、という点を最重要視してください。

低PER、低PBRだからといってすぐ飛びつかない、かつ、高PER、高PBRの銘柄は避ける——といった銘柄の取捨選択に使ってください。

なぜPERやPBRが高い銘柄が高配当株投資向きではないのか？

それは**自分利回りの上昇にとって不利**になるからです。

PERが高いということは1株あたりの利益に対して株価がすでに高いということ。そうなると、配当性向を相当高くしないと配当利回りが高くなりません。

高PER株が高配当株になるのは至難の業でハードルが高いのです。

現状、高PERかつ高配当利回りという時点ですでに配当性向が高いので増配余地が小さいともいえます。

一方、PBRが高いということはその企業が保有する純資産に対して株価が高いということ。高PBR株が無理して高配当利回りを続けると、純資産を食いつ

図24　PER・PBRと株主配当の関係性

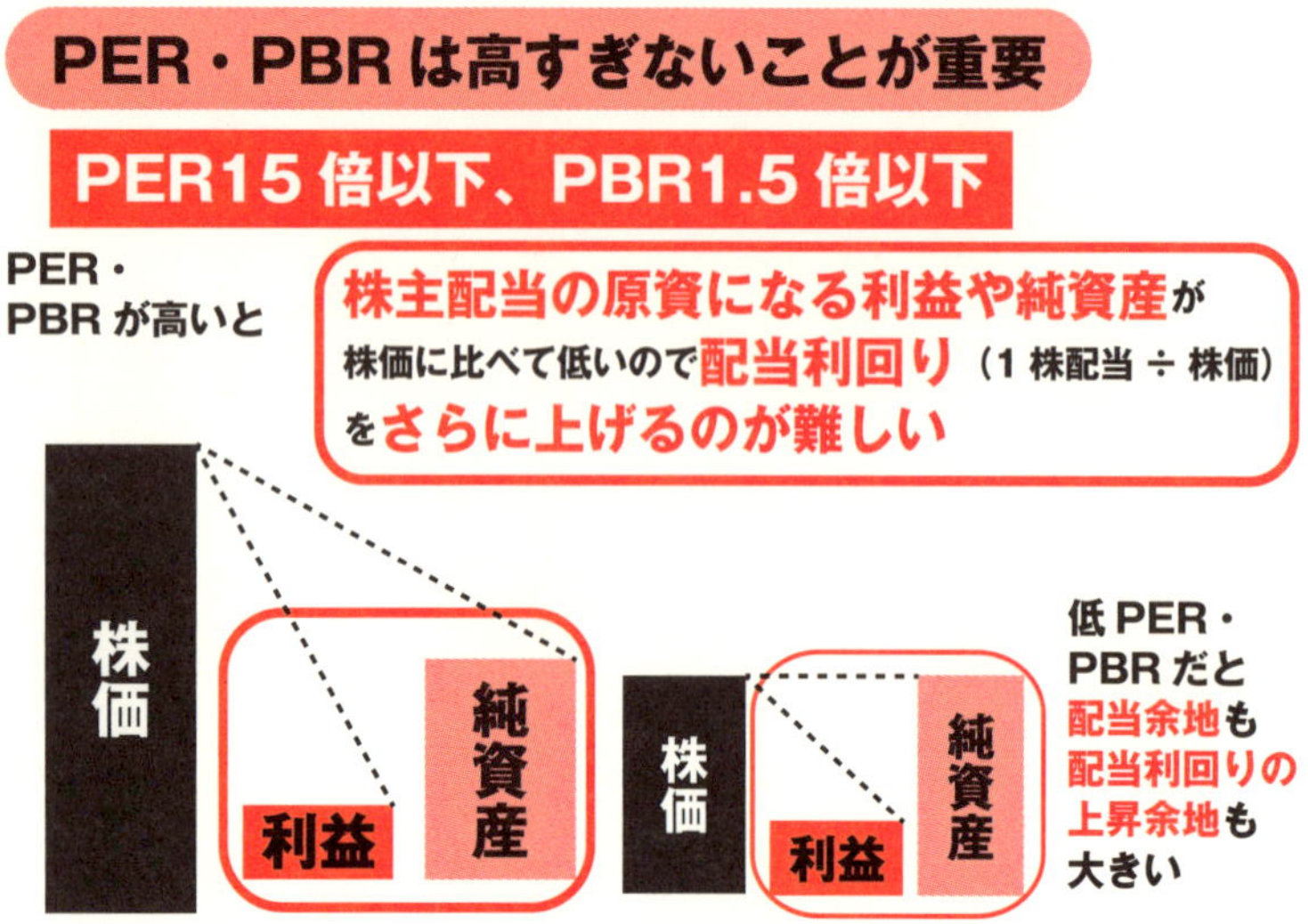
PER・PBRは高すぎないことが重要
PER15倍以下、PBR1.5倍以下
PER・
PBRが高いと
株主配当の原資になる利益や純資産が
株価に比べて低いので配当利回り（1株配当 ÷ 株価）
をさらに上げるのが難しい
株価
利益
純資産
株価
利益
純資産
低PER・
PBRだと
配当余地も
配当利回りの
上昇余地も
大きい

ぶしてしまう恐れも出てきます。

PERやPBRが高すぎる銘柄は株価が1株あたり利益や純資産に比べて高すぎる状態です。そのため、**現状として配当利回りが低い銘柄**か、もしくは**過剰に配当金**を出していて高配当利回りになっている銘柄が多くなります。

逆に**PERやPBRが低い銘柄**は利益や純資産に対して株価がまだ低いので、**無理のない株主還元でも高配当利回りになりやすい**ですし、好業績による増配や株主還元方針の改善でグングン自分利回りが向上していきやすいのです（図24）。

じゃあ、どれぐらいの倍率が狙い目かというと、

●PERは15倍以下、PBRは1・5倍以下が望ましい
●大型の成熟企業ならPER12倍以下、PBR1・2倍以下が妥当
●PERが20倍以上、PBRが2倍以上の株はよほどの高成長が望めないと高配当株投資には不向き

というのが私の選別基準です。

ただし、この水準は時代とともに変わるので、そのときどきの**日本株の平均PER・PBR**を参考にするといいでしょう。

高配当株投資ではPBRのほうが重要

高配当株投資は極論すると株価の値上がり益よりも**安定した配当収入を重視する投資スタイル**です。だからこそ株価の値動きをそんなに気にする必要がありま

せん。ただし、安心して長期保有するためには、きちんと株主配当を支払ってくれることが大前提になります。そのためには企業が**たくさんお金（純資産）を持っている**に越したことはありません。

毎年の利益も大切ですが、やはり投資する企業自体がすでにお金持ちかどうかが長期間にわたって高配当・増配を続けるための絶対条件になります。

その意味で高配当株投資においてより**重要なのはPBR**です。

第1章でも触れましたが東証の資本コストや株価を意識した経営の実現要請を受けて、真っ先に買われたのがPBR1倍割れ企業でした。

会社内に無駄に現金や資産（不動産など）を抱え込んでいる企業は、その一部を取り崩して株主に還元することで資本効率と株価の上昇に努めてください、というのが東証の要請内容です。となると、会社が保有する純資産に対して株価が割安すぎるPBR1倍割れ企業ほど株主還元策の強化が見込めるからです。

PBRが1倍を割り込んでいる企業は、**会社の解散価値より株価が割安な状態**

まで下がっている株です。「株をすべて買い占めたうえで、総資産を全部売って、負債をすべて返済しても**おつりが残る**」という表現もよく使われます。

むろん、その会社の純資産をすべて現金化しても帳簿上に記載されたほどの金銭的な価値はないと投資家に判断されているからこそ、PBRが1倍割れしている可能性も高いです。

また、PBR1倍割れ銘柄の中には、その企業が手掛けるビジネスが先細りして万年赤字になり、企業存続のために純資産を食いつぶしていくしかない、という危機的な状況の企業も含まれます。

単にPBRが低いからといって安易に飛びつくのは禁物です。

業績だけでなく、その企業の貸借対照表など決算書をチェックして**株主配当として支払える現預金をたんまり抱え込んでいるかどうか**も判断しましょう。

●貸借対照表の資産の部の「現金・預金」から負債の部の「有利子負債」を引いた「ネットキャッシュ」が豊富にあるか?

有利子負債は貸借対照表の負債の部にある短期・長期借入金や社債、コマーシャルペーパー（CP）を合計したもので『会社四季報』などで総額を簡単にチェックできます。

●自己資本比率（自己資本÷総資産）が高いか？

自己資本比率は貸借対照表に記載された「自己資本÷総資産」で計算される財務健全度を測る指標で、これまた『会社四季報』などを見るとすぐわかります。

●貸借対照表の流動資産（1年以内に現金にできる資産）が流動負債（1年以内に支払わないといけない負債）に比べて豊富にあるか？

●キャッシュフロー計算書の営業キャッシュフロー（本業で稼ぐ現金）がずっとプラスで、きちんと本業で現金を稼いでいるか？

など、さまざまな観点でチェックすることができます。

ただし、どれぐらい豊富な現預金などがあれば十分かは業種によってさまざまなので個別に判断しましょう。

これらの項目を判断したうえで、❶の業績もチェックして、

PBR1・5倍以下

を1つの目安に割安な高配当株を探しましょう。

そもそもPERとは何か？

PERは投資初心者が最初に教えられる株価指標ですが、実はとっても難解で扱いづらい面があります。

「PER10倍とPER20倍の株を比べると、PER10倍の株は10年分の利益で**株価の元がとれるので割安**。PER20倍の株はこれから20年先の利益の分まで株価が買われているので割高」といったことがよくいわれます。

ただし、PER100倍の株でも1株あたり利益が毎年2倍に伸びていけば、株価が一定なら1年後にはPERは50倍に下がり、2年後には利益が4倍に伸び

ているので25倍、3年後には8倍に増えているので12・5倍に下がります。

1株あたり利益が**毎年、倍増しているような高成長企業**の場合、PER100倍でも許容範囲といわれることもよくあります。

つまり、PERというのは、**その企業の利益成長に対する投資家の期待値**と考えることもできるわけです。

投資家の評価が高いとPERは割高になり低いと割安になる

という傾向が非常に強くなります。

PERは株価が割高か割安かを判断する指標である（そう考えるならPERが低いほどいい）と同時に、投資家の期待値を示したものである（そう考えるならPERが高いほどいい）という**2つの相反する意味を持つ指標**なのです。

2024年10月30日現在の東証プライム市場全銘柄の予想PERの平均は15・6倍、日経平均株価に採用された250社の平均PERは15・8倍です。

やはりここでも「PERが10倍だから割安だ」「PERが30倍だから割高だ」

とひとくくりに判断するのではなく、**同業他社との比較が重要**です。

次ページの図25は2024年9月末現在の東証プライム市場の業種ごとのPERとPBRの単純平均です。

高配当株の多い業種で見ても電気・ガス業や鉱業は平均PERが6倍台、鉄鋼は8・1倍、輸送用機器は13・6倍、医薬品にいたっては26・4倍とかなり大きな差があります。

業種別の平均値をきちんと把握したうえで、狙った高配当株が同じ業種の平均PERよりも割安かどうかを調べたほうがいいでしょう。たとえPERが少し高くても、その業種の平均値より低ければ投資対象の候補と見なせます。

PBRとPERは時系列で見ることが大切

PBRやPERは「株価」という投資家の期待値が1株あたり純資産や当期利

― 図25　東証プライム市場の業種別平均PER・PBR ―

種別	単純 PER（倍）	単純 PBR（倍）
総合	16.7	1.2
製造業	18.4	1.2
非製造業	16.1	1.5
1　水産・農林業	10.1	0.9
2　鉱業	6.7	0.7
3　建設業	14.2	1.1
4　食料品	19.7	1.3
5　繊維製品	21.9	1.0
6　パルプ・紙	9.6	0.5
7　化学	20.5	1.1
8　医薬品	26.4	1.4
9　石油・石炭製品	8.2	0.9
10　ゴム製品	10.2	0.9
11　ガラス・土石製品	18.1	1.4
12　鉄鋼	8.1	0.6
13　非鉄金属	77.7	0.8
14　金属製品	17.4	0.7
15　機械	16.1	1.4
16　電気機器	23.8	1.6
17　輸送用機器	13.6	0.8
18　精密機器	20.6	1.7
19　その他製品	16.6	1.3
20　電気・ガス業	6.5	0.7
21　陸運業	14.0	1.0
22　海運業	7.9	0.8
23　空運業	10.3	1.3
24　倉庫・運輸関連業	14.4	1.1
25　情報・通信業	23.3	2.3
26　卸売業	12.2	1.1
27　小売業	21.9	1.9
28　銀行業	10.6	0.4
29　証券、商品先物取引業	12.9	0.9
30　保険業	13.2	1.0
31　その他金融業	10.3	0.9
32　不動産業	13.7	1.6
33　サービス業	17.2	1.9

日本取引所グループホームページ「規模別・業種別 PER・PBR（連結・単体）一覧」2024年9月より引用

益の何倍まで買われているかを示す指標です。

一番大きく変動するのは、純資産や当期利益以上に株価です。

株価が上がればPBRやPERも上昇し、下がれば低下します。

ただ、同じ企業に対する投資家の期待値というのはある一定のレンジで揺れ動くもの。そのため、その企業の過去のPBRやPERの推移を見て、**最大値、最小値、平均値を知っておく**と「このレベルまで下がったら株価も割安になったので反転上昇するかもしれない」という投資判断に役立ちます。

次ページの図26は日本の高配当株の一角を占めるメガバンクの**三井住友フィナンシャルグループ**（以下、FG）**（8316）**の2019年11月から2024年10月23日まで過去5年間の株価と実績PBR、予想PERの推移を示した図です。

PBRの過去5年のレンジは最小値0・32倍、最大値1・01倍、平均値0・55倍。

PERの過去5年のレンジは最小値5・0倍、最大値14・9倍、平均値9・8

図26　三井住友FGの株価とPBR、PERの推移

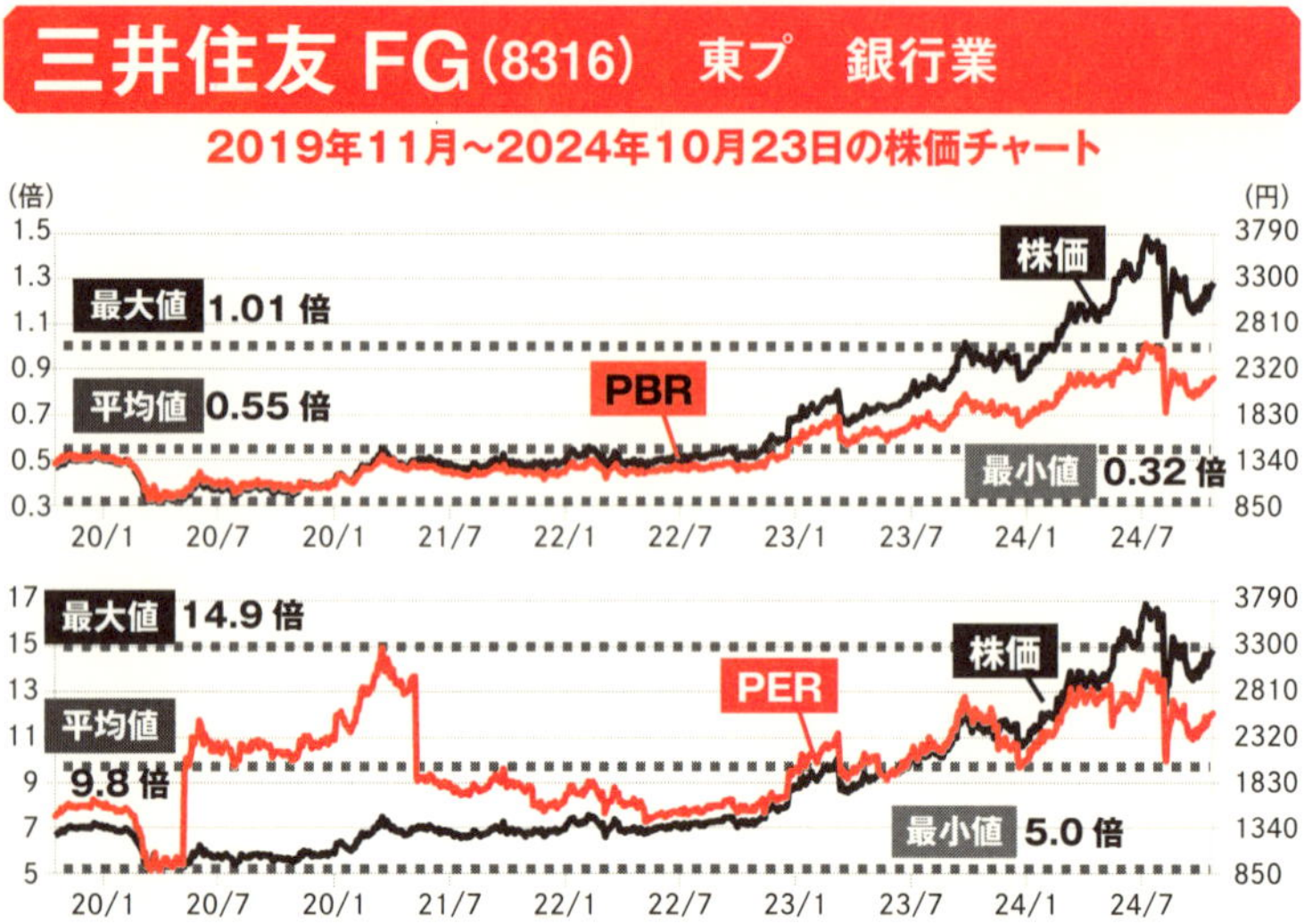

倍です。

　ＰＢＲ、ＰＥＲも株価の上昇とともに上がっています。といっても２０２４年10月23日現在で実績ＰＢＲは０・８２倍、予想ＰＥＲは11・６倍ですから、かなり割安だと判断できます。

　過去５年のＰＢＲ、ＰＥＲの推移を把握したうえで心がける点は、

●ＰＢＲ、ＰＥＲが高すぎるときは買わない
●平均値以下まで低下したところで買う
●最小値近辺のときは反転上昇を確認してから買う

といったことです。

例えば、三井住友ＦＧは２０２４年８月上旬に発生した日銀の追加利上げによる全体相場暴落のときに株価が急落。実績ＰＢＲは０・７倍、予想ＰＥＲは10・1倍と過去５年間の平均値近くまで下落しています。こういったときに買い出動すると、割安な株価で高配当株を仕込むことができます。

第２の株主還元策・自社株買いとは？

ＰＢＲは「株価÷１株あたり純資産」で計算しますが、純資産というのは毎年それほど大きく変動するものではありません。

図26の三井住友ＦＧのＰＢＲが上昇しているのはひとえに分子の株価が上昇していることに由来します。

ただ、三井住友ＦＧはこの間、大規模な**自社株買い**を繰り返していました。その分、分子の純資産が減ったこともＰＢＲの上昇要因になっています。

自社株買いは主に株式市場で企業が自社の株を買うことになるので**それ自体が株価上昇要因**になります。

また自社株買いを行うことで**市場に出回る株式数が減って希少価値が高まる**ことも株高要因です。

さらに購入した自己株式の取得原価の分だけ株主資本や純資産が減る決まりになっているため、自社株買いは**ＰＢＲの上昇要因**にもなるのです。

また、１株あたり当期利益（ＥＰＳ）を計算するときも発行済み株式総数から自己株式を引いた株数で当期利益を割って計算します。つまり、自社株買いを行った分だけ、その企業の**１株あたり当期利益は上昇**するということ。ＥＰＳが増えれば当然、株価も上がりやすくなります。

高配当株投資というと株主配当の増額＝増配ばかりに目が行きますが、自社株買いもまた株価上昇の原動力です。高配当株投資では増配だけでなく自社株買いも頻繁に行う企業をターゲットにしましょう。

高配当株選びの条件❸配当利回りが高い

❶業績、❷株価が割安圏に次ぐ高配当株選び3つ目の条件は「配当利回りが高い」ことです。

本書の冒頭では、配当利回りに惑わされると罠にはまる可能性を指摘しましたが、やはり高配当株投資では**購入当初の配当利回りがある程度高く**ないと増配率がいかに高くても自分利回り5％以上の高額配当を受け取ることができません。

日本の上場企業は4000社近くありますが、配当がない銘柄は610社。配当利回り3・0〜3・5％が427社で最も多くなっています。

次ページの図27は現在の配当利回りが2〜4％で今後の増配率が5％だった場合、自分利回りが何年で5％台に達するかを示したもの。

— 図27　増配率5%で自分利回り5%に達するまでの年数 —

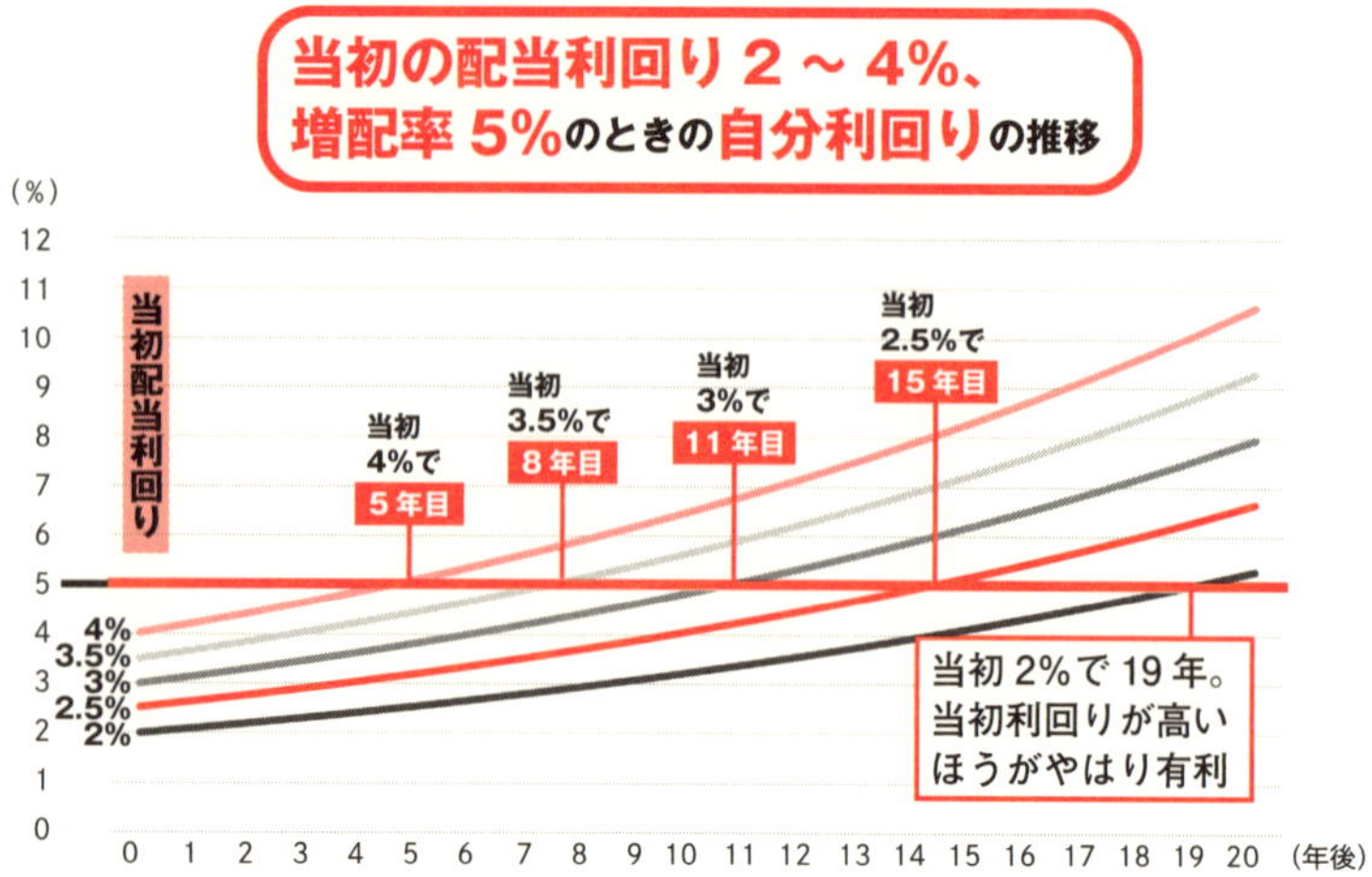

増配率5%で当初の配当利回り2%から5%に達するには**19年**かかります。当初利回り3%なら**11年**、3・5%なら**8年**、4%なら**5年**です。そう考えると当初の配当利回り3%以上は欲しいところでしょう。

むろん、配当利回りが2%台でも増配率が高ければすぐに5%に達するので直近の増配率も確認しておきましょう。

配当利回りが3%以上の銘柄から選ぶ

増配率が10%超なら配当利回り2%台でも可

というのが❸の配当利回りの基準になります。

配当政策にも必ず注目する

❶業績、❷株価が割安圏、❸配当利回りで「これは！」と思える銘柄を発見したら、その企業のホームページにアクセスして、**株主配当についてどのような方針**を打ち出しているかをチェックしましょう。

ブラウザの検索欄にその企業の名前と**「配当方針」「配当政策」「株主還元方針」**といった言葉を打ち込めば、配当政策に関する企業の方針が表明されたページが示されます。企業によっては3〜5年後の自社のあるべき姿を具体的な数値目標で示した**「中期経営計画」**や**「決算説明会資料」**などに記載があるケースもあります。

その企業の株主配当などに対する方針は**「配当政策」**と呼ばれます。

個人的に注目している配当方針には、

配当性向
累進配当
DOE（株主資本配当率）

の3つがあります。

特に上場企業の配当政策として幅広く採用されているのは**配当性向**です。

配当性向は、企業がその期の1株あたり当期利益の何%を配当金として支払うかの目安を株主に対して示したものです。

例えば、自動車メーカーの**本田技研工業（7267）**はホームページ上の「株主還元」のページに「配当は、連結配当性向30%を目安に安定的・継続的に行うよう努めていきます」という一文を掲載しています。

トヨタ自動車（7203）は明確な配当性向の比率を示していません。

ただ、その企業の過去の**配当性向や自社株買いも含めた総還元性向の推移**はマ

— 図28　本田技研工業の配当総額と配当性向の推移 —

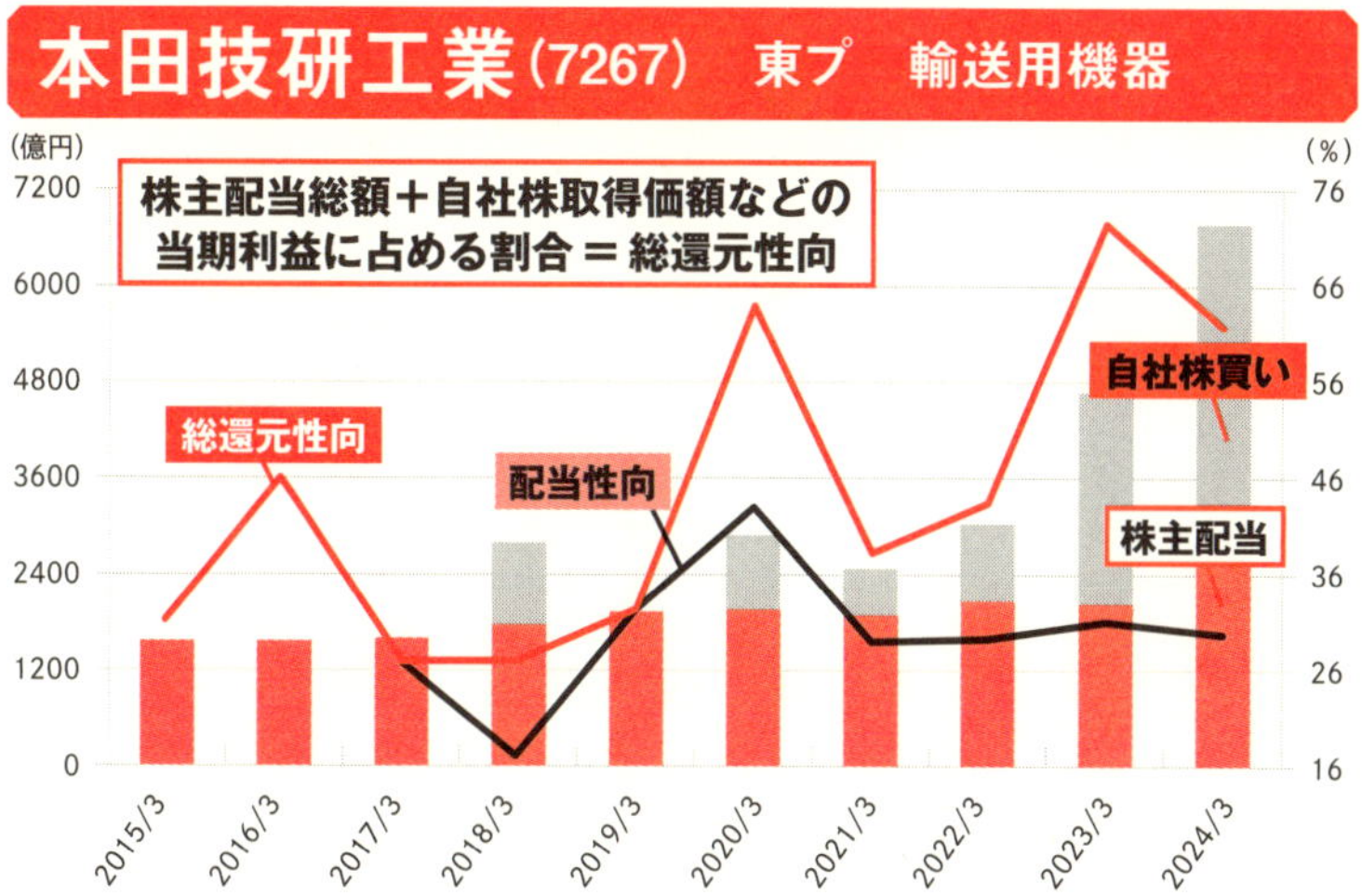

ネックス証券の銘柄スカウターなどで確認できます。

図28は本田技研工業の２０１５年３月期～２０２４年３月期の配当総額と自社株買い総額、配当性向、総還元性向の推移です。２０２１年３月期以降は**配当性向が30％前後で安定**していることがわかります。

株主還元には株主配当だけでなく、先ほど見た自社株買いという方法もあります。図28に示したように、近年の本田技研工業は自社株買いにも力を入れており、株主配当と自社株買いによる総還元性向が右肩上がりで推移。2023年3月期以降は60％を超えていることがわかります。

新たな配当政策・累進配当とDOEとは？

最近、配当性向に加えて＋αの政策として打ち出されているのが、

●累進配当　業績にかかわらず株主配当を一定期間減らさない政策
●DOE　企業の持つ株主資本に対して毎期、何％以上の配当を支払うかを示す指標

の2つです。

DOEは**「株主資本配当率：Dividend On Equity ratio」**とも呼びます。

累進配当は**（業績が多少悪くても）原則として減配をせず、配当の維持・増配**

図29 累進配当とDOEとは何か？

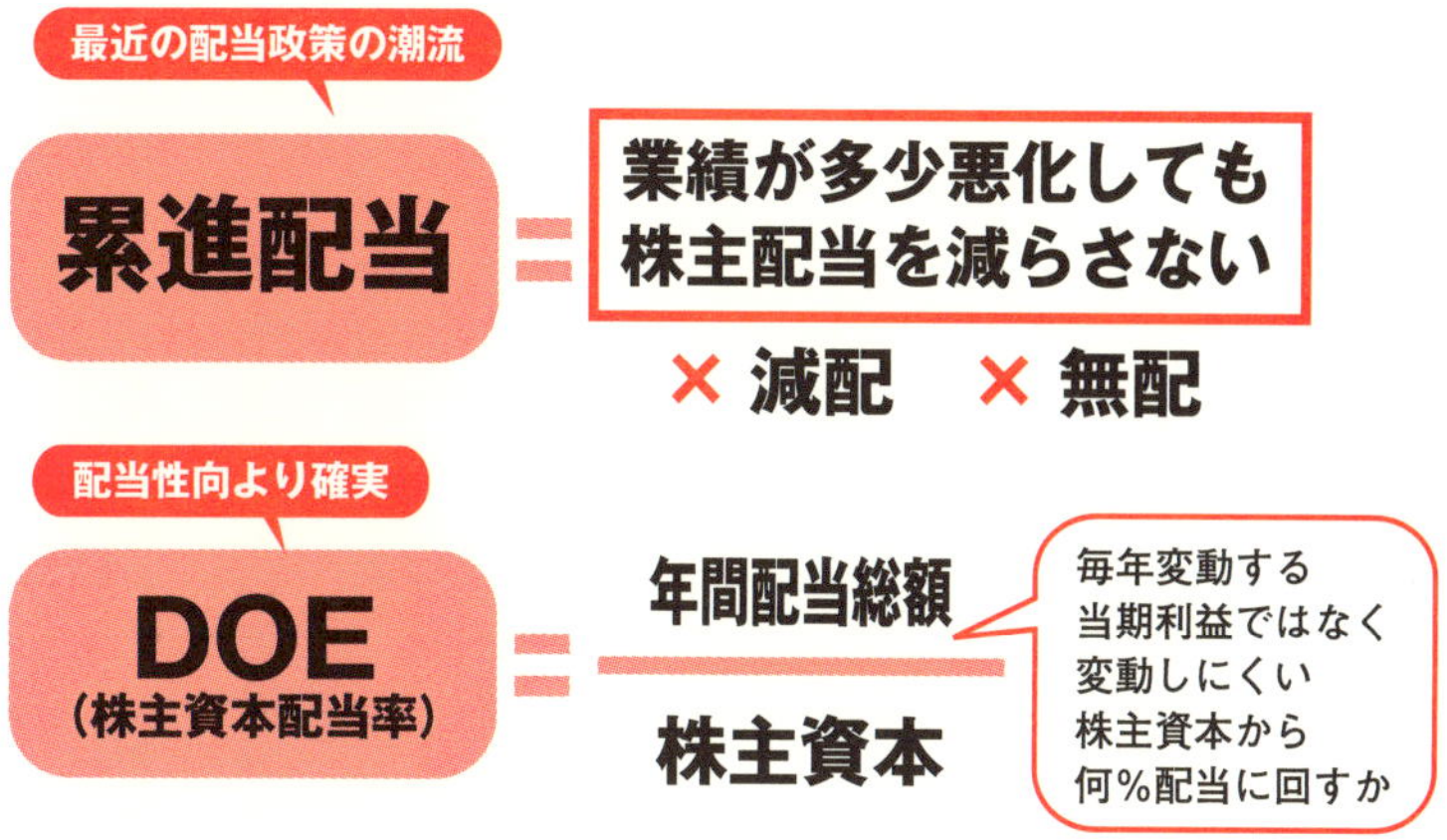
最近の配当政策の潮流
累進配当
＝
業績が多少悪化しても
株主配当を減らさない
× 減配
× 無配
配当性向より確実
DOE
（株主資本配当率）
＝
年間配当総額
株主資本
毎年変動する
当期利益ではなく
変動しにくい
株主資本から
何％配当に回すか

を行う配当政策で、投資家としては業績に関係なく安定した配当がもらえるので安心して長期保有できます。

累進配当を配当政策として打ち出せるのは**業績が良好で強固な財務基盤を持つ企業**に多くなります。

というのも業績が不安定で、ときには赤字転落もあるような企業の場合、累進配当を続けると純資産を食いつぶしてしまい、事業が継続できなくなる恐れもあるからです。「累進配当を配当政策に掲げている企業は自社の業績や財務基盤に対して相当自信がある」と考えても間違いないでしょう。

例えば、**三井住友FG（8316）**は次のような配当政策を掲げています。

「配当は、**累進的配当方針および配当性向40％を維持**し、ボトムライン収益の成長を通じて増配を実現してまいります」

利益の40％を株主配当にあて、しかも減配しない（累進的配当方針）と高らかに宣言しているわけですから、配当目的で同社の株を買う投資家にとっては頼もしい限りです。

DOEは何％以上が妥当か？

DOE（株式資本配当率）は企業が株主資本に対して、どの程度の配当金を支払っているかを示す指標です。計算式は、

「DOE（株主資本配当率）＝年間配当総額÷株主資本」

になります。

株主資本とは株主からの資本金や資本剰余金、その企業がこれまで稼いだ利益の累計額（利益剰余金）から自社株買いして保有している自己株式の取得価額を引いたものです。

いわば、その会社の**株主に所有権がある正味のお金**といえます。

会社の収益性や稼ぐ力を見る指標として注目されている**「ROE（株主資本利益率：Return On Equity）」**も、株主資本に対してその企業がどれぐらいの利益（％）を上げているかを示したものです。投資の神様ウォーレン・バフェット氏もROEを最重要の投資指標と見なしています。

TOPIX（東証株価指数）構成銘柄の2023年12月末現在の**DOEの平均値は3・5％、中央値は2・6％**です（ニッセイアセットマネジメント調べ）。

したがって、

DOE4％以上で高配当株

といえるでしょう。

これから高配当株になる銘柄を選ぶなら、**配当利回りが3％超でしかもDOEがまだ2～3％台の銘柄**が投資の目安になるでしょう。

すでに魅力的な配当利回りでありながら、しかも株主資本に対する株主配当の比率が2～3％台と平均値並みに低いので、まだまだ潤沢なお金を内部留保として抱えていて、**さらに増配する余地が豊富な銘柄**といえるからです。

とにかく配当利回りは高めのほうがいいのに対して、**DOEは購入当初の発射台を低くするという意味では低いほどいい**です。

ちなみに株主資本に有価証券の評価差額金や為替損益、退職給付債務など「その他の包括利益累計額」を加えたのが**自己資本**です。「**自己資本比率**＝自己資本÷総資産」が高い企業は負債にあまり頼らず、自分のお金を使ってビジネスをしているので倒産しにくくなります。

さらに、自己資本に新株予約権や非支配株主持分など、現在の会社の株主以外の持分を加えたものが貸借対照表の**純資産**になります。

DOEが配当性向より優秀な点は？

従来の配当性向の場合、決算期ごとに**1株あたり利益が増減するとそれに合わせて配当金も増減**することになります。

その企業が稼ぐ利益が減れば、たとえ配当性向50％という高比率の還元姿勢を打ち出していても、肝心の利益が減ってしまうので減配になります。

その点、株主資本は、その企業が赤字転落して内部留保を取り崩すような事態に陥らない限り、毎年大きく変動することはありません。

その企業が毎年上げる利益の中から事業への新規投資や株主配当として支払うお金を引いたものが**利益剰余金**として株主資本に加わるので、じわじわと増えていくのが一般的です。

例えば、**積水化学（４２０４）**は配当性向40％以上、ＤＯＥ（自己資本配当率）３％以上を配当方針として掲げています。

また**「Ｄ／Ｅレシオ０・５以下の場合には総還元性向50％以上」**という目標も設定しています。

Ｄ／Ｅレシオは「負債資本倍率：Debt Equity Ratio」ともいい、返済義務のある有利子負債が企業自身のお金といえる自己資本に対してどれぐらいあるかを示したもの。

積水化学の場合は有利子負債が自己資本の半分（０・５）以下だったら、自社株買いや増配などをすることで株主に対する総還元性向を50％以上にしますよと謳っているわけです。

従来の配当性向の場合、利益が多く出る年はたくさん配当金を出せるものの、利益が少ない年は少ししか配当金を出せない、ということになります。各決算期の利益水準によって株主配当にバラツキが出てしまうのが、安定配当を期待する投資家の不安の種になります。そのため、**毎年4回の四半期決算**で1株あたり利益が少しでも予想を下回ると、株価がこれでもかというほど急落する元凶になりかねません。

その点、DOEは株主資本に関わる指標で年によって大きく変動するようなものではなく安定しています。さらにいうと**配当性向とDOEを組み合わせ**て、1株利益と株主資本の両面から配当支払い基準を導入する企業が増えています。

先ほどの積水化学の場合もそうでした。

その狙いは、**ある程度利益に変動があっても、配当金を一定の水準でしっかり出していく**という宣言になります。投資家としては配当金を安定的に受け取れる期待が高まりますし、結果として、企業としては安定株主の獲得につながるため、両者にとってメリット大といえます。

配当政策に対する基本的な考え方とは？

以上のことを参考に、配当利回りの高さで銘柄を粗選びしたあと、

配当政策の中身もきちんとチェック
累進配当やＤＯＥを配当政策に採用していたら高評価

という基準で有望銘柄をふるいにかけてください。

基本的な考え方としては、

配当利回りが高い銘柄で
かつ配当政策として累進配当やＤＯＥを宣言していて
かつ現状の配当性向やＤＯＥが低い企業が狙い目

ということです。

配当性向やＤＯＥがすでに高い企業の場合、今後の増配余地は限られたものに

なります。

増配率の伸びに期待するなら、配当性向やDOEは現状低めのほうが**今後、引き上げる余地がある分、将来の自分利回り向上**に役立ちます。

2023年3月末の東証の資本コストや株価を意識した経営の実現要請を受けて、**上場企業は株主還元に力を入れざるをえない状況**になっています。

そう考えると、業績が安定していて高配当株としてすでに魅力的でありながら、**まだ明確な株主還元策を打ち出していない企業**は今後の株主還元の積極化に期待できます。

具体的な数字で示すと、

配当利回りが3%以上で
配当性向が30%以下、DOEが4%以下

が増配余地のある有望企業といえるでしょう。

第3章

過去10年間の業績を1分で調べて
50年は続く（だろう）高配当株をゼロから探す方法

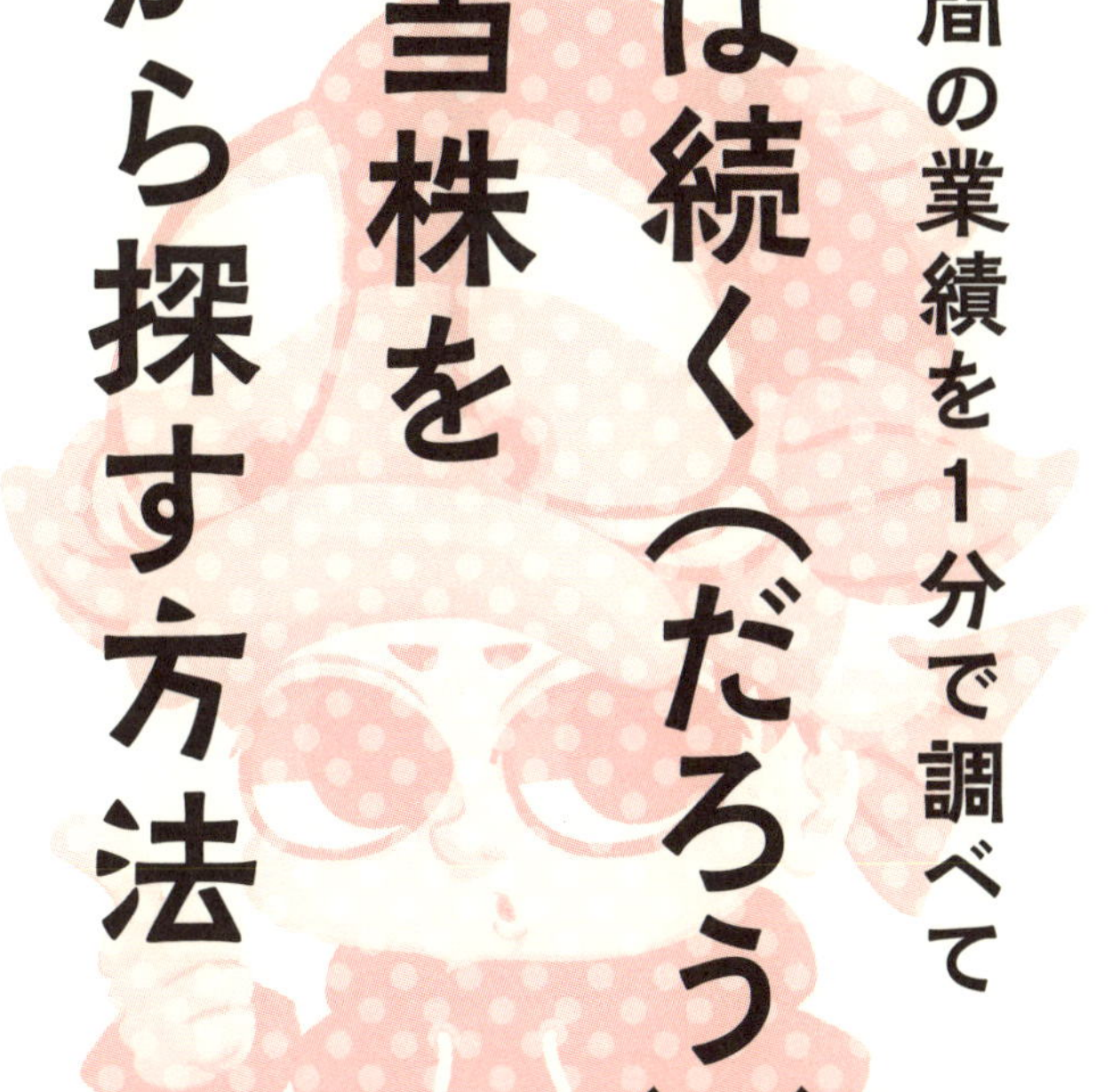

ネット証券の銘柄スクリーニングの使い方

第1章の増配率や自分利回り、第2章の業績、株価が割安圏、配当利回り、配当政策といった点をしっかり押さえたうえで、

「では、どのように一生のお宝になるような高配当株を探していくのか？」

について第3章では解説していきます。

ネット証券や「四季報オンライン」などの投資情報サイトにアクセスすると、さまざまな条件を入力して有望株を探せる**銘柄検索（スクリーニング）ツール**を利用できます。ネット証券なら口座開設すると無料のケースがほとんどです。

本書の解説に用いるのはマネックス証券の非常に優れたスクリーニングツールである銘柄スカウターです。

「スクリーニング」という用語を使っていますが、そもそもの意味は銘柄の「ふ

るい分け」になります。

2024年10月1日現在で株式市場に上場している企業は**3956社**。『会社四季報』などを使って1社1社見ていって、どのような事業をしていて業績はどうか、PERやPBRは割安か、どんな配当政策を打ち出しているかを確認していくのは非常に手間のかかる不可能に近い作業です。

そんなとき、スクリーニングツールを使うと、条件設定をするだけであっという間に銘柄をふるい分け・抽出することが可能です。

マネックス証券の銘柄スカウターの場合、10年間の業績などをさかのぼって有望株を検索できる**「10年スクリーニング」**を利用できます。

10年スクリーニングには銘柄を選ぶための非常に詳細な**設定項目**があります。

「基礎条件」では、**東証の3市場**（東証プライム市場、東証スタンダード市場、東証グロース市場）、**33業種**、**時価総額**、**投資金額**、**株主優待の有無**、**決算月**などを指定できます。

高配当株投資の場合、

●時価総額1000~5000億円以上といった条件を入れて、安定配当が見込める大型株に絞る

●株主配当がない新興成長企業が多い東証グロース市場を除外する

といった絞り込みが可能です。

「基礎条件」の画面下にある「条件を追加する」をクリックすると「通期業績」「四半期業績」「今期会社予想」「アナリスト予想」「アナリスト評価・株価」「分析指標」というタブがある条件設定画面が登場します（以下、図30参照）。

6つのタブの中で重要なのは、

●通期業績　過去の業績がわかる

●今期会社予想　現在進行形の今期業績がわかる

●分析指標　投資スタイルに応じた株価・業績指標の数値を設定して検索できる

の3つです。中でも分析指標の画面には、

図30　マネックス証券の10年スクリーニング

マネックス証券銘柄スカウターの「10年スクリーニング」で有望株を検索

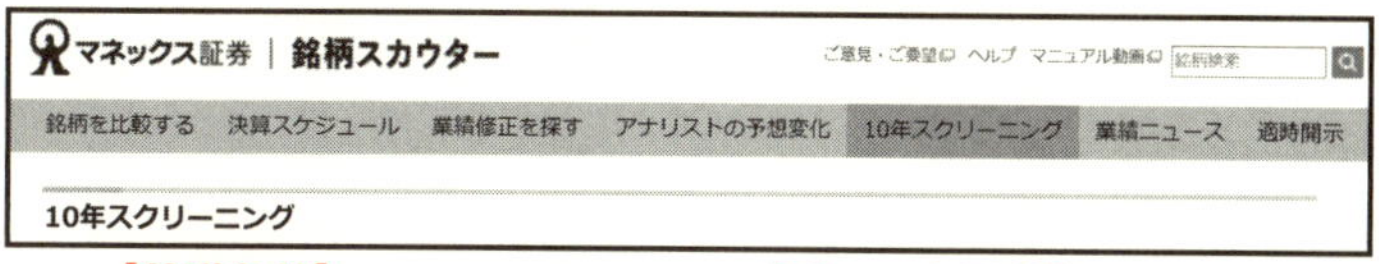

さまざまな条件を設定して銘柄を探せる

【基礎条件】 市場や時価総額 etc.

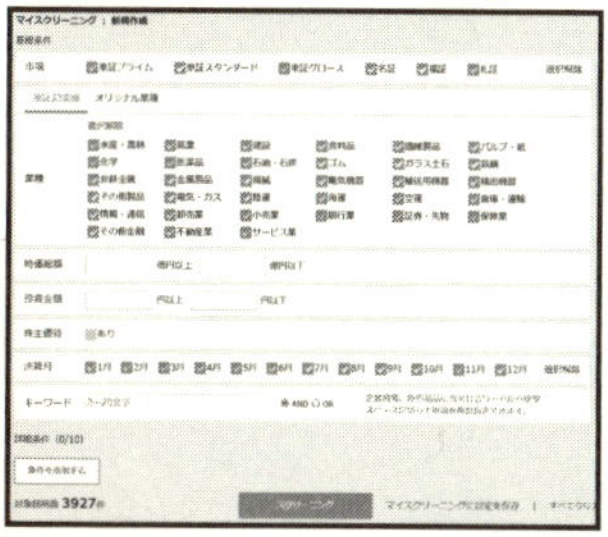

【チャート形状】 株価のトレンド

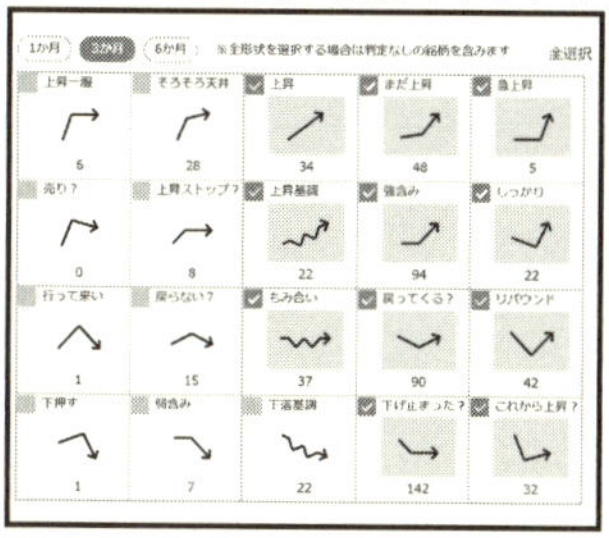

【通期業績】 売上高、利益など業績成長率 etc.

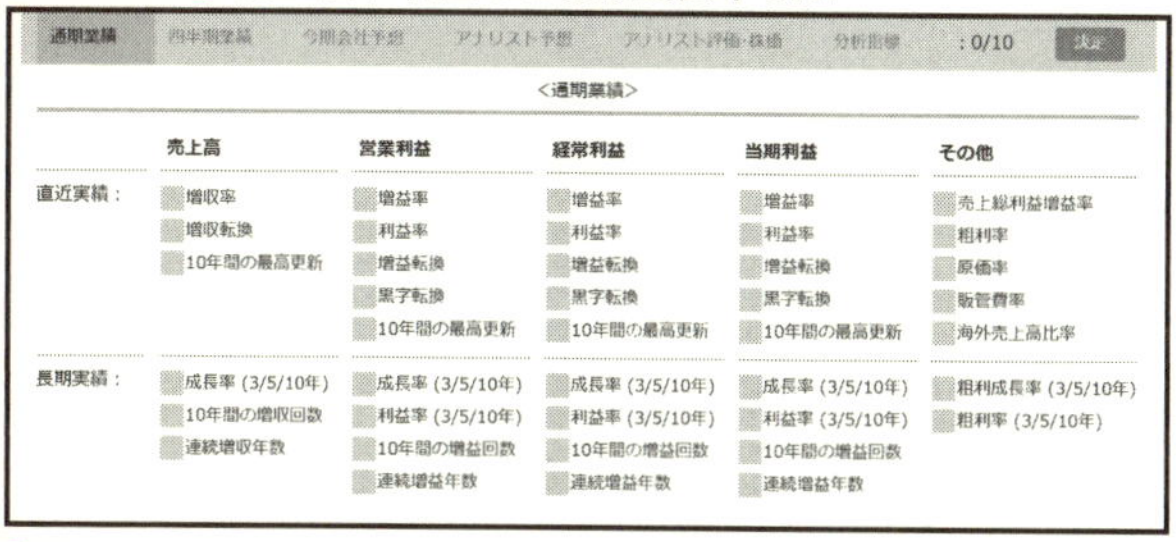

【株価指標】 PER、PBR、予想配当利回り etc.

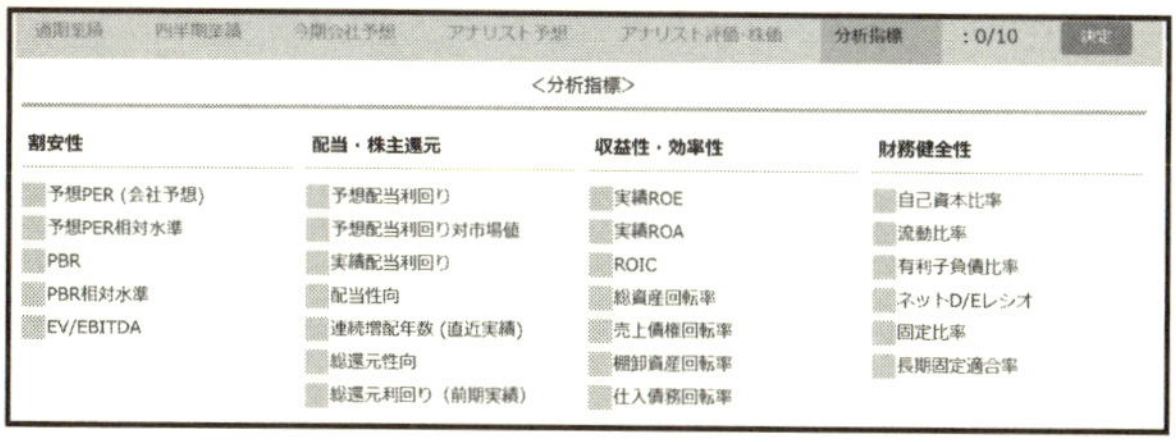

マネックス証券口座より画像引用

●割安性（予想PER、PBRなど）

●配当・株主還元（予想配当利回り、配当性向、連続増配年数、総還元性向など）

●収益性・効率性（ROE、ROA【総資産利益率】、ROIC【投下資本利益率】など）

●財務健全性（自己資本比率、流動比率、ネットD／Eレシオなど）

の４つの項目があり、条件を絞って高配当株を検索するのに役立ちます。ただし図30を見てもわかるように、すごくたくさんの設定項目があるので、1つ1つ確認して設定しながら抽出しようとすると壁にぶつかることが多いです。

項目が多すぎて「一体、自分はどんな銘柄を探そうとしているのか？」「この項目は設定したほうがいいのか？」「次に何をしたらいいのか？」と方向性を見失ってしまう人もいるでしょう。

そうならないための対策は、

スクリーニングのコンセプトを決める

ということ。「コンセプトを決める」というと難しく聞こえてしまうかもしれませんが、肩肘の張ったものではなく、ざっくりと**「こういう銘柄が欲しい」というイメージを言語化**していきます。

例えば、本書で解説している高配当株であれば、

業績好調で株価上昇中の高配当な割安株

というイメージです。

コンセプトが定まれば具体的な設定項目の値《あたい》もだいたい決められます。例えば、「割安株で株価上昇中」というコンセプトで銘柄を選ぶなら、

- **PER15倍以下**
- **PBR1倍以下**
- **チャートは上向き**

といった条件を設定する形になります。

そして銘柄を抽出していきながら、これらの設定項目の値自体も調整して、より銘柄の数を絞り込んでいきましょう。例えば、PER15倍では抽出される銘柄が多すぎるから13倍まで絞ってみるといった具合です。

注意したいのは、

スクリーニングで抽出された銘柄をいきなり購入しない
スクリーニングは銘柄を探すきっかけ。さらに詳細な独自分析は必須

ということです。

というのも、厳しく設定しすぎると銘柄候補がほとんど出てこなかったり、検索結果に合致した銘柄が出てきたとしても**ワケアリ銘柄**で本当に買ってもいいのか怪しいものが含まれることも多いからです。

本章では有望な高配当株を選ぶための**3つのコンセプトと条件設定**を具体事例として紹介します。

マネックス証券の10年スクリーニングの場合、自分が独自に設定した検索条件を「マイスクリーニング」という形で保存できます。スクリーニングの保存タイトルを楽しくなるような、ワクワクするようなネーミングにして投資アイデアをイメージしやすくするといいでしょう。

高配当株コンセプト❶イケイケ株の条件設定

コンセプト：業績好調で株価上昇中の割安高配当株

基礎条件　市場：東証プライム、東証スタンダード
時価総額1000億円以上

詳細条件
［通期］成長率（3／5／10年）（売上高）：10年10％以上
［通期］成長率（3／5／10年）（営業利益）：10年10％以上
［株価］チャート形状：3カ月・上昇・まだ上昇・急上昇など上昇中のもの

【指標】予想PER（会社予想）：20倍以下
【指標】PBR：1・5倍以下
【指標】予想配当利回り：3％以上

時価総額を1000億円以上にすることで大型株からイケイケ株を探しました。新NISAで高配当株に投資する場合は時価総額が大きくて、すでに投資家から安定した評価を得ている大企業のほうが安心して長期保有しやすいので、この条件を加えました。株価の値上がり益にも期待したいときは**500億円以上の中型株**も投資対象に含めるといいかもしれません。時価総額が小さな銘柄のほうが購入後に高成長が続けば株価が大きく値上がりする期待値が高いからです。

チャート形状は1カ月、3カ月、6カ月の3つの期間、各20の形状から選択できますが、3カ月の値動きの中で「下落」「下落基調」「弱含み」「下値で横ばい？」など**株価が下降トレンドの形状を除外**しました。

さらに、**10年平均で売上高と営業利益の成長率がともに10％以上**という設定で、長期にわたって高成長を続けている銘柄を絞り込みました。年率10％成長を10年続けると10年後には**売上高・利益ともに2・6倍**近くに増えます。時価総額の小さな成長企業の場合、10年平均成長率10％企業は比較的たくさんあります。しかし予想配当利回り3％以上という高配当株で10％成長を10年続けている大企業となるとぐっと数が減ります。**ものすごく高いハードル**です。

そんな厳しい条件をクリアしたイケイケ株はたったの4銘柄でした（2024年10月10日現在。以下、スクリーニングに関してはすべて同じ）。配当利回りが高い順に並べたリストが次ページの図31です。

この中で私が注目したいのは、東京都心の駅近に多くの優良不動産物件を保有する不動産会社の**ヒューリック（3003）**です。理由は時価総額が1・1兆円を超えていて規模が大きく安定感のある優良企業だからです。

同社はもともと現在**みずほフィナンシャルグループ（8411）**の一部である旧富士銀行の店舗（支店）管理業務からスタートしたこともあり、都心の一等地

― 図31　10年平均成長率10%以上の超高成長イケイケ株 ―

売上高・営業利益の10年平均成長率10%以上、配当利回り3%以上、株価上昇トレンドetc.でヒットした4銘柄

銘柄	時価総額	10年成長率（売上高）	10年成長率（営業利益）	予想PER	PBR	予想配当利回り
ヒューリック（3003）東プ 不動産業	1兆1089億円	15.2%	17.5%	11.2倍	1.38倍	3.60%
クミアイ化学工業（4996）東プ 化学	1105億円	12.6%	20.9%	8.3倍	0.69倍	3.61%
東海カーボン（5301）東プ ガラス・土石製品	1992億円	13.7%	37.1%	12.6倍	0.52倍	3.39%
フェローテックHD（5301）東ス 電気機器	1177億円	17.4%	41.0%	7.3倍	0.54倍	4.00%

に優良不動産を多数保有しています。東京都心の地価は今もうなぎのぼりに上昇していますが、その恩恵を受けて10年平均で売上高15・2%、営業利益17・5%という高成長率が継続しています。

　同社の今期2024年12月期の予想配当利回りは3・60%。高配当株の中では「並み」レベルですが、今期で12期連続の増配となる予定です。

　図32はヒューリックの株主配当の推移です。1株あたりの株主配当は2013年12月期の6・5円から2025年12月期の54円（予定）まで**11年間で8倍超に**

図32　ヒューリックの株主配当の推移

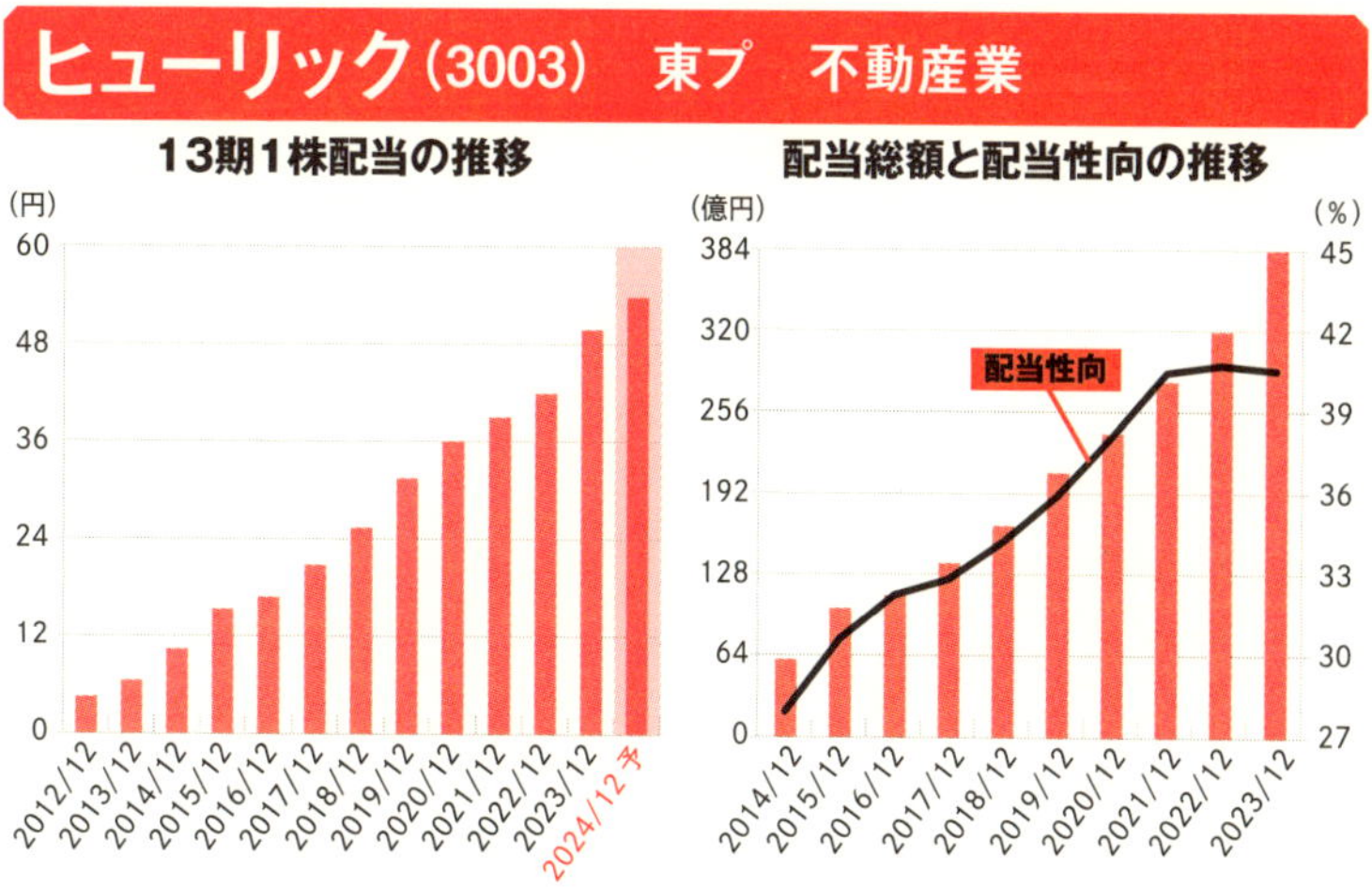

増加しています。ここ5期の**平均増配率も11%超**と非常に高く、長期保有して自分利回りを向上させるうえで非常に魅力的な銘柄といえるでしょう。

同社のここ最近の配当性向の実績は40%前後で推移しています。

DOEに関しては金融情報サイト**「MINKABU（みんかぶ）」**で銘柄検索して「配当」欄を見ると**過去4期分の実績DOE**がROEとともに掲載されています。ヒューリックのDOEを見ると、ここ4期は4・7〜5・2%の高水準で推移しています。

私が「伸びしろ」を感じたのはヒューリックの配当政策が「安定した配当を継続することを基本方針」にしている以外、具体的な配当目標をまだ掲げていない点です。配当性向40％、DOE5％とすでにかなり積極的な株主還元を行っているので**これ以上、配当性向やDOEを引き上げるのは難しい**かもしれません。

逆にこの水準以上は利益を配当に回さず、新たな事業に新規投資して高成長を維持していくべきでしょう。

ただ、同社は過去10年間に**自社株買い**を行ったことがなく、株主還元はもっぱら株主配当のみ。PBRは1・38倍ですでに1倍を超えていますが、今の時流に乗って**さらに手厚い株主還元策、特に自社株買い開始**などに期待できる点も魅力といえるでしょう。

このように、**配当利回りでゆるくしばり**をかけながら、5年〜10年にわたって好業績が続く銘柄を**かなり高めの条件設定**で厳選。

有望そうな銘柄が見つかったら**株主配当の推移や増配率、配当政策の有無**などをチェックしていくのが有望な高配当株を探す基本的な流れです。

イケイケ株の一角・海運株は有望か?

10年間の売上高・営業利益の平均成長率10%はかなりハードルが高いので、その部分をゆるめにして、

【通期】成長率(3/5/10年)(売上高):5年5%以上
【通期】成長率(3/5/10年)(営業利益):5年5%以上

にしたうえで、逆に配当利回りのしばりを強くして、

【指標】予想配当利回り:4%以上

と、より高配当に重きを置いたスクリーニングをすると、ヒットした銘柄は8銘柄まで増えました。

8銘柄を今期の予想配当利回りの高い順に並べたのが次ページの図33です。

— 図33　5年平均成長率5％以上のイケイケ高配当株 —

売上高・営業利益の**5年平均成長率5％以上**、（ゆるく）
配当利回り 4％以上、株価上昇トレンド etc. で（きつく）
ヒットした銘柄

銘柄	5年成長率（売上高）	5年成長率（営業利益）	予想PER	PBR	予想配当利回り
商船三井 (9104) 東プ　海運業	5.7％	22.3％	5.2倍	0.68倍	5.87％
NS ユナイテッド (9110) 東プ　海運業	9.1％	19.4％	6.0倍	0.72倍	4.99％
兼松 (8020) 東プ　卸売業	6.4％	7.6％	7.7倍	1.15倍	4.34％
本田技研工業 (7267) 東プ　輸送用機器	5.2％	13.7％	7.6倍	0.57倍	4.32％
グローリー (6457) 東プ　機械	9.6％	20.0％	12.5倍	0.61倍	4.19％
電源開発 (9513) 東プ　電気・ガス業	7.0％	6.0％	10.5倍	0.35倍	4.16％
小松製作所 (6301) 東プ　機械	7.2％	8.8％	11.1倍	1.21倍	4.09％
フェローテック HD (6890) 東ス　電気機器	20.0％	23.1％	7.3倍	0.54倍	4.00％

上位2社は予想配当利回り5・87%の**商船三井（9104）**と4・99%の**NSユナイテッド（9110）**という海運株になりました。

近年の高配当株というと真っ先に挙げられるのが海運株です。

商船三井や最大手の**日本郵船（9101）**の2025年3月期の予想配当利回りは**すでに5%を超えている**ため、新NISAの成長投資枠1200万円から毎年60万円の配当収入を得る投資ターゲットとしては最適といえるかもしれません。

ただし、海運株の業績が急によくなったのはコロナ禍で物流（港湾）網が停滞して、コンテナ船の船賃が急騰した2022年3月期以降です。

次ページの図34は商船三井の2007年3月期〜2025年3月期（予想）の売上高と営業利益・当期利益の推移です。過去19年間という長きにわたる業績の推移を見て、皆さんは何か**違和感**を持ちませんか？

19年間ずっと業績が右肩上がりなのがベストなのはいうまでもありません。しかし、そんな銘柄は米国株ならともかく日本株ではなかなかありません。

図34　商船三井の売上高・営業利益の推移

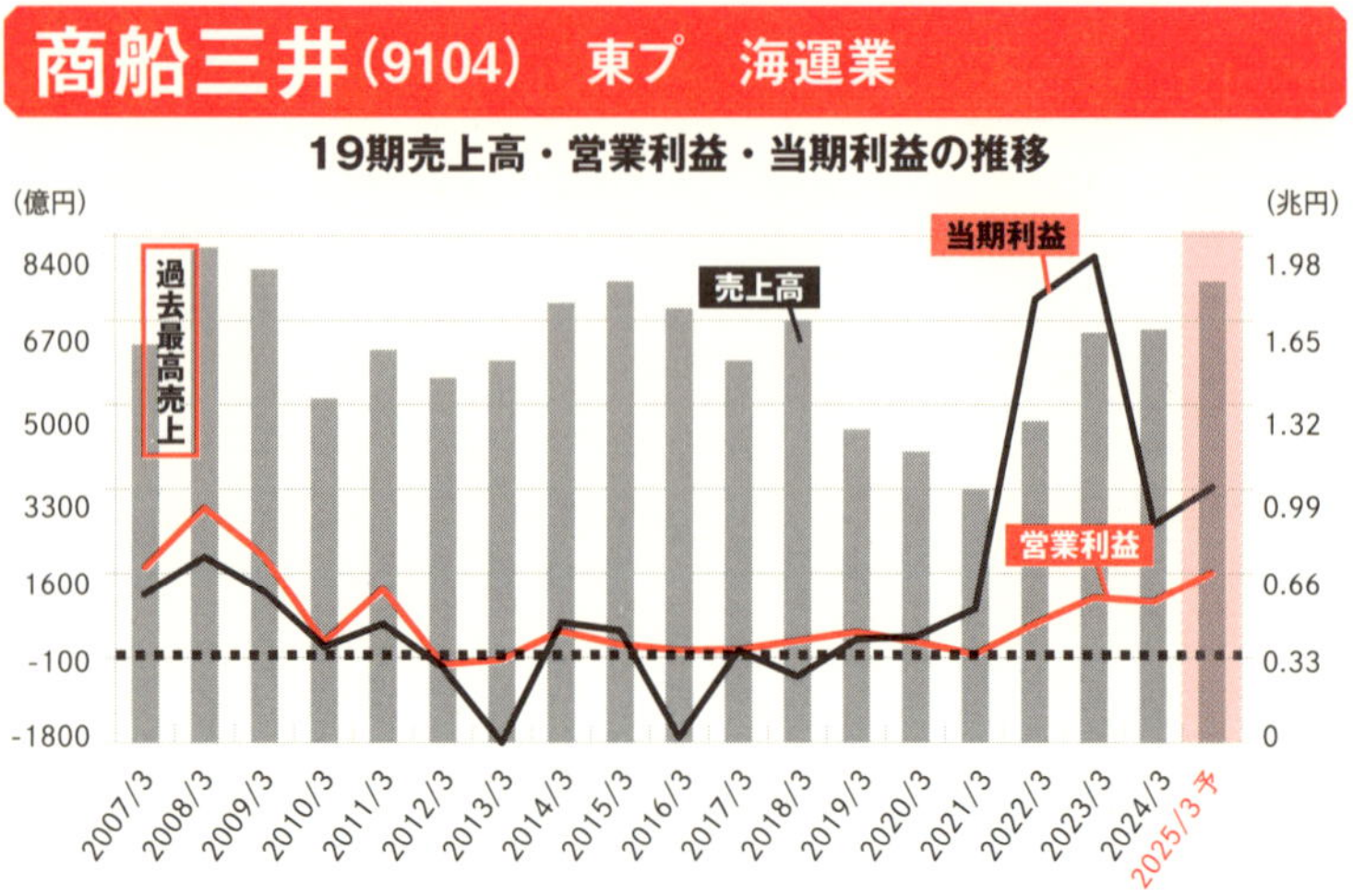

スクリーニングの肝は**銘柄をふるい落とすこと**ですから、まずは「これがお目あての株ですよ」と抽出された銘柄に対して「あれ？　これは？」という**違和感**を持つことが大切です。

「なんでこんなふうになっているのだろう？」と興味を感じることが、さらにその銘柄を深く調べていく**好奇心や探求心**につながります。

図34に感じる私なりの違和感は、

- **売上高がずっと右肩上がりではなく周期的に上下動している**
- **ここ4期ほど売上高が伸びて過去最高**

に近づいている

●営業利益もここ4期、ほぼ右肩上がりで伸びている

という3点です。

配当利回りに関していうと、2022年3月期、2023年3月期は10%を超えるほどまで上昇。「儲かって儲かってしょうがないので株主配当も大盤ぶるまい」という時期を経て、現在の5%台に落ち着いていています。

にもかかわらずPERが5・2倍、PBRが0・68倍と**株価が超割安圏**にあるのは図34の売上高の上下動でもわかるように、多くの投資家が**これ以上の売上成長を望むのが難しい**と考えているからだと思われます。

売上高が周期的に上下動しているのは、海運業の業績が世界的な景気変動に左右されがちだから。海運株が**景気敏感株（シクリカル）**と呼ばれる理由です。

景気は上下動を繰り返すものですから、今後、好景気から不景気になると業績が下降曲線をたどる恐れもあります。

図35　商船三井、日本郵船の平均利益率の推移

商船三井（9104）の3年、5年、10年平均成長率と利益率

平均成長率

	売上高	営業利益	当期利益
3年平均成長率	18.0%	—	42.7%
5年平均成長率	5.7%	22.3%	57.6%
10年平均成長率	−0.6%	9.6%	16.4%

平均利益率

		営業利益	当期利益
3年平均利益率		5.8%	40.4%
5年平均利益率		3.8%	26.6%
10年平均利益率		2.5%	12.5%

両社とも利益の成長率は5年平均が高く成長鈍化。しかし利益率は3年平均が最も高く収益力が向上

日本郵船（9101）の3年、5年、10年平均成長率と利益率

平均成長率

	売上高	営業利益	当期利益
3年平均成長率	18.0%	34.7%	18.0%
5年平均成長率	5.7%	73.6%	—
10年平均成長率	−0.6%	14.5%	21.3%

平均利益率

		営業利益	当期利益
3年平均利益率		10.2%	30.8%
5年平均利益率		7.4%	20.6%
10年平均利益率		4.3%	9.1%

商船三井も日本郵船も売上高のピークは2008年9月のリーマンショック直前の2008年3月期でした。まだ中国と米国が蜜月時代でグローバリズムがどんどん拡大、中国など新興国と米国・欧州・日本といった先進国を結ぶ海上輸送が隆盛をきわめた時期といえます。

リーマンショック後の低成長デフレ時代は売上高や営業利益・当期利益ともに落ち込みました。特に今後の売上高にはあまり伸びしろがないように思えます。

ただ、コロナ禍の特需がなくなって以降も、**図35**に示したように商船三井、日

本郵船ともに**利益率が年々向上**しています。

10年平均の当期利益率が商船三井は12・5％、日本郵船は9・1％であるのに対して3年平均ではそれぞれ40・4％、30・8％に急伸しています。とにかく売上高の伸びはもう見込めないものの、利益率が年を追うごとに高くなり**売上高の3〜4割に達している点**は大きな魅力といえるでしょう。

これはドル箱のコンテナ船事業に関して日本郵船、商船三井、川崎汽船の大手海運会社3社が**ONEジャパン**（オーシャンネットワークエクスプレスジャパン）という統合会社を作り、同社からの配当金収入を得る形に変化したことも大きいです。

海運業自体がすでに船会社同士の国際的な**アライアンス**（戦略的協定）や**経営のスリム化**で、新たに巨額資金を投じて輸送船を建造しなくても利益が得られる**高収益ビジネスに転換**していることが図35の飛躍的な利益率の向上からもリアルに感じられます。

そう考えると**海運株**は新ＮＩＳＡを使った高配当株投資で**少なくとも１銘柄は加えておきたい**有望株の一角といえるでしょう。

配当利回りの高さなら商船三井、日本一の海運会社という安定感なら日本郵船が有力候補です。

このようにスクリーニング結果や業績の推移などに違和感を持つことで「もっと、その企業について調べてみよう」と**さらに深く銘柄分析**していくのが個別株投資の原点になります。

高配当株コンセプト❷どっしり株の条件設定

コンセプト：長期間にわたって業績順調で高利益率の割安高配当株

基礎条件　市場：東証プライム他全市場
時価総額１０００億円以上

詳細条件
［通期］成長率（3／5／10年）（売上高）：10年5％以上
［通期］成長率（3／5／10年）（営業利益）：10年5％以上
［通期］利益率（営業利益）：15％以上
［指標］予想PER（会社予想）：20倍以下
［指標］PBR：1・5倍以下
［指標］予想配当利回り：4％以上

2つ目のコンセプトは「どっしり安定感！」ということで、かなり欲張りな条件設定にしてみました。

時価総額1000億円以上の大型株で**10年間にわたって売上高と営業利益が平均して年5％以上伸びていて、しかも営業利益率15％以上**という、これまた、かなりハードルの高い条件設定のため「ほとんど抽出されないかな？」と思ってい

－ 図36　成長率5％&利益率15％以上のどっしり高配当株 －

売上高・営業利益の 10年平均成長率 5%以上、営業利益率 15%以上、配当利回り 4%以上 etc. の 6 銘柄

銘柄	10年成長率（売上高）	10年成長率（営業利益）	前期営業利益率	予想PER	PBR	予想配当利回り
ジャックス (8584) 東プ　その他金融	5.9％	10.5％	17.9％	8.1倍	0.57倍	4.65％
竹内製作所 (6432) 東プ　機械	14.8％	23.0％	16.6％	7.8倍	1.40倍	4.44％
日本証券金融 (8511) 東プ　その他金融	9.8％	14.5％	19.9％	16.3倍	1.18倍	4.27％
小野薬品工業 (4528) 東プ　医薬品	13.4％	19.7％	31.8％	10.0倍	1.12倍	4.14％
小松製作所 (6301) 東プ　機械	7.1％	9.7％	15.7％	11.1倍	1.21倍	4.09％
日本特殊陶業 (5334) 東プ　ガラス・土石製品	6.4％	7.6％	17.5％	9.8倍	1.24倍	4.07％

ました。しかし、6銘柄が抽出される結果となりました。

配当利回りの高い順に並べると図36に示したようにクレジットカード会社の**ジャックス（8584）**が4・65％でトップになりました。

ジャックスや配当利回り4・27％で3番手の**日本証券金融（8511）**は金融関連株になります。

日本は現在、20年来のデフレ・ゼロ金利時代から脱却。日銀がいうところの賃金と物価の好循環が進み、金利正常化に向かいつつあります。金融株はインフレで金利が上昇すると収益力が向上するので今後は有望かもしれません。
そこでジャックスについて簡易分析してみましょう。

有望銘柄の株価チャート、決算短信を確認

ジャックスは大手クレジット会社で、三菱UFJ系列なので安定感があります。業績（次ページの図37）も比較的順調で10年間の平均成長率は売上高5・9%、営業利益10・5%です。営業利益率も17・9%と高水準です。予想PERは8・1倍、PBRにいたっては0・57倍と非常に割安です。

ただ、ジャックスの株価は2024年5月から急落中です（次ページ図37の株価チャート参照）。個別株投資をするときには**必ず株価チャートを確認**しましょう。

特に1カ月の値動きが1本のローソク足になった**月足チャート**でここ10年分ぐ

図37　ジャックスの業績と株価の推移

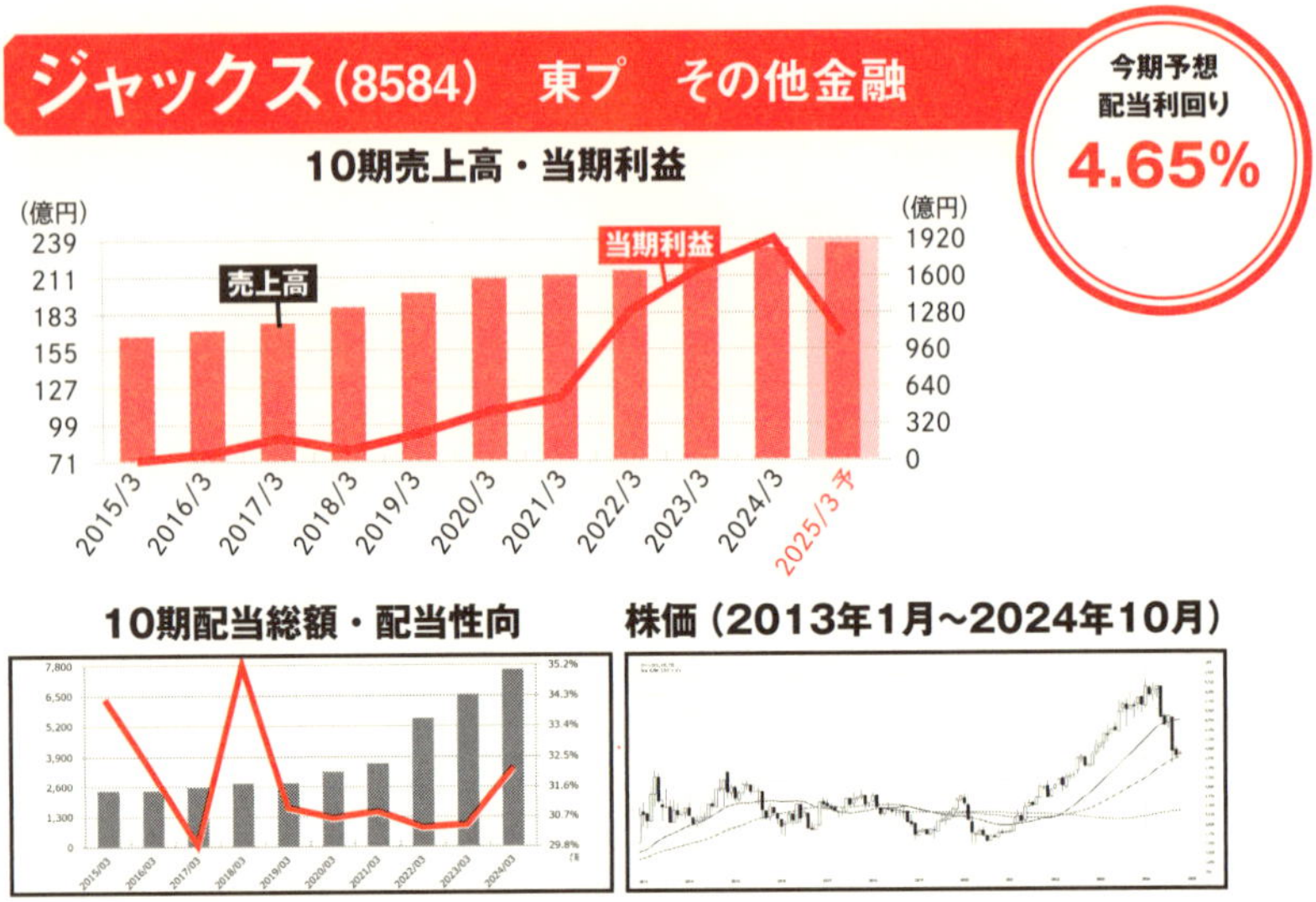

らいの値動きを見て、株価の長期的な推移を確認することが必要不可欠です。

では、どうしてジャックスの株価は最近になって大きく下がっているのか？

理由を探る一番手っ取り早い方法は**最新の決算短信の「経営成績の概況」**をチェックすることです。ジャックス株急落の原因を２０２５年３月期第１四半期の決算短信から推測すると、国内の金利上昇を受けて加盟店に対する利上げを行ったところ取扱高が減少したこと、海外進出した東南アジア事業が不振に陥っていることなどが影響しているようです。

とりわけ一番大きな悪材料は、同社の主力ビジネスである自動車購入のオートローンがおそらく（決算短信には書かれていない）中古自動車販売会社**ビッグモーターの不祥事で急減**したことです。

ジャックスは2024年3月期まで5期連続増配で、好業績高配当株として株価も右肩上がりでした。しかし、2024年8月に発表された2025年3月期の第1四半期決算で通期業績を下方修正。営業収益（売上高）は前期比2・3％の増収ですが、営業利益は27・6％減、当期利益は30・6％減まで会社予想が引き下げられました。

株主配当も前期の1株あたり220円から2025年3月期は**40円減配の180円に下方修正**されています。

これが打撃となって2024年4月末に5680円だった株価は2024年10月10日現在、3885円まで30％以上下落しています。

業績悪化にともなう減配と株価急落をピンチととらえるか、**底値買いのチャン**

スととらえるかで同社に対する見方は変わってきます。

高配当株にとって減配は致命的です。すでにこの銘柄を保有しているようなら泣く泣く売却を考えても仕方のないところでしょう。高配当株投資における保有株の売却については次の第4章で詳しく見ていきます。

ただし、これからこの銘柄を買うかどうかはまた別問題です。株価が大きく下落したこともあって、減配されても予想配当利回りは4・65％に達しています。オートローンの低迷や海外事業の不振が軽微なものなら、今後再び業績や株価の上昇、増配に期待できるかもしれないと探求心・好奇心を膨らませましょう。

気になる疑問はネット検索で解消することも

見送り

ジャックスについて私個人の見解をいうと、

です。やはり減配した高配当株は今後も**さらに配当水準が引き下げられるリスク**もあって、この状況で買うのはためらわれます。

「ジャックス　オートローン」でネット検索すると「ビッグモーター問題でオリコとジャックスに明暗」という「東洋経済ＯＮＬＩＮＥ」の記事（２０２４年６月３日配信）が見つかりました。

それによると、ジャックスは中古車販売会社ビッグモーター向けの取扱高が過去には大きな収益源になっていて、同社の不祥事で大打撃を受けていることがわかりました。

ジャックスは輸入車マーケットのオートローンにも非常に強く、円安進行で輸入車ローンの利用額が増加中という**好材料**もあるようです。しかし当面は主力ビジネスだったオートローン事業の落ち込みが続きそうだと書かれていました。

このように興味があっても理由がよくわからないことにぶつかったら**「企業名キーワード」で検索をかけてみる**ことで詳細が判明する場合もあります。

図38　日本証券金融の業績と株価の推移

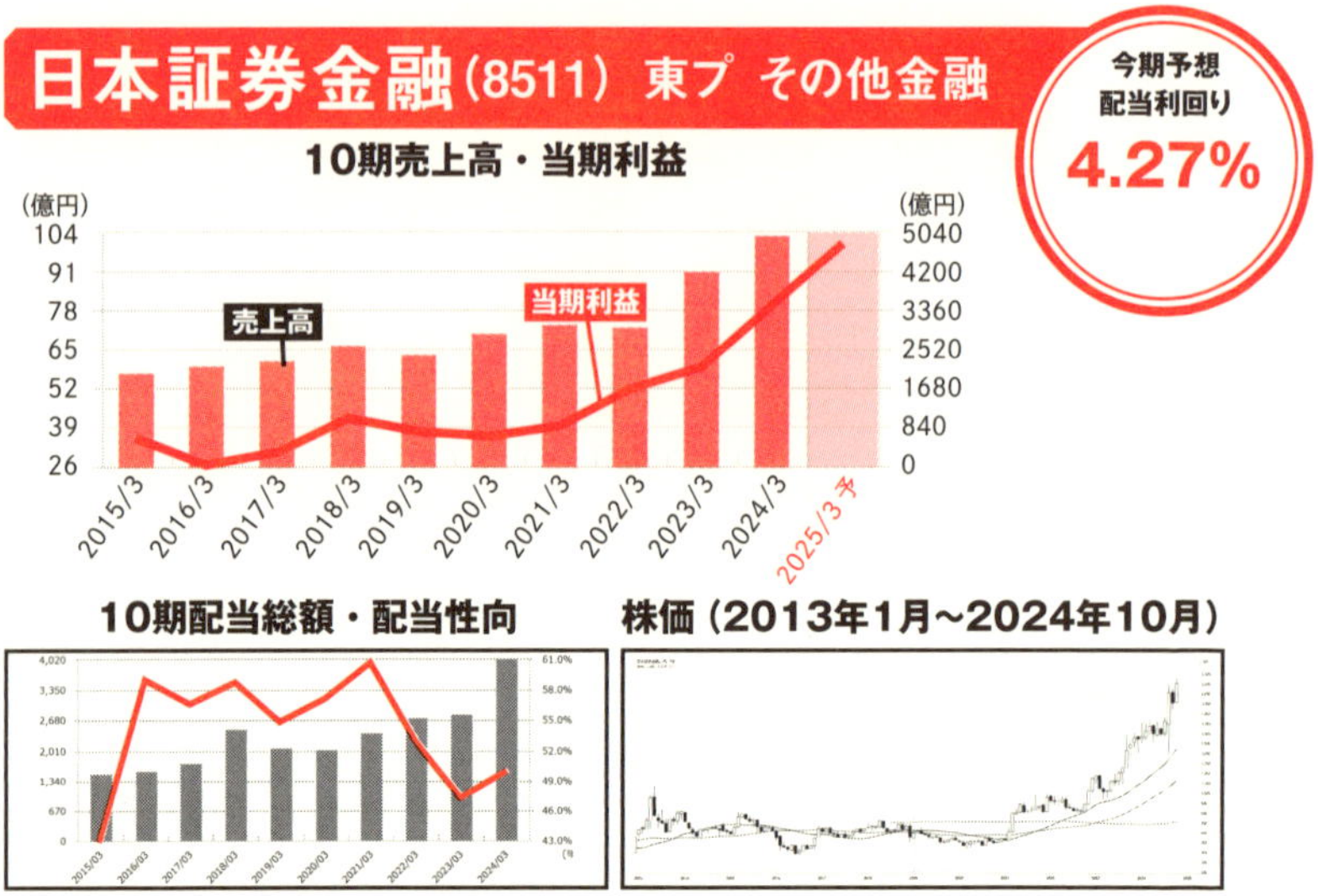

銘柄分析ではネット検索を駆使しましょう。

いろいろと自分なりに調べてみてスクリーニングで引っかかった銘柄をふるい落とすことも必要です。

同じ金融関連なら**日本証券金融**のほうが業績も株価（図38）も有望かもしれません。

日本では新NISAが創設され、私が新NISA向けの高配当株投資本を出版できるほど、時代は「貯蓄から投資へ」大転換しています。

日本証券金融は株式市場に必要不可欠

な信用取引を金融面で支える株式投資になくてはならない企業です。今後も成長に期待が持てそうです。

新NISAの成長投資枠最大1200万円を使った高配当株投資では、少なくとも**業種が違った5~6銘柄に分散投資するのが基本戦略**になります。

業種の1つとして**金融関連株**は必ず入れておきたいところ。その候補として日本証券金融は有望といえるでしょう。

医薬品株や建機株も高配当株候補の一角

スクリーニングで抽出された銘柄に関しては**最低5年はさかのぼって**過去の業績と株価の推移を確認しましょう。

次ページの図39は、どっしり株スクリーニングで抽出された医薬品メーカーの**小野薬品工業（4528）**の業績と株価の推移です。

図39　小野薬品工業の業績と株価の推移

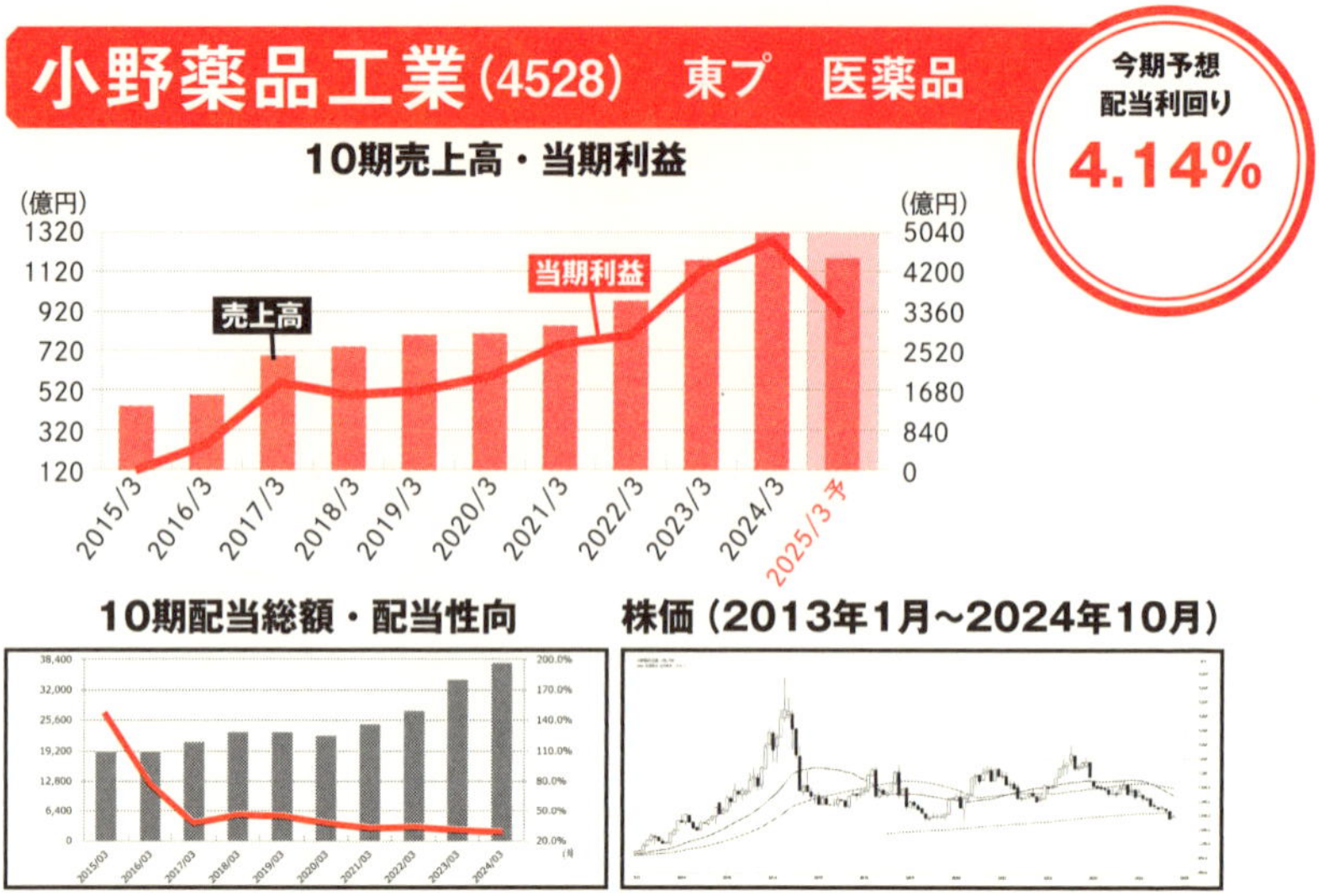

業績が右肩上がりなのに株価は過去10年で最低レベルまで下がっています。その理由を**ネット証券に口座開設すると無料で閲覧できる『会社四季報』**で調べてみましょう。

すると、小野薬品工業はここ10年近くがん治療薬として有名な「オプジーボ」が成長の原動力になっていましたが、最近、この薬の**特許切れが迫って収益力低下の懸念が出始めた**ことがわかりました。

医薬品メーカーは高配当で財務体質も盤石な企業が多いですが、収益の柱となる薬品の特許切れが近づき、次の柱になる新薬が育っていないと株価が叩き売られてしまう傾向があります。そういう意味では小野薬品工業も見送りです。

高配当株投資の対象はやはり**世界をあっと驚かせるような新薬**を出したばかりで、しかも高配当利回りの医薬品メーカーになるでしょう。でも、そんな企業はなかなかありません。

今、世界的に注目されているのは今後10兆円市場になるといわれる肥満治療薬をすでに発売しているデンマークの**ノボ・ノルディスク（NVO）**や米国の**イーライリリー・アンド・カンパニー（LLY）**、日本では肥満治療薬の新薬パイプラインを持つ**中外製薬（4519）**などです。

中外製薬の実績配当利回りは株価上昇もあって1・07%と低く高配当株投資の対象には適していません。同じく株価上昇もあってイーライリリーの配当利回りは0・6%、ノボ・ノルディスクも1・2%と低く、自分利回りの向上（増配）は見込めるにしてもスタートラインが低すぎます。

図40　小松製作所の業績と株価の推移

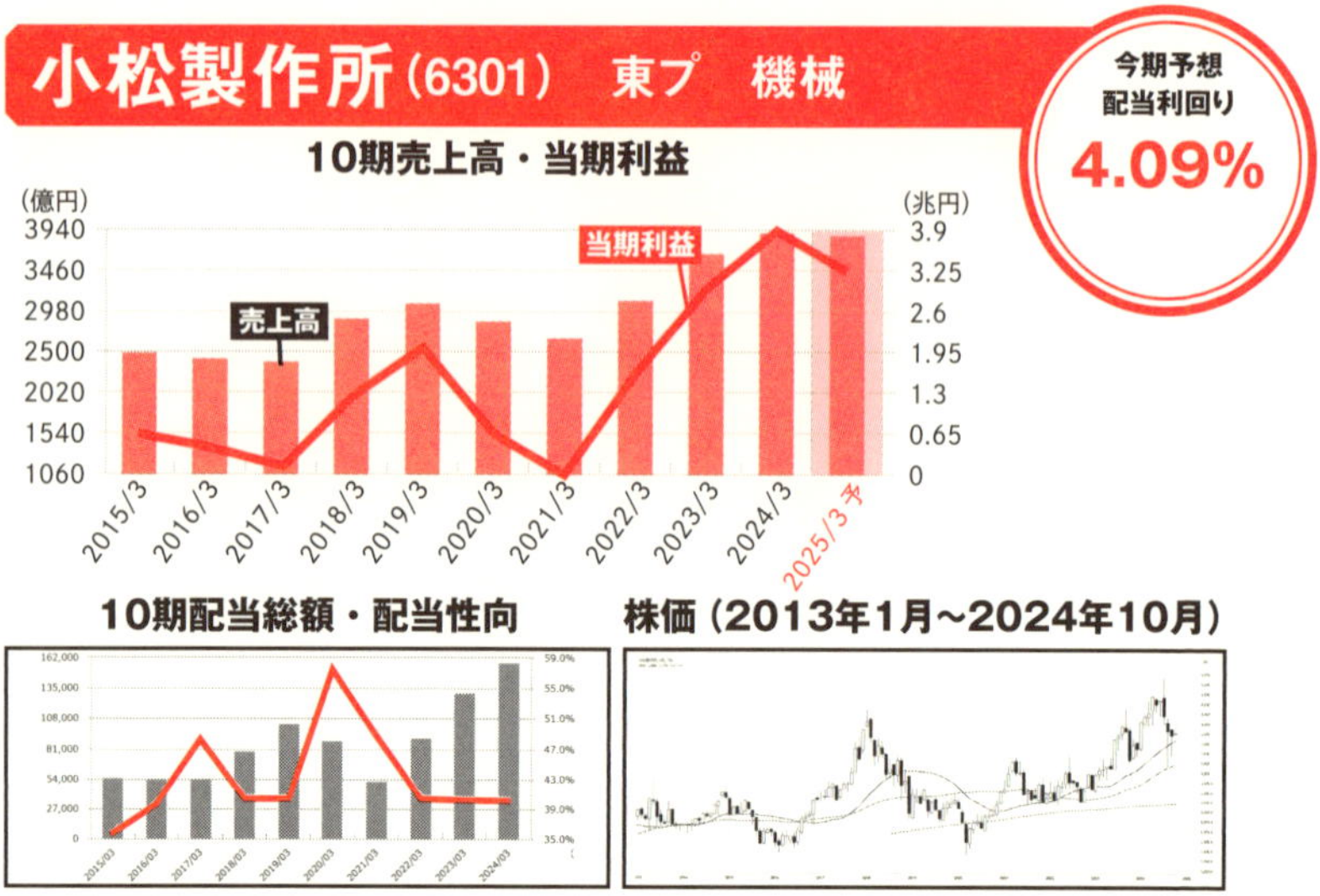

医薬品メーカーに関しては配当利回り3%以上など**高配当を設定条件にして粗選び**したあと、**新薬開発の見通し**などをよく調べて、先回りしてダメモト覚悟でまだ株価が割安なうちに投資するのが現実的かもしれません。

それでは先ほど見た海運株と同じ景気敏感株で、世界中に需要のある**建機メーカー**はどうでしょうか?

図40はどっしり株スクリーニングで抽出された建機メーカー国内最大手の**小松製作所(6301)**の業績と株価の推移です。

2025年3月期の予想配当利回りは4・09％と高く、10年平均の成長率は売上高が7・1％、営業利益が9・7％で優秀です。

業績は世界的な景気動向に左右されやすく、株価にも多少のアップ＆ダウンはありますが長期的には右肩上がりが続いています。

同社の場合、**中国に対する売上依存度が高い点**が不安要素です。これは同じ高配当株の一角を占める**鉄鋼業**や**機械メーカー**にもいえることです。

ただし、**営業利益率**は10年平均が11・7％だったところ、3年平均は13・6％まで向上しており、GPS（全地球測位システム）を使った自動運転の大型建機など高付加価値製品の販売が伸びていることをうかがわせます。

株主配当も2021年3月期の1株あたり55円から2024年3月期は167円と**3期で約3倍**に増えています。

「小松製作所　配当方針」で検索したところ、「連結配当性向を40％以上とする方針」を打ち出していました。

中国がコケてもインドや他の新興国の需要はありそうです。米国で利下げが続き、住宅建設やインフラ開発が上向く可能性も考えると予想PER11倍前後、PBR1・2倍前後の株価は割安といえるかもしれません。

高配当株コンセプト❸逆張り株の条件設定

それでは3つ目のスクリーニングに進んでいきましょう。コンセプトは、

過去と比べて株価が割安になっている高配当株

になります。割安になった理由は株価が下がったから、というケースが多いので罠銘柄の可能性もあります。ただ、今後、業績回復が進めば増配率の向上も見込めるので、将来の自分配当利回り10％以上も夢ではないお宝株を発掘できるかもしれません。ある意味、**攻めのジャンル**といえるでしょう。

スクリーニングの条件は次のように設定しました（このスクリーニングのみ2

024年10月17日現在の株価で抽出)。

基礎条件　市場：東証プライム、東証スタンダード、東証グロース、名証など
　　　　　時価総額200億円以上

詳細条件

［通期］成長率（3／5／10年）（売上高）：3年5％以上

［通期］成長率（3／5／10年）（営業利益）：3年5％以上

［指標］予想PER相対水準：過去2年間比　40％以下

［指標］PBR相対水準：過去2年間比　40％以下

［指標］予想配当利回り：4％以上

［指標］自己資本比率：40％以上

時価総額200億円以上としたので**中小型の成長株も抽出されやすい設定**です。

そのうえで予想PERやPBRの相対水準が過去2年間の最低水準（0％）から

平均値（50％）以下の40％までの間で推移する、**株価が「売られすぎ局面」にある割安銘柄**を探しました。予想配当利回りは４％以上です。

この条件設定だとかなりの銘柄数になってしまうため、３年平均の成長率が売上高・営業利益ともに５％以上という業績面の条件を加え、自己資本比率40％以上で倒産リスクの低い高財務企業に限定しました。

すると銘柄数は35までぐっと減少しました。

図41が抽出された銘柄の中で配当利回りの高い上位30銘柄です。

ざっと銘柄を見渡すと誰もが知っている有名企業としては、鉄鋼2位のＪＦＥホールディングス（５４１１）など**鉄鋼業**、ＴＯＹＯＴＩＲＥ（５１０５）など**タイヤメーカー**、本田技研工業（７２６７）など**自動車（輸送用機器）メーカー**が目立ちます。

鉄鋼株はこれまで見た海運株や建機株と同じ景気敏感株で景気変動に応じて業績や株価が上下動するのが特徴です。中国経済の不振で世界的に鉄鋼が供給過剰

— 図41　配当利回り4%・3年成長率5%超の逆張り株 —

配当利回り4%以上、3年平均成長率5%以上で
PER、PBRが過去2年間比で40%以下
etc. の売られすぎ高配当株上位30銘柄

銘柄名	予想配当利回り	3年成長率（売上高）	3年成長率（営業利益）	自己資本比率
UTグループ（2146）　東プ　サービス業	**6.27**	13.2	9.3	40
JFEH（5411）　東プ　鉄鋼	**5.89**	17	236	42.8
萩原電気H（7467）　東プ　卸売業	**5.39**	20.8	30.5	40.3
ヒラノテクシード（6245）　東ス　機械	**5.35**	22.1	8.1	61.3
ケーユーH（9856）　東ス　小売業	**5.28**	9.8	14.6	72.9
共英製鋼（5440）　東プ　鉄鋼	**5.15**	12.3	18.5	54.9
日立建機（6305）　東プ　機械	**5.02**	20	72.5	41.6
明和産業（8103）　東プ　卸売業	**4.98**	6.7	9.9	44.9
TOYOTIRE（5105）　東プ　ゴム	**4.88**	17.2	28.4	61.2
JPMC（3276）　東プ　不動産業	**4.76**	6.7	7.7	47.6
三ツ星ベルト（5192）　東プ　ゴム	**4.62**	9	16	72.4
SECカーボン（5304）　東ス　ガラス・土石製品	**4.62**	20.5	49.1	83
ビーウィズ（9216）　東プ　サービス業	**4.62**	9.9	6.1	65.2
西部電機（6144）　東ス　機械	**4.59**	9	6.7	60.9
朝日工業社（1975）　東プ　建設	**4.52**	9.2	26.9	46.1
三共生興（8018）　東ス　卸売業	**4.52**	7.4	8.1	71.1
学究社（9769）　東プ　サービス業	**4.51**	5.3	13.1	59.5
ジーテクト（5970）　東プ　金属製品	**4.49**	18.1	26.4	63
ユニバエンター（6425）　東ス　機械	**4.45**	25.4	128.5	61.8
本田技研工業（7267）　東プ　輸送用機器	**4.43**	15.8	27.9	42.6
日本カーボン（5302）　東プ　ガラス・土石製品	**4.42**	12.2	29.7	63
KHネオケム（4189）　東プ　化学	**4.37**	14.2	20.8	51.2
グローリー（6457）　東プ　機械	**4.28**	19.7	53.4	48.8
ノエビアH（4928）　東プ　化学	**4.26**	6.5	11	68.3
竹内製作所（6432）　東プ　機械	**4.25**	23.7	38.8	74.5
KSK（9687）　東ス　情報・通信	**4.21**	7.5	8.5	72.6
豊田合成（7282）　東プ　輸送用機器	**4.18**	14.1	22.9	56
小松製作所（6301）　東プ　機械	**4.16**	20.9	53.7	53.8
JSP（7942）　東プ　化学	**4.15**	9.6	13.4	62.8
ダイセル（4202）　東プ　化学	**4.14**	12.3	25.3	42.8

となり、今期2025年3月期の業績が停滞。株価がなかなか上がらず**究極レベルの割安高配当株**になっています。

株価が超割安なところで買って、その後の反転上昇に期待するという意味では新NISAで気長に投資してみたい投資対象といえるでしょう。

他にも配当利回り4・43%の本田技研工業や4・18%の**豊田合成（7282）**など自動車関連株も魅力的です。豊田合成はトヨタ自動車の系列会社でエアバッグなど自動車向けゴム・合成樹脂を製造する部品メーカーです。

こうした企業はガソリン車主体の製品ラインナップのため、米国のテスラ（TSLA）など電気自動車メーカーに比べて株価が極端に割安な水準まで売られています。株式市場では**ガソリン車はもう時代遅れで成長性がない**という空気が根強いことが原因です。ただ電気自動車は電池が重かったり、消耗が激しかったり、中国で過剰生産されていたりするので、本当に将来性があるのかまだわかりません。ガソリン車主体だからという理由だけで売られている本田技研工業は**ソニー**

グループ（6758）と電気自動車の開発も進めているので売られすぎといってもいいでしょう。

逆張り株で最も高利回りなUTグループは？

逆張り株で予想配当利回りが6・27％とトップなのは、製造業の現場に技術職社員を派遣する人材派遣業の**UTグループ（2146）**です。

米国と中国の新・冷戦時代到来で、今、日本ではグローバリズムから**国内への製造業回帰**が進んでおり、特に**半導体関連工場の新設ラッシュ**が起こっています。この流れは、半導体工場に人材派遣を行うUTグループにとって大きな追い風。海外事業もベトナムなど中国以外の国で急成長中です。

しかし、次ページの図42に示したように業績は右肩上がりが続いているものの、株価は2025年3月期第1四半期の業績が悪かったこともあり、2024年4

図42　UTグループの業績と株価の推移

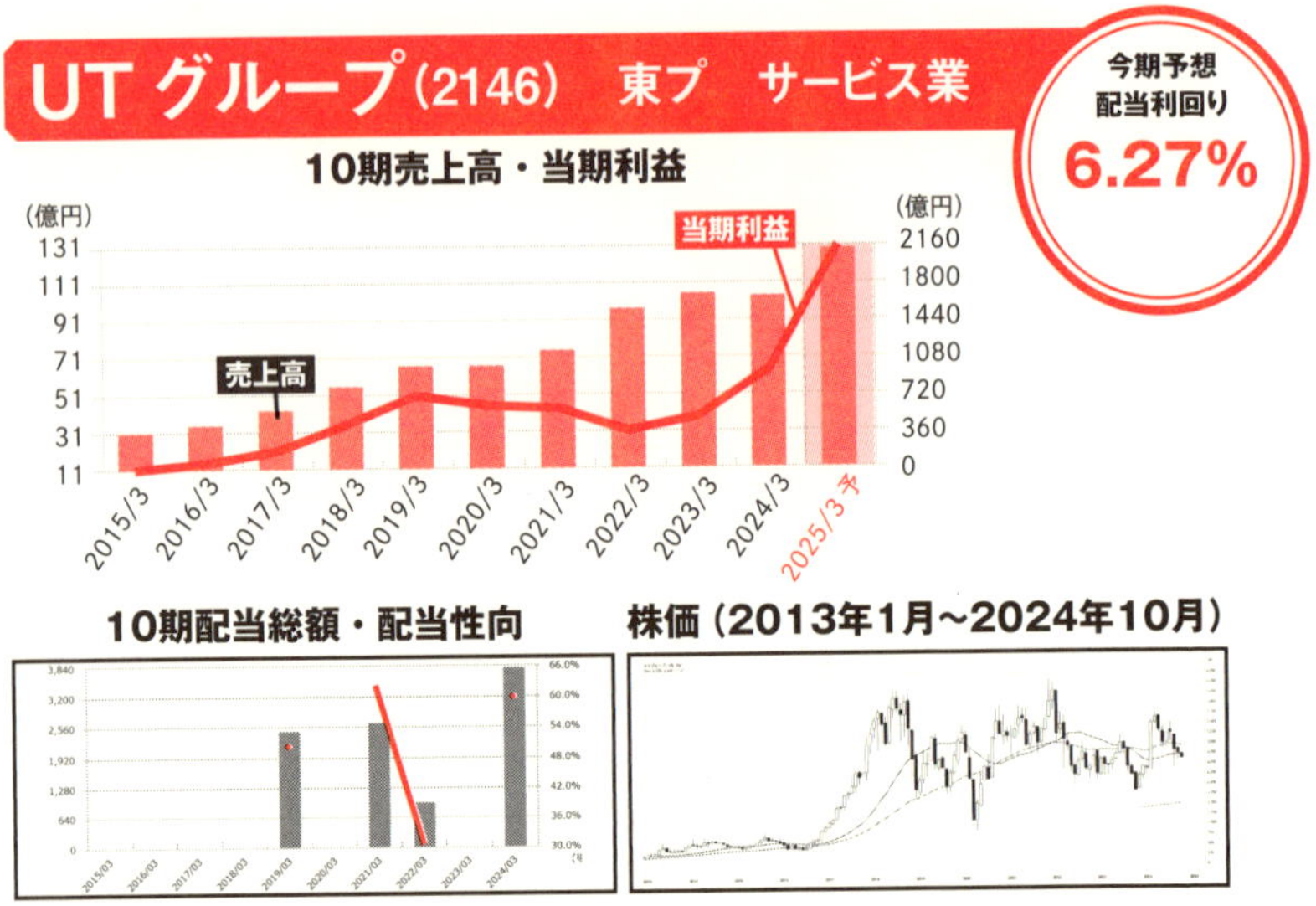

月以降、下落しています。

この銘柄の難点はまだまだ事業規模の拡大が続く急成長企業のため、業績が右肩上がりでも無配の年があるなど**配当政策に一貫性がない**ことでした。

しかし、これまで自社株買いも含めて総還元性向30%としていた配当方針を2024年2月に配当性向60%以上に変更。株主配当による安定的な株主還元重視に方針を転換したばかりです。

今後は**きちんと利益に応じて株主配当を支払ってくれる高配当株**に生まれ変わったわけですから、6・27%という超高利回りの株主配当は利益成長に応じてどんどん増配されるはず。その意味では狙い目の銘柄かもしれません。

高配当株は逆張り投資になりやすい

今見たUTグループが狙い目といえるのは、好業績にもかかわらず株価が下落して割安度が増しているからです。高配当株投資ではどうしても**株価が下がっている銘柄のほうが魅力的**に見えてしまいます。

本書冒頭でも述べたように罠銘柄に引っかかるのは厳禁ですが、ある意味、下がっているものを買う逆張り投資になりやすい点には注意しましょう。

いったん購入してしまうと**銘柄ぼれ**といってその銘柄のいい面しか見られなくなってしまう心理的傾向にも気をつけましょう。

かといって、株価が急上昇している割高株に「配当利回りは少し低いけど、まだまだ株価が上がるはず」といって飛びつくのはもっと危険です。

スクリーニング銘柄の成長イメージを描く

逆張り株は総じて株価が下がっているところに共通点があるだけなので、**業種は多岐**にわたります。

例えば、逆張りスクリーニングで抽出された**ヒラノテクシード（6245）**という会社は配当利回りが5・35％と魅力的ですが、何をしている会社なのでしょうか。

銘柄情報欄のすぐ横にある「四季報」情報をクリックして読むと、同社は中国の電気自動車向け塗工機などを手掛ける機械メーカーです。**中国経済の不振**が今後の業績不安につながって株価が下落しているので、私なら見送りと判断します。

中古車販売業の**ケーユーホールディングス（9856）**も配当利回り5・28

%に加え自己資本比率72・9%の高財務企業で魅力的に思えます。

同社は高級外車の富裕層向け販売に特化した中古車販売会社です。

私もゆくゆくはベンツかBMWに乗りたいですが**日本国内の高級外車販売に将来性はある**のでしょうか？「ある」と思えば買い、「ない」と思えば見送りになります。

このように自分なりに**将来、その会社が成長するイメージ、ビジョン、ストーリー**が描けない株はいくら高配当利回りでも避けたほうがいいでしょう。

以上がスクリーニングのコンセプトを決め、コンセプトに合致する条件で絞り込み、抽出された銘柄を簡易分析するための手順です。

ぜひ実際に自分でスクリーニングツールを使いながら、本書で示した設定を少し変えたり新角度の条件を加えたりして、銘柄スクリーニングのコツをつかんでください。

ここまで見たように、スクリーニングで抽出された銘柄にはワケアリとまではいかないまでも**リスクや課題のある銘柄も多く、大半は見送り**になります。めげずに、**たくさんの銘柄を吟味して知識と経験を蓄える**ことが一生お宝になる高配当株探しの第一歩です。

むろん、本書で紹介した3つのコンセプトが有望で割安な高配当銘柄を抽出する方法のすべてではありません。自分自身の投資スタイルや「どんな銘柄を探したいのか」というニーズによってスクリーニング方法は千差万別、十人十色。

好奇心や探求心を持って、楽しみながらお宝高配当株を探してください。

第4章

非課税の配当が寝ているだけでもらえる

新NISA「月5万円」不労所得マシーン運用法

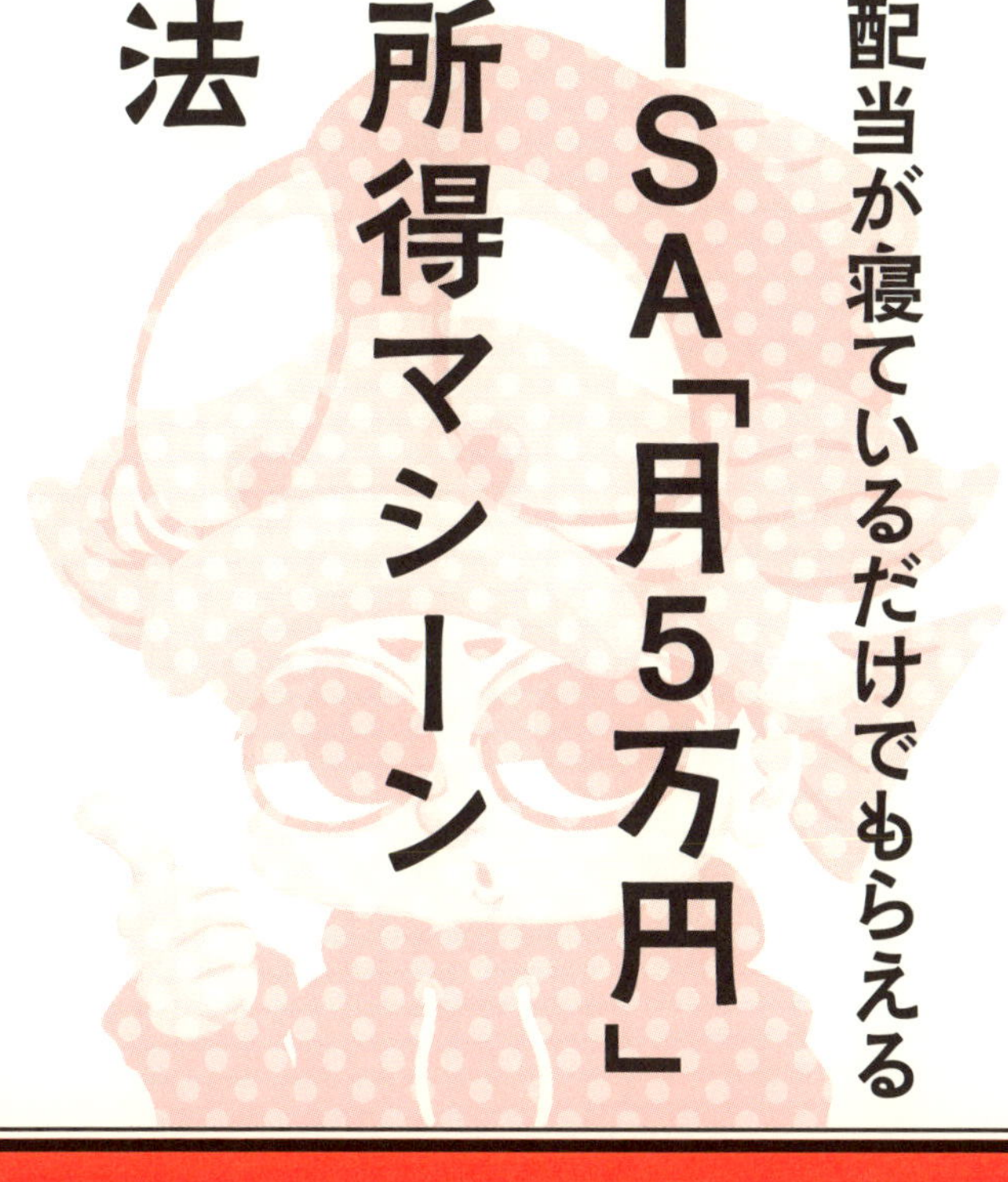

新NISA成長投資枠での高配当株の買い方

「これだ！」という高配当株が決まったら、実際にその株を買って運用することになります。

第4章では新NISAの成長投資枠最大1200万円を**高配当株で運用する具体的な方法**について解説していきます。

まずは高配当株の買い方です。

新NISAの成長投資枠で年間に投資できるのは**最大240万円**。最大の240万円ずつ投資を続けると**最短5年**で非課税投資枠1200万円を埋め切ることができます。

新NISAの非課税措置は一生涯続くものですから焦って最短5年で投資する必要はまったくありません。毎年240万円も資金を出せない人もいるでしょう。

そういう人は毎年50万円ずつ、100万円ずつでも構いません。

また1年間のある時期にまとめて240万円すべてを投資するのではなく、毎月20万円ずつ12カ月に分けて買うといった、**つみたて投資のような買い方**もできます。

ただし個別株の場合、日本の株式市場では**100株単位**でしか購入できません。

例えば、高配当株の定番である予想配当利回り3・54%の**日本電信電話（9432）**は1株150円前後のため、100株でも1万5000円前後で購入できます。一方、予想配当利回り5・77%の海運株・**商船三井（9104）**の株価は5100円台。100株購入するのに51万円台の資金が必要です。

高配当株の株価は他の個別株同様に3ケタ（数百円）から4ケタ（数千円）、ときに5ケタ（数万円）までさまざま。すべて100株単位で買っていくと**投資金額がバラバラ**になってしまいます。

資産運用は**分散投資**が基本です。

内需株と外需株、製造業とサービス業・金融業、成長性の高い企業と業績安定の成熟企業、大型株と中小型株といったように銘柄の種類や性質を分散すれば、1つの銘柄が下がっても別の銘柄が上昇して全体として見ると安定した値動きが期待できます。

新NISAの高配当株投資では**投資元本は寝かせっぱなし**にして、その**上澄みの株主配当**だけを非課税でもらい続けることになります。大きな値上がり益を狙うよりも安定重視で大きな含み損を抱えない運用が大切。分散投資することで**大勝ちはできないけれど負けない運用**を目指しましょう。そのためにはまず、

銘柄数を決めて株数ではなく金額ベースで均等に投資する

必要があります。図43に金額ベースで均等分散投資する方法を示しました。

例えば、5銘柄なら240万円÷5＝48万円ずつ、6銘柄なら240万円÷6＝40万円ずつを均等投資する形になります。

もしくは**1年間で買う株を1銘柄に絞って**自分が年間に投資できる金額ずつ、

図43　新NISAの高配当株均等分散購入方法

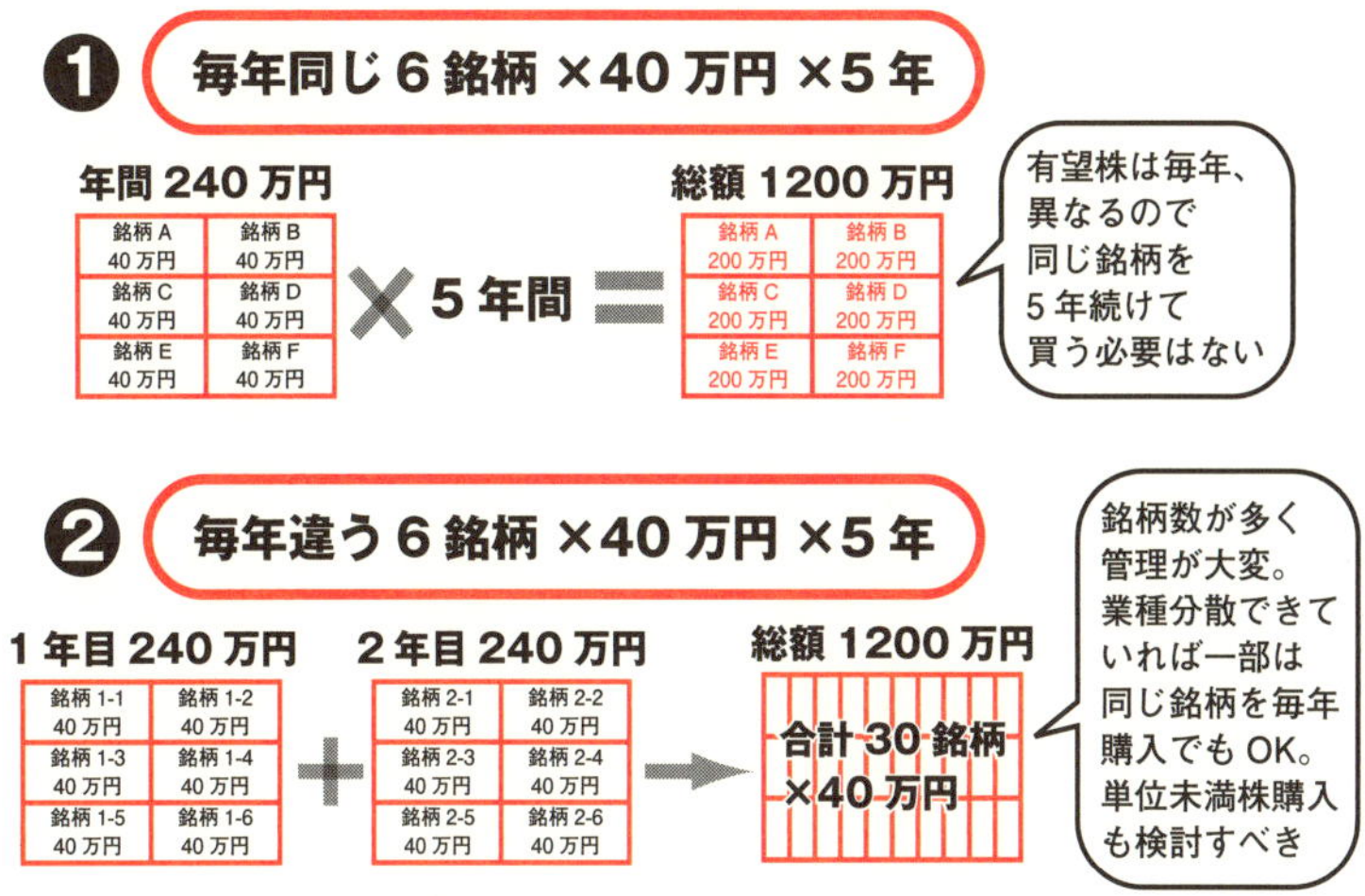

数年間にわたって業種が異なる複数の高配当株に分散投資する方法も考えられます。あとで触れますが少額資金で小分けに買える**単位未満株**を利用する方法もあります。いずれにしても新NISAの高配当株投資では何銘柄の高配当株を買うかを最初に決めたほうがいいでしょう。

「あれも欲しい、これも欲しい」と場あたり的に無計画に購入して、気づいたら年間240万円の枠をすべて使い果たしてしまった、となると各銘柄の保有金額にバラつきが出ます。そうなると、保有金額の比率が高い銘柄の値動きに大きな影響を受ける**不安定なポートフォリオ**になってしまいます。

ポートフォリオ全体から得られる毎年の株主配当も、保有金額の大きな銘柄の配当利回りに引きずられてしまいます。

高配当株ファンドを買うという選択肢も

銘柄数をどれぐらいにするかに基準はありませんが、100や200の銘柄をいちいち選んで購入するのは現実的ではありません。それぐらいなら**日本の高配当株にまとめて投資できる投資信託**を使ったほうが簡単です。例えば、

●**「日経平均高配当利回り株ファンド」（三菱UFJアセットマネジメント）**

日経平均株価採用銘柄の中から予想配当利回り上位30銘柄に投資するファンド。年2回決算で6月、12月の15日に分配金が支払われます。直近2024年6月の分配金は280円。2024年10月30日現在の基準価額は1万7923円なので

分配金利回りは280円×年2回÷1万7923円＝3・12％程度になります。純資産総額は166億円。信託報酬は年率0・693％。信託報酬のパーセンテージの分だけ、分配金利回りは低下します。

●「SBI日本高配当株式（分配）ファンド」（SBIアセットマネジメント）

ポートフォリオの平均利回りが市場平均を上回るように機動的に30銘柄程度の高配当株に分散投資するファンド。1月、4月、7月、10月の10日前後に分配金が支払われる年4回分配型です。2023年12月12日の設定日（運用を開始した日）から1年が経過していませんが、2024年に支払われた年間分配金420円を基準価額1万1143円（2024年10月30日現在）で割ると、分配金利回りは3・77％前後に達しています。純資産総額は811億円で信託報酬は0・099％と低めです。

この2つの高配当株ファンドの2024年9月現在の最新月間レポートに掲載された組み入れ銘柄ベスト10は次ページの図44のようになります。

－ 図44　人気の高い高配当株ファンドの組み入れ上位10銘柄 －

日経平均高配当利回り株ファンド　三菱UFJアセット

	銘柄	業種	比率	配当利回り
1	アステラス製薬（4503）	医薬品	6.7%	4.5%
2	武田薬品工業（4502）	医薬品	6.2%	4.8%
3	MS&ADインシュアランスGHD（8725）	保険業	6.2%	4.4%
4	日本製鉄（5401）	鉄鋼	5.9%	5.0%
5	ソフトバンク（9434）	情報・通信業	5.9%	4.6%
6	日本たばこ産業（2914）	食料品	5.7%	4.6%
7	本田技研工業（7267）	輸送用機器	5.5%	4.5%
8	神戸製鋼所（5406）	鉄鋼	5.5%	5.3%
9	小松製作所（6301）	機械	5.5%	4.2%
10	JFE HD（5411）	鉄鋼	4.8%	5.7%

SBI日本高配当株式（分配）ファンド　SBIアセット

	銘柄	業種	比率	配当利回り
1	SANKYO（6417）	機械	3.85%	4.27%
2	ソフトバンク（9434）	情報・通信業	3.64%	4.59%
3	日本たばこ産業（2914）	食料品	3.44%	4.71%
4	西松建設（1820）	建設業	3.32%	4.72%
5	長谷工コーポレーション（1801）	建設業	3.06%	4.54%
6	コスモエネルギーHD（5021）	石油・石炭製品	2.83%	3.84%
7	丸井グループ（8252）	小売業	2.81%	4.35%
8	いすゞ自動車（7202）	輸送用機器	2.74%	4.92%
9	野村不動産HD（3231）	不動産業	2.68%	4.11%
10	SBI HD（8473）	証券・商品先物取引業	2.63%	3.95%

※上位銘柄や比率、配当利回りはともに2024年9月の「月報」に記載されたものです。

当然ですが、投資信託の組み入れ銘柄は自分では選べません。中には「え、なんで？」と思う銘柄がチラホラ入っていたりします。せっかく成長投資枠で高配当株投資を行うわけですから日々、**信託報酬が徴収される**投資信託ではなく、自分独自で個別株を選んで投資したいもの。ネット証券主要5社なら、新NISAを使った個別株投資の売買手数料は無料、保有中に信託報酬のような手数料を支払う必要も一切なく、コスト面でも断然有利です。

銘柄数は年間5〜6銘柄がおすすめ

では、具体的に何銘柄ぐらいに分散投資するのがいいのか？

私は銘柄を分析したり、保有中に値動きをウォッチして売買したりする手間を考えると、

最大10銘柄、100株あたりの投資金額を考えると5〜6銘柄

が理想と考えます。

例えば毎年最大240万円を6銘柄に投資する場合は、

●6銘柄×40万円ずつ投資。翌年以降も同じ6銘柄をなるべく均等に買い増して各銘柄200万円ずつで運用

という形でもいいでしょう。

ただし個別株の場合、毎年株価が大きく値動きするため、同じ銘柄を5年に分けてつみたて購入すると株価が上昇してしまって配当利回りが下がっている状況で買うケースも出てきます。逆に5年という期間中に業績悪化で減配や株価の急落が発生したときは継続してつみたて購入するどころか、これまで投資した分の売却も検討しなければならないでしょう。

個別株の値動きは早く、**株価は5年間も待ってくれない**のです。

そう考えると、

❶5～6銘柄、有望な高配当株を選ぶ

❷その5～6銘柄に最大40～48万円ずつ均等に分散投資
❸翌年、新たに5～6銘柄を選ぶ
❹同様に最大240万円を均等分散投資
❺この作業を最短5年続けて1200万円の枠を埋め切る
❻5～6銘柄×5年＝25～30銘柄で運用
❼ポートフォリオ全体の自分利回りを5％以上に育てていく

という投資方法が最も妥当だと思います。別に権利を主張するつもりはありませんが、これを「かつを式新NISA高配当株投資法」と名づけます（笑）。

単位未満株なら正確な均等分散投資が可能

ただし問題があります。市場で購入できるのはあくまで100株単位のため、年間最大240万円を40万円ずつ6銘柄に分散投資するといっても株価が違うと均等に投資できません。例えば株価5000円の株を100株買うには50万円の資金が必要。**1株あたり40万円前後という予算枠**をオーバーします。

年間投資金額をほぼ均等に分散投資するために利用したいのが**単位未満株取引**です。100株以下の個別株を**株式市場外で1株から購入できるサービス**です。

ネット証券各社の単位未満株サービスを使えば、新NISA口座なら**売買手数料無料**で購入できます。

単位未満株でも株数に応じて株主配当はきちんと支払われる

ので心配いりません。ただし株主優待に関しては、1株でも保有していれば贈呈される端株優待以外は市場で取引できる単元株（通常は100株）以上保有していないと株主優待の権利が発生しないケースがほとんどです。

単位未満株サービスのネット証券各社の名称と売買手数料は図45の通り。**マネックス証券の「ワン株」**の買付手数料は無料。売却には売買代金の0・5％分（最低52円）の手数料がかかります。新NISA口座での売却は手数料が

― 図45　ネット証券各社の単位未満株サービスと手数料 ―

証券会社・名称	取引	注文方式	売買コスト	新 NISA 手数料	取扱銘柄数
マネックス証券「ワン株」	寄付取引	成行のみ	買　無料 売　0.55% 最低 52 円	買・売 実質無料	東証・名証 約 3900 社
楽天証券「かぶミニ」	寄付取引・リアルタイム取引	成行・指値	買・売 無料 リアルタイム取引は 0.22%	買・売 無料	2070 社 リアルタイム取引は 740 社
SBI 証券「S 株」	寄付取引	成行のみ	買・売 無料	買・売 無料	東証 約 3800 社
auカブコム証券「プチ株」	寄付取引	成行のみ	買・売 0.55% 最低 52 円	買・売 無料	東証・名証 約 3900 社

※単位未満株サービスは他の証券会社も行っています。
情報は 2024 年 10 月 10 日現在。今後、変更されることがあります。

あとで全額キャッシュバックされるので実質無料です。

楽天証券の「かぶミニ」、**SBI証券の「S株」**なら新NISA口座だけでなく課税口座でも売買手数料は無料です。

こうした単位未満株の売買は**前場始値**（午前9時に午前中の取引が始まったときについた最初の株価）、**後場始値**（午後0時30分に午後の取引が始まったときについた株価）、**後場引け**（午後3時30分の取引終了時点の株価）という1日3回の約定タイミングで「株価がいくらでもいいから買う／売る」という成行注文しかできません。楽天証券の「かぶミニ」のみ、取引時間中にリアルタイムで指値注文もできますが、約定した株価に0・22％のスプレッド（手数料）が含まれます（新ＮＩＳＡ口座でのリアルタイム取引にも手数料はかかります）。

こうした単位未満株サービスを利用すれば、計画通り**「240万円÷銘柄数」**という金額ベースの分散投資がほぼ正確にできます。新ＮＩＳＡの個別株投資でリスク分散を考えた投資をする際には、なくてはならないサービスといえるかもしれません。繰り返しになりますが、単位未満株でも株主配当は株数に応じて、ちゃっかりもらえます。新ＮＩＳＡ口座からの投資であれば当然、株主配当に税金20・315％はかからず**非課税**です。

高配当株を購入するタイミングは？

個別株投資は**買いを入れるタイミングも非常に重要**です。

S&P500や全世界株式に連動するインデックス型投資信託の場合、毎月つみたて投資が一般的です。基準価額が安いところでたくさん買えて、高いところでは少ししか買わないことで平均購買単価を下げることができます。これが**「ドルコスト平均法」**と呼ばれる毎月定額つみたて投資の効果です。

インデックス型投資信託の場合、長期的には経済成長とインフレの効果でゆるやかに上昇するケースが多いので、**なるべく早く大きな資金を投資**するのがその後の利益拡大につながるという考え方もあります。

そのため、新NISAの年間最大投資枠360万円をすべて**年初一括**でインデックス型投資信託に投資してしまう人もいます（つみたて投資枠でも1月をボーナス月に設定すれば年間上限の120万円を1月中にほぼ全額投資可能）。

それに対して個別株は値動きも激しく、100株単位の売買になるので投資資金を小分けに分割してつみたて投資するのは不可能に近いでしょう。単位未満株を使うとできないことはないですが、**できれば1年間の中で株価が下がって安く**

なったところでまとめて買ってしまいたいです。

そのためには株価の値動きを見て売買タイミングを判断する必要があります。年初に5～6銘柄の投資候補を選んだら、各銘柄の株価チャートを見て**「ここまで下がったら買いを入れよう」という価格帯**を決めます。そして、その価格帯に近づいたら**指値注文**を入れて約定するのを待ちます。

指値を入れる株価の決定には**株価チャートの分析**が必要不可欠です。

売買タイミングを計るうえでは1本のローソク足が1週間の値動きを示す**週足チャート**、さらに1本が1日の値動きを示す**日足チャート**などをよく見る必要があります。

図46は連続増配株かつ高配当株として知られる**三菱ＨＣキャピタル（8593）**の週足チャートです。○で囲んだところなどが買いを入れるポイントになります。

●株価が下値にある中長期の移動平均線まで下がったところ

— 図46　三菱HCキャピタルの週足チャートと購入ポイント —

三菱HCキャピタル(8593)の週足チャート(2022年1月～2024年10月)

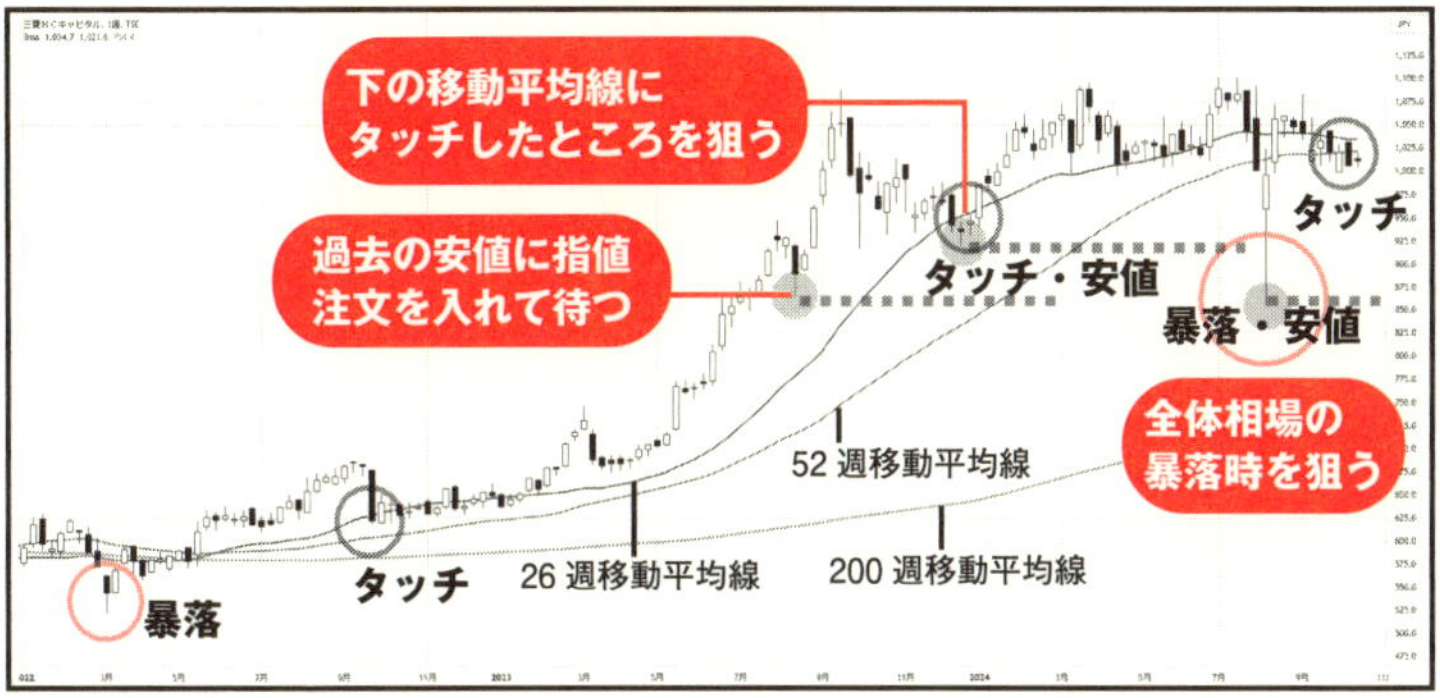

●株価が過去の高値・安値やもみ合いゾーンなど下値にある株価の節目にぶつかったところ

●株価が高値と安値の間を行ったり来たりしているとき（レンジ相場といいます）は安値近辺（レンジ相場の下限）

などがターゲットになります。

1年に数度ある全体相場の暴落は大チャンス

2024年は8月5日に全体相場の大暴落がありました。日経平均株価が史上最悪の前日比４４５１円も急落し、多数の銘柄がその年の最安値をつけました。

こうした**暴落は株価を安値で仕込む大チャンス**になります。

暴落している最中はＳＮＳやメディアが恐怖や不安をあおりまくることもあって「どこまで下がるかわからない」と買いを入れるのをためらってしまいがちです。でも個別株投資をするなら、

●日経平均株価が５〜10％程度下落する暴落が１年に何度かある

●世界的な景気後退や金融危機が発生しない限り、暴落後には株価が反転上昇するケースが多い

といった株価暴落の頻度や性質について理解しておくことも大切です。

暴落はピンチではなくチャンス

と考えられるようになってください。例えば、

●日経平均株価が１日で５％超下落もしくは１日１０００円超暴落したら買う

といったルールを決めてもいいでしょう。

全体相場の季節的なアノマリー（説明困難だが統計的な傾向）を理解することも個別株をなるべく安値で仕込むうえでは有効です。必ずしも毎年そうなるわけではないですが、ものすごく大ざっぱでざっくりした株式市場の1年の流れは、

●株は1月～4月に上昇しやすく、5月～6月にいったん下落しやすい。

●7月～8月は上がるケースもあるが下がることが多く、8月～9月に全体相場が年間の安値をつけることも多い。

●10月～12月に再び上昇しやすい。

つまり、

株を安く買いたいなら5月～6月か8月～9月が狙い目

となります。

次ページの図47は日経平均株価と米国のダウ工業株30種平均の過去60年近い値動きから集計した月間の平均騰落率です（三井住友DSアセットマネジメント調べ）。

― 図47　日経平均株価・米国ダウ平均の月間平均騰落率 ―

日本株、米国株ともに8月〜9月が下落しやすい。5月〜6月も低調

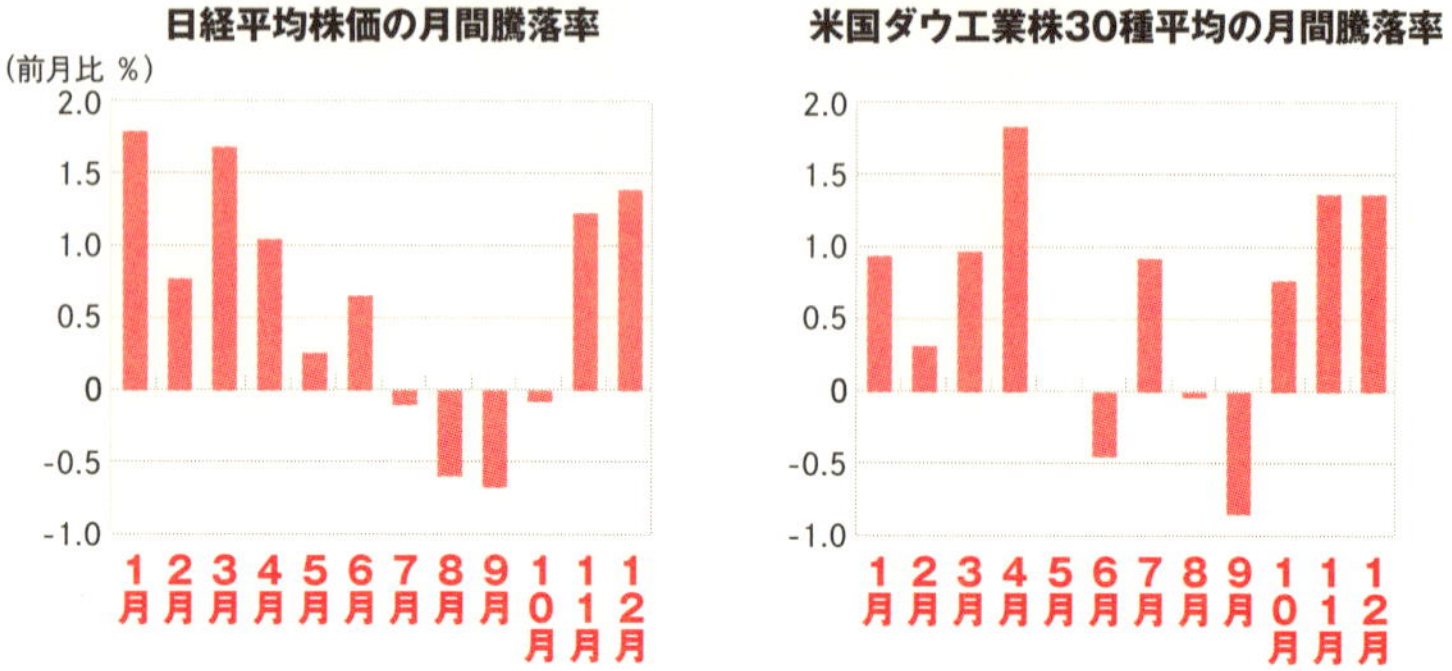

※三井住友DSアセットマネジメントレポートより引用

日経平均株価の5月〜6月の騰落率はそれほど悪くありません。**8月〜9月**は日経平均株価もダウ工業株30種平均も月間の騰落率がマイナスになっています。

そう考えると、

●個別株の株価チャートで売買タイミングを計りつつ、6月〜8月に全体相場が5％超暴落したら個別株の値動きにかかわらず買う。遅くとも9月末までには買う

というルーティンで毎年、狙った高配当株を購入していくのがいいかもしれません。「これが正解」という答えはありません。自分なりに高配当株の買いタイミングを研究しましょう。

ポートフォリオの管理

毎年5〜6銘柄×最短5年で25〜30の高配当株を購入し終えたら、それぞれの**買付金額**や毎年の**株主配当**の金額、「株主配当÷自分の過去の買付金額」で計算できる**自分利回り**などを長期間にわたってExcelで記録・管理しましょう。

一番大切なのは時系列で自分利回りの推移を見る

ことです。できれば保有株すべての自分利回りが保有期間中にどのように変化したか、あとから分析できるような記録方法が望ましいです。さらに、

ポートフォリオ全体の自分利回りが毎年向上していっているか

を確認します。ポートフォリオ全体の**自分利回りが5%を超えたら**一応、かつを式高配当株投資の最初のミッションクリアになります。

あとは増配で自分利回りが8%↓10%↓15%……と伸びていく様子を確認していくだけです。

当然、保有銘柄が**突然の業績悪化や減配**で高配当株投資の対象としてふさわしくないものになってしまうケースも発生するでしょう。

そのようなときは潔く、たとえ損切りになってもその銘柄を売却して銘柄入れ替えをしなければいけません。

売却判断を下す基準としては業績悪化の深刻さや減配が今後も続くかどうかなどを個別に判断していく必要があります。ただ、

自分利回りが5%以上で業績悪化や減配が一時的なものなら売却しない
自分利回りが5%をかなり超えた水準まで育っているときは様子見
自分利回りが買付当初の配当利回りを下回ったら売却

というように自分利回り最優先で売却か継続保有かを判断しましょう。

新NISAは投資で得た利益に対しては非課税ですが、**損失に関しては泣き寝**

入りする以外ありません。

課税口座の場合は投資の損失をその年やその後、3年間にわたって得た利益と**損益通算**できます。損益を確定申告すればその年に納めるべき税金を減らしたり、すでに納めた税金の還付が受けられたりします。

非課税の新NISAはそもそも税金を払っていないので、損失が出ても税金が戻ってくることはありません。そのため、新NISAで個別株投資するときは、

●銘柄選びは慎重に検討を重ね、業績が安定している株を買う
●損切りが発生しないようになるべく安い株価で買う
●株価が割安で業績が安定した銘柄なら一時的に含み損になっても継続保有

といった損切りをなるべくしない銘柄選びが非常に大切です。

それとは反対に運用中、株価が急騰して大きな含み益が発生したときは**利益確定の誘惑**にかられてしまいます。

しかし、いったん利益確定してしまうと、自分利回りは「現在の配当利回り÷

現状の株価」という**振り出し**に戻ってしまいます。

例えば、自分利回りが10％に育った高配当株を株価があまりに割高になったという理由で売却してしまったら、せっかく育てた新ＮＩＳＡの高配当株ポートフォリオ全体の自分利回りも下がってしまいます。それじゃあ、もったいない。

最大１２００万円という限られた元手（投資元本）からどれだけ**高い自分利回りのポートフォリオ**を作れるかが新ＮＩＳＡの成長投資枠を使った高配当株投資の肝です。

業績好調で増配が続き、株価も右肩上がりで推移している間はたとえＰＥＲやＰＢＲが購入当初に比べて非常に割高になったからといって安易に利益確定しないようにしましょう。

投資元本１２００万円は死ぬ直前になって取り崩せばいいのです。それまでは投資した高配当株が増配を繰り返すことで投資元本１２００万円からできるだけ多くの株主配当を長期的にチャリンチャリンと受け取り続けるのが理想。利益確定はなるべく我慢して、**自分利回りをじっくり育てることに専念**しましょう。

売却した株の買付金額分、非課税枠は復活

ちなみに業績悪化や減配、無配転落などで泣く泣く売却した分の投資元本は**翌年の新NISAの成長投資枠で復活**します。

例えば100万円で買った株が120万円まで値上がりした時点で業績悪化にともなう減配を発表したので売却した場合、100万円分の非課税投資枠が翌年復活するので100万円分、新たな高配当株に投資できます。

あくまで買付金額の100万円が復活するだけで、売却で得た120万円分ではないことに注意しましょう。また、その場合でも成長投資枠の年間投資の上限は240万円になります。

長い運用期間中にはそうした**銘柄入れ替えも必要な時期**があるでしょう。

そのときは、またこの本を引っ張り出して、高配当株の探し方を復習したうえで新たな有望株を見つけて投資してください。

繰り返しになりますが、

自分利回りが向上している間はたとえ含み益が出ていても売らない
減配、さらに最悪な無配転落などで高配当株としての魅力がなくなったら売却して銘柄入れ替え

この要領で、高配当株の非課税お金マシーンを毎年更新していきましょう。

第5章

「自分で選ぶの自信ないです」に
完全対応！

間違いなしの
高配当株56選

かつを厳選・新NISA高配当株パッケージ

新NISAの成長投資枠1200万円で毎年60万円（毎月5万円）の株主配当を受け取るためには**ポートフォリオ全体の配当利回りが5％を超える必要**があります。なるべく早期に自分利回り5％を達成して毎年60万円の定期収入を受け取りたいというニーズは高いはず。

そこで、すでに**配当利回りが3〜4％**と高く、株主還元に積極的かつ今後も安定した業績が見込まれ、それにともなう増配や株価上昇にも期待できる3拍子4拍子そろった10銘柄を厳選しました。業種的なダブりもないので、10銘柄すべてに投資したら**分散投資も万全**です。今すぐ新NISAで高配当株をパッケージ買いしたい人におすすめの知名度、業績、株価、配当すべてにおいて優秀な珠玉の高配当株ベスト10です。ただし**投資判断はあくまで自己責任**でお願いします。

資源価格上昇で株高の和製メジャー

INPEX（1605）　東プ　鉱業

配当利回り 4.23%
3期連続増配

株価2031.5円　最低購入金額　20万3150円

権利確定日　6月・12月末

増配率（5期平均）	28.9%
PER	7.1倍
PBR	0.51倍

かつをコメント

政府（経済産業大臣）が黄金株を保有する超安定銘柄。世界各地に鉱区権益を保有し石油・天然ガスの探鉱・開発・生産・販売を行う。資源のない国・日本にとって必要不可欠な企業。配当政策としては配当性向40%以上をめどに、1株あたりの年間配当金の下限を30円に設定するなど、安定的な配当を掲げている。

過去10期の配当・業績と株価の推移

配当総額・配当性向

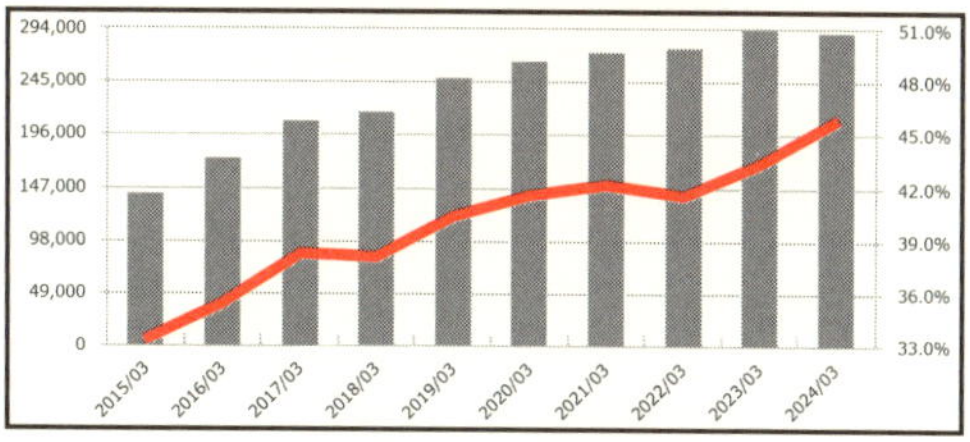

売上高・当期利益

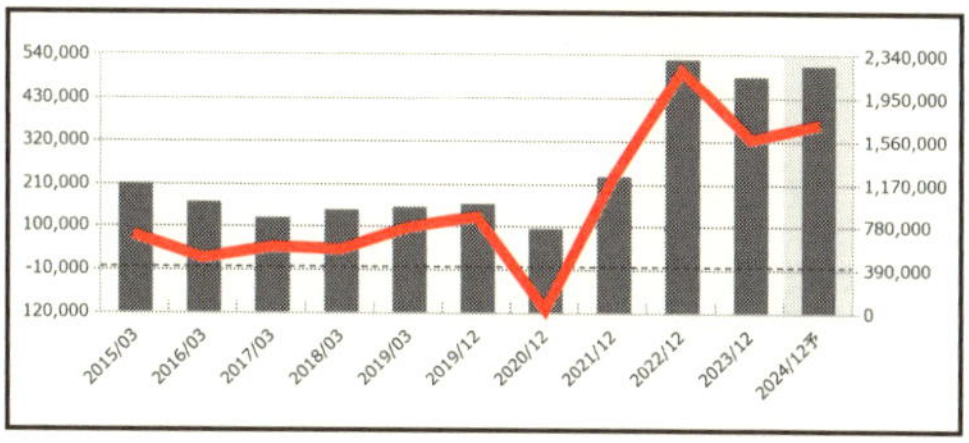

株価（2013年～2024年10月）

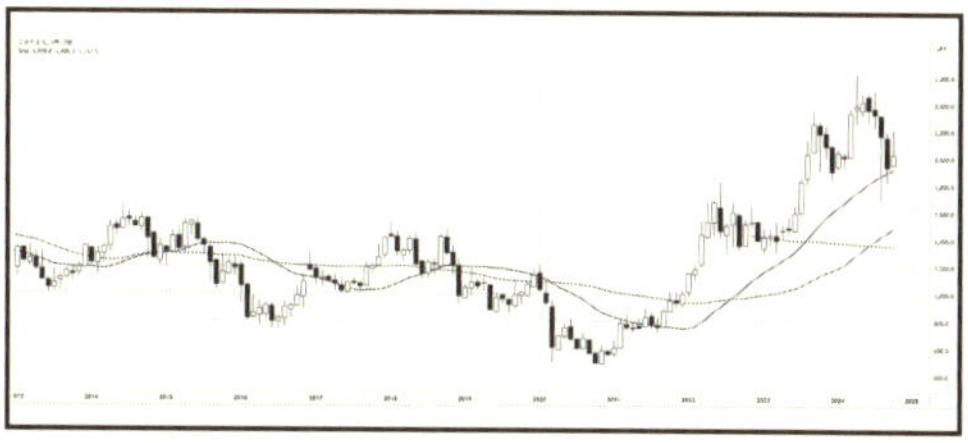

株主還元トップクラスの大手ゼネコン

大林組（1802）　東プ　建設業

配当利回り
4.41%
2期連続増配
DOE

株価1812.5円　最低購入金額　18万1250円

権利確定日　3月・9月末

増配率（5期平均）	23.3%
PER	14.9倍
PBR	1.16倍

かつをコメント

スーパーゼネコン大手で株主還元方針はトップクラス。大型建築や土木に強いゼネコンで業績は横ばいが続くも安定的に推移。海外進出が成長源。2024年3月にDOEを3％程度から5％程度に引き上げた。必要自己資本額1兆円を超える余剰資本に関しては今後も積極的に株主還元する姿勢。

過去10期の配当・業績と株価の推移

配当総額・配当性向

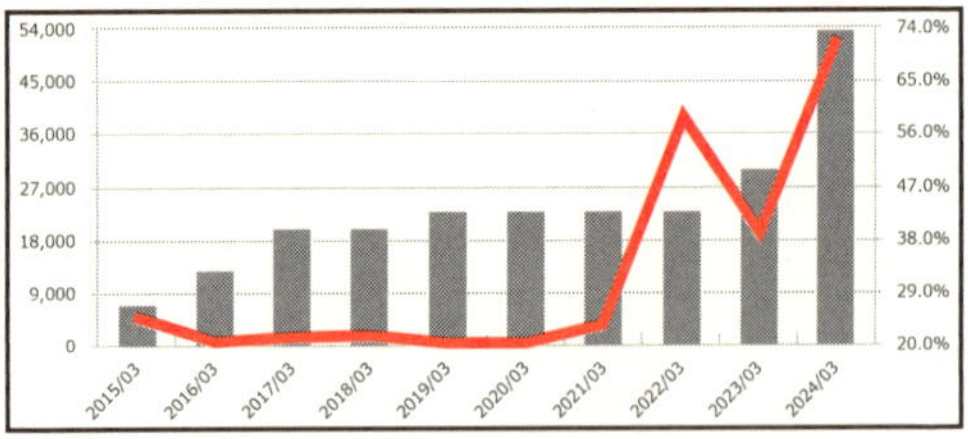

売上高・当期利益

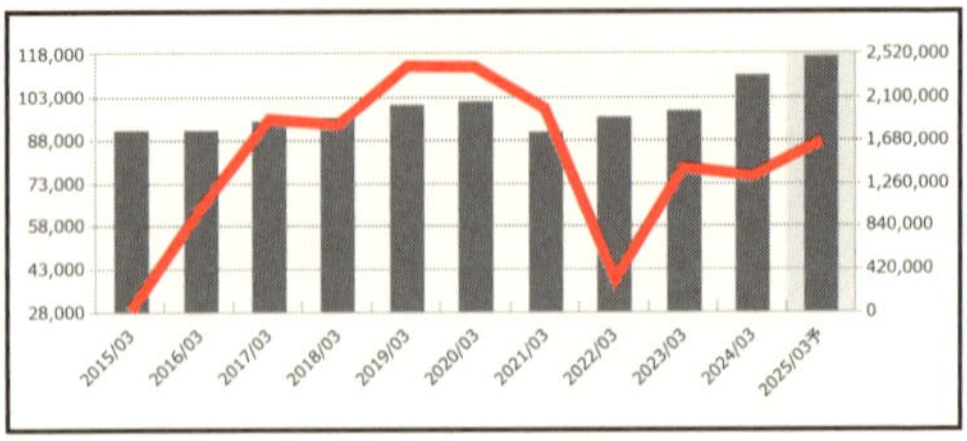

株価（2013年～2024年10月）

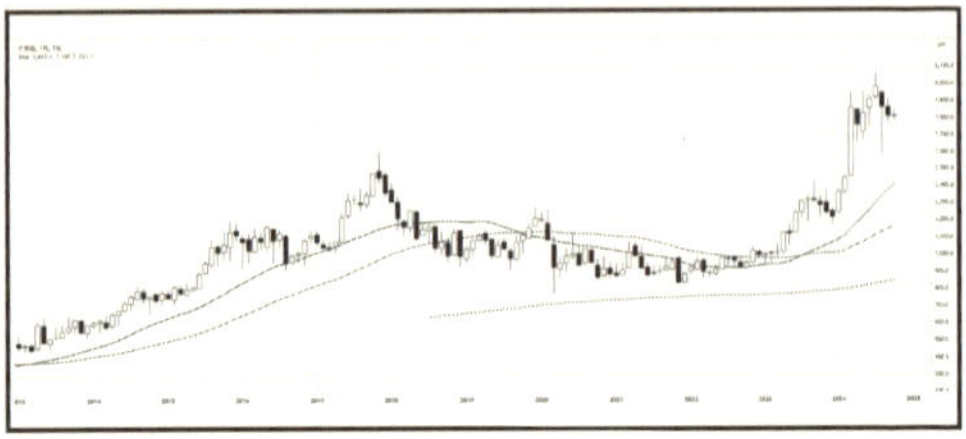

ハム・ソーセージで国内首位の優待株

伊藤ハム米久HD（2296） 東プ 食料品

配当利回り **3.75%**
4期連続増配
累進配当・DOE

株価3865円　最低購入金額　38万6500円

権利確定日　3月・9月末

増配率（5期平均）	11.5%
PER	13.7倍
PBR	0.78倍

かつをコメント

国内2位の大手食肉加工品グループでハム・ソーセージ国内首位。価格転嫁が進んで業績好調。株主還元は食品関連でもトップクラスで2024年5月に配当方針をDOE3％以上かつ累進配当に変更。3月末に200株保有で自社グループ商品5000円相当（ロースハムなど）という株主優待制度も魅力的。

過去10期の配当・業績と株価の推移

配当総額・配当性向

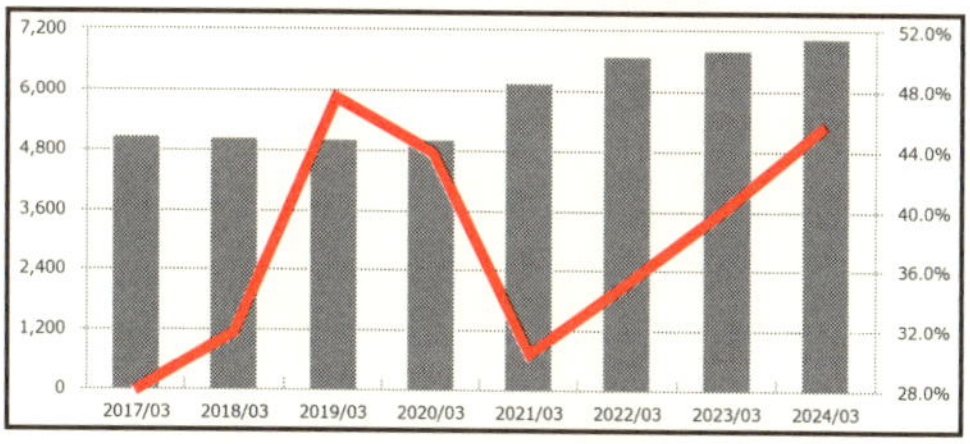

売上高・当期利益

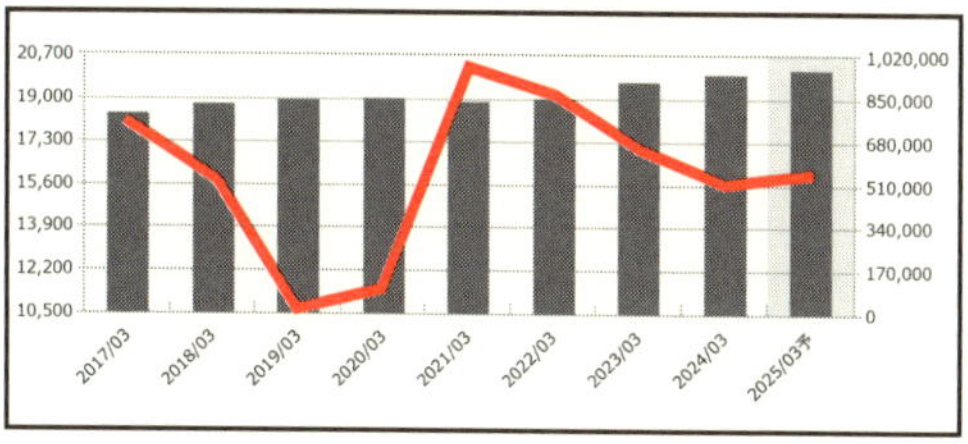

株価（2013年～2024年10月）

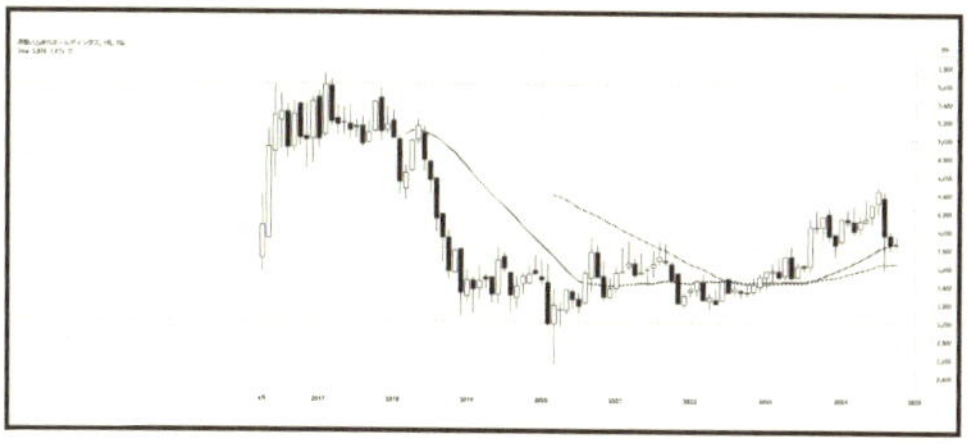

ブランド力の高い大手不動産会社

野村不動産HD（3231） 東プ 不動産業

株価3760円　最低購入金額　37万6000円

権利確定日　3月・9月末

予想配当利回り
4.39%
12期連続増配
DOE

増配率（5期平均）	15.8%
PER	9.3倍
PBR	0.92倍

かつをコメント

証券会社最大手の野村HDが大株主の総合不動産大手。分譲マンション「プラウド」などブランディング力が高く業績も順調に拡大中。不動産価格高騰で最高益更新が続き2025年3月期は1株あたり165円と13期連続の増配予想。総還元性向40〜50％かつDOE4％下限という高い配当目標を掲げる。

過去10期の配当・業績と株価の推移

配当総額・配当性向

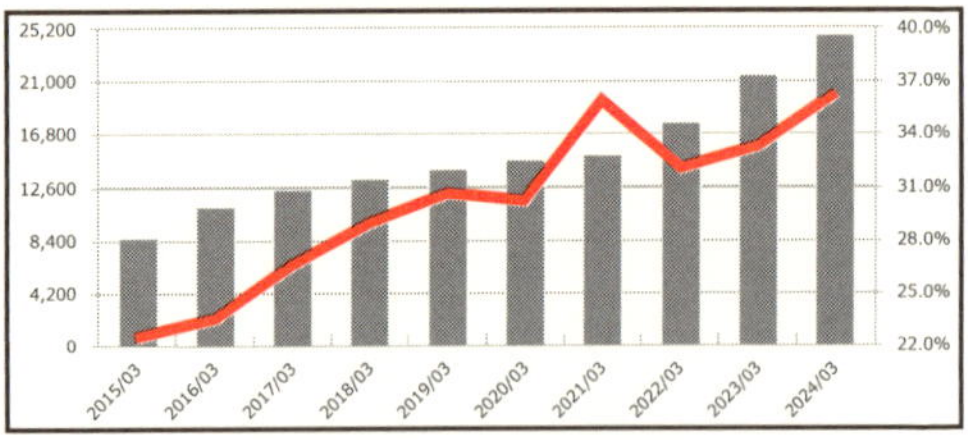

売上高・当期利益

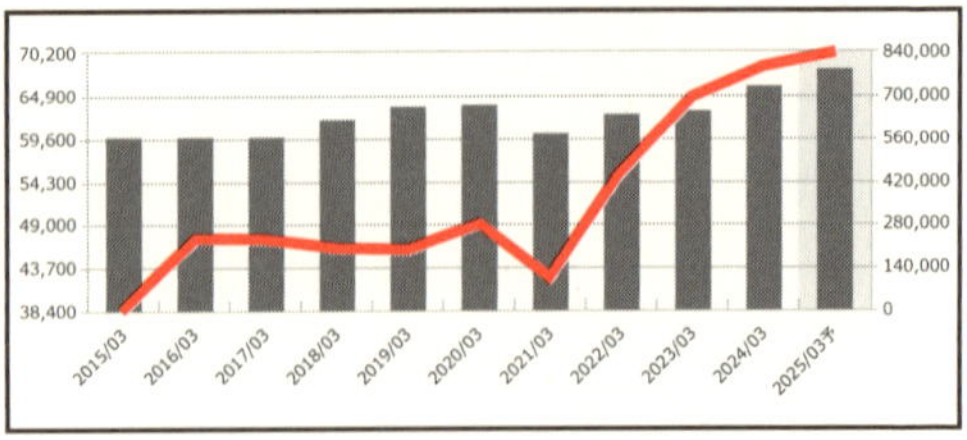

株価（2013年〜2024年10月）

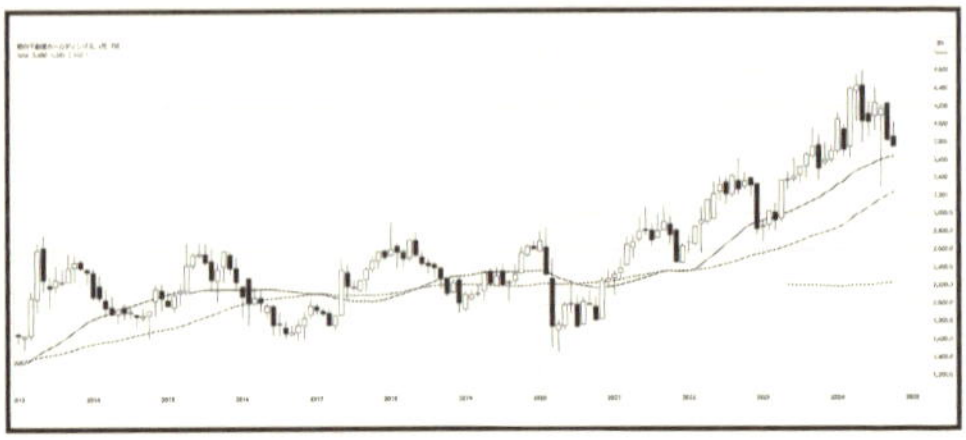

住宅、電子部品も好調な化学メーカー

積水化学工業(4204) 東プ 化学

予想配当利回り
3.36%
14期連続増配
DOE

株価2229円 最低購入金額 22万2900円

権利確定日 3月・9月末

増配率(5期平均)	10.7%
PER	12.0倍
PBR	1.16倍

かつをコメント

総合化学メーカーで自動車や半導体向け高機能樹脂に強い。住宅事業や環境・ライフライン事業などの業績好調。薄型リチウムイオン二次電池やペロブスカイト太陽電池など成長事業も抱えテーマ性も豊富。配当政策としては配当性向40%超、DOE 3%以上などを掲げ連続増配中。

過去10期の配当・業績と株価の推移

配当総額・配当性向

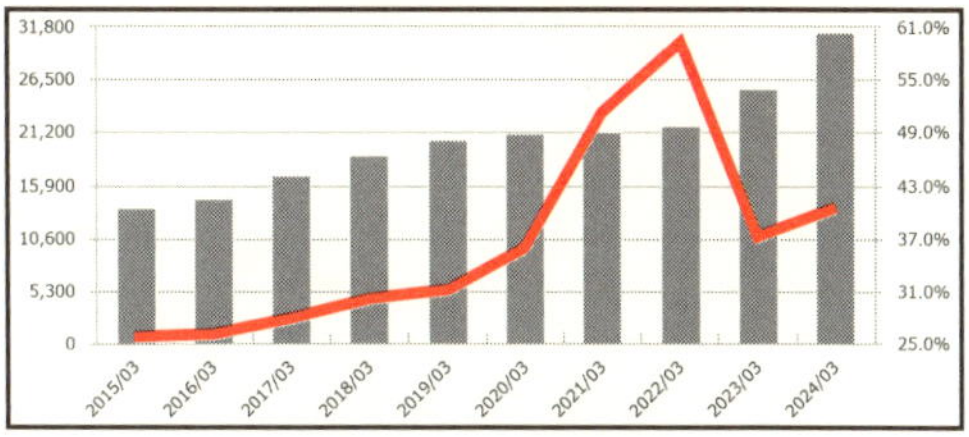

売上高・当期利益

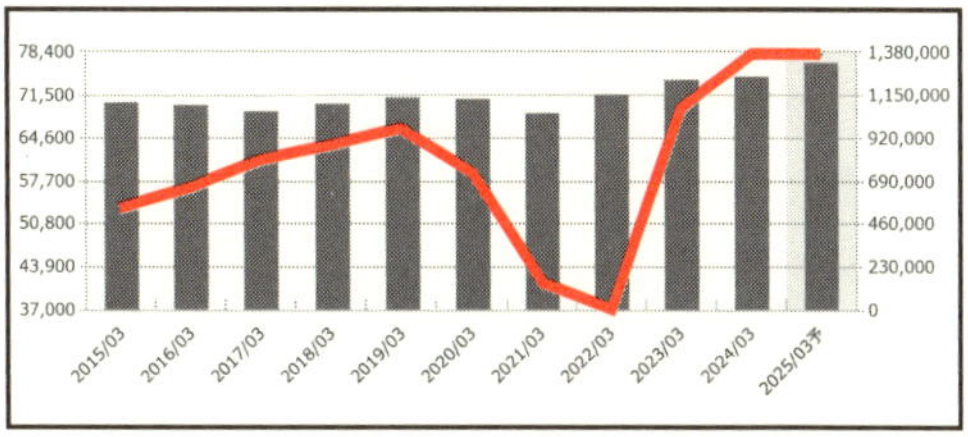

株価（2013年～2024年10月）

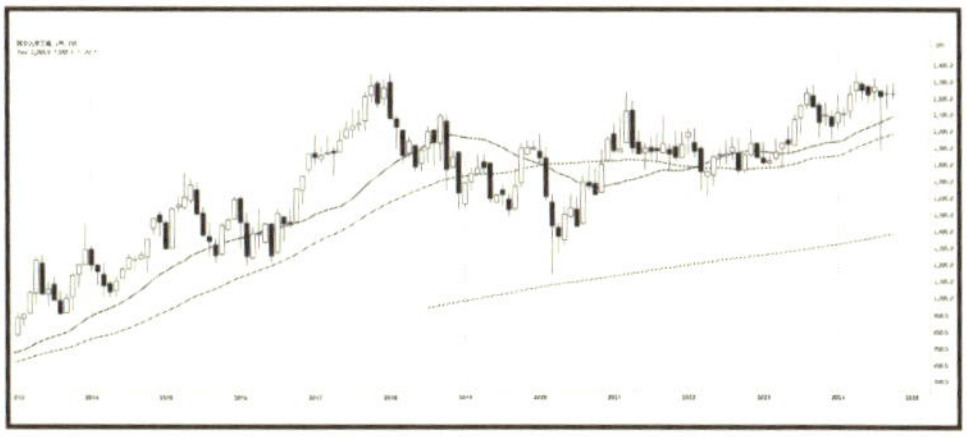

高級チェアなどオフィス家具で首位級

オカムラ(7994)　東プ　その他製品

予想配当利回り
4.54%
3期連続増配

株価1984円　最低購入金額　19万8400円

権利確定日　3月・9月末

増配率（5期平均）	24.7%
PER	8.9倍
PBR	1.09倍

かつをコメント

高機能オフィスチェアをはじめ高いブランド力を持つオフィス家具メーカー。最近はオフィスのレイアウト提案など、モノ売りからコト売りへの転換が進み業績拡大中。物流システム事業も急成長。配当性向40%維持を目指しており、ここ最近は高い増配率で増配を続けているニッチな分野の高収益企業。

過去10期の配当・業績と株価の推移

配当総額・配当性向

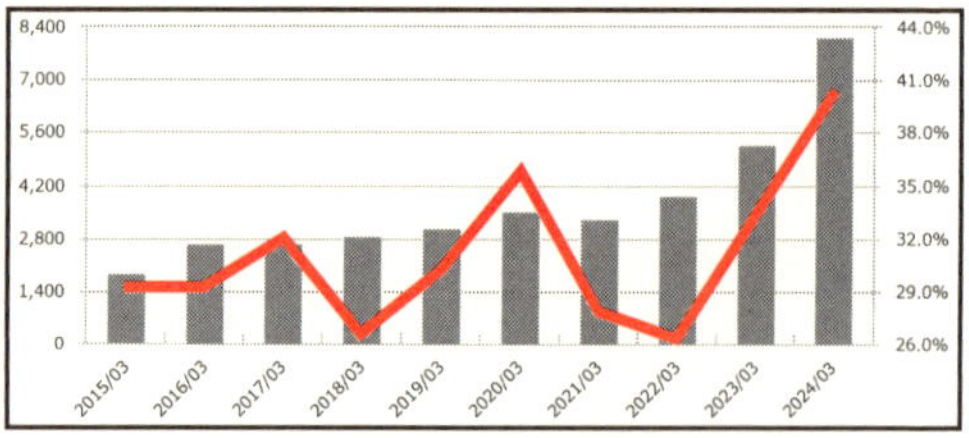

売上高・当期利益

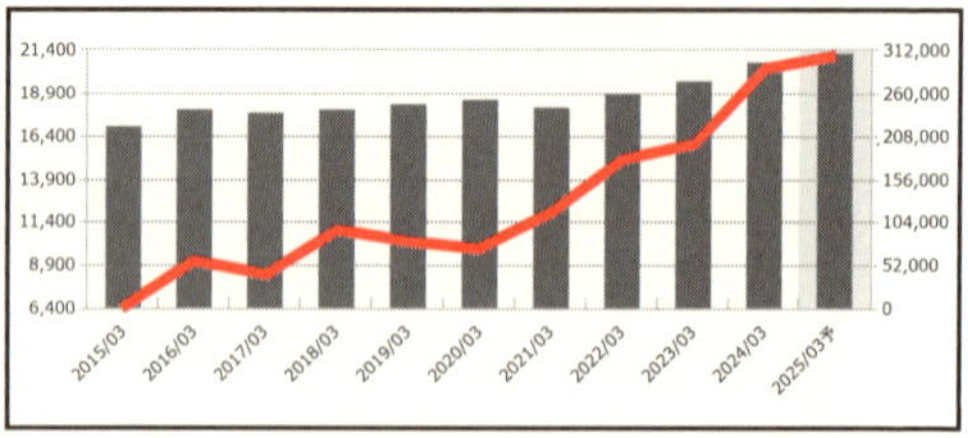

株価（2013年〜2024年10月）

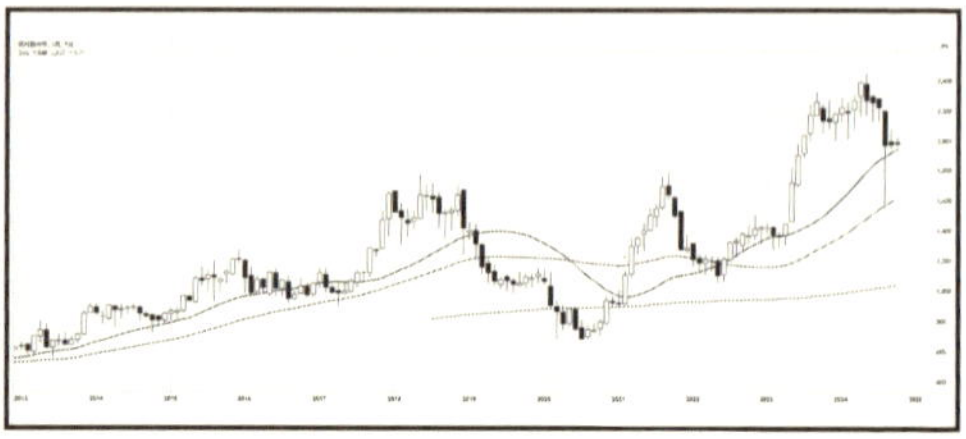

大手商社首位でバフェット氏も保有

三菱商事（8058）

株価2926円　最低購入金額　29万2600円

権利確定日　3月・9月末

予想配当利回り
3.42%
8期連続増配
累進配当

増配率（5期平均）	18.6%
PER	12.6倍
PBR	1.24倍

かつをコメント

総合商社国内首位で海外比率も高い。鉄鋼向けの石炭など資源や機械、食品に強い。商社株は資源価格が上昇するなどインフレが続くと株価が上昇しやすい。関連会社にローソン。業績好調で8期連続増配中。中期経営戦略2024において累進配当を配当政策として打ち出している。

過去10期の配当・業績と株価の推移

配当総額・配当性向

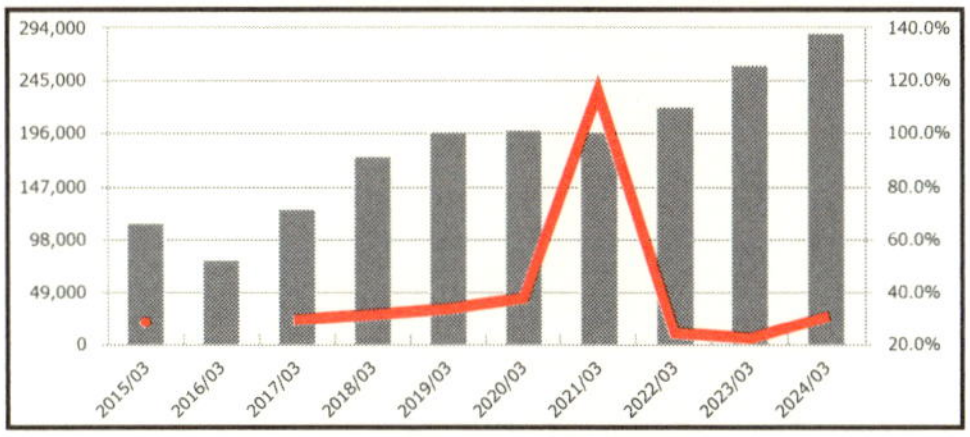

売上高・当期利益

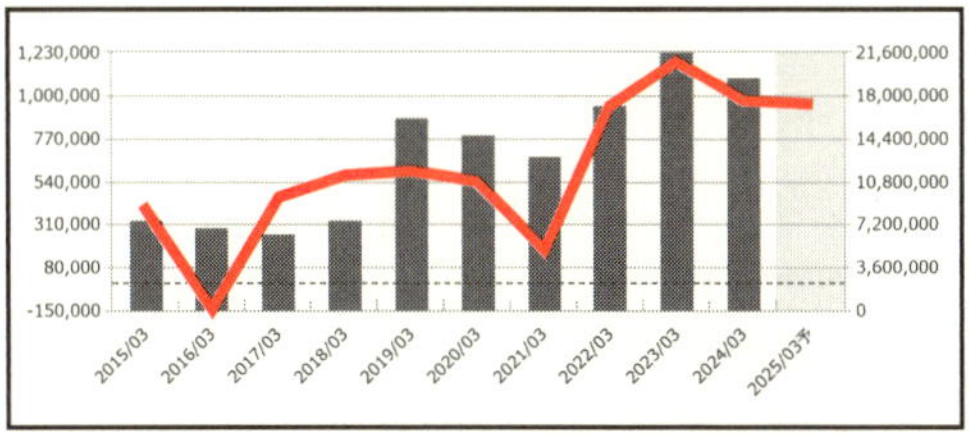

株価（2013年～2024年10月）

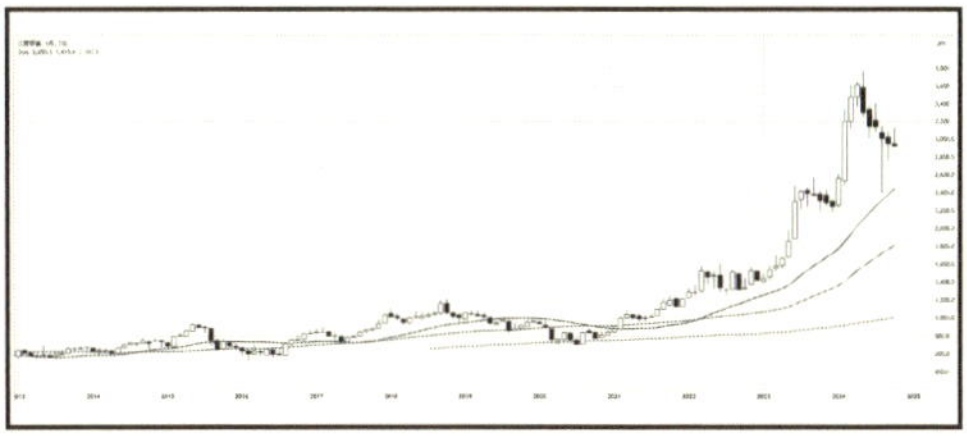

銀行国内トップで海外進出加速中

三菱UFJフィナンシャル・グループ（8306）東プ 銀行業

株価1586.5円　最低購入金額　15万8650円

権利確定日　3月・9月末

予想配当利回り
3.15%
3期連続増配
累進配当

増配率（5期平均）	15.3%
PER	ー倍
PBR	0.92倍

かつをコメント

国内最大の金融グループにして株価が割安な高配当株。コロナ禍を経て業績はしっかり伸びており、国内の金利正常化が追い風。米国投資銀行のモルガン・スタンレー（MS）の大株主で海外進出に積極的。配当政策としては配当性向40%に加え、安定的・持続的な配当増加を基本方針としている。

過去10期の配当・業績と株価の推移

配当総額・配当性向

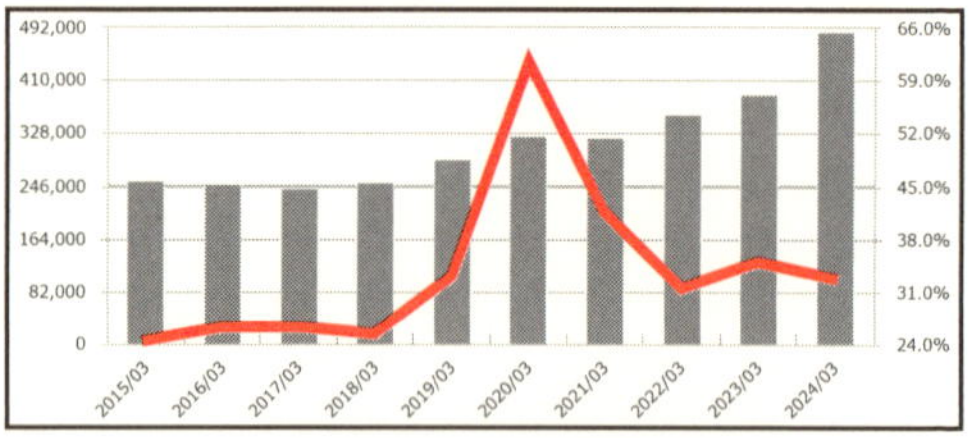

売上高・当期利益

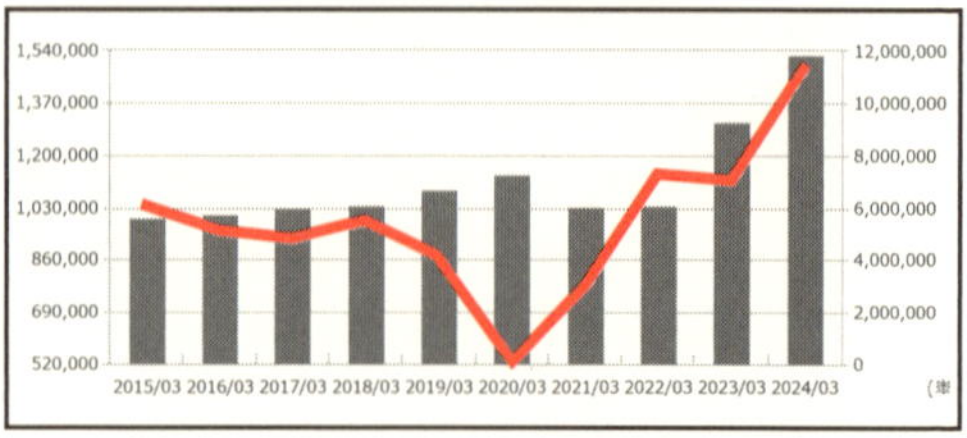

株価（2013年～2024年10月）

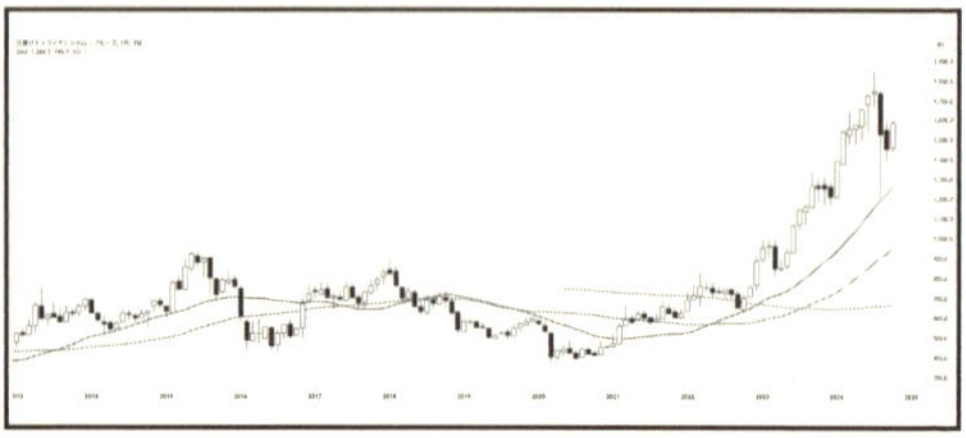

損保でトップクラス。手厚い株主還元

MS&ADインシュアランスグループHD(8725) 東プ 保険業

予想配当利回り
4.15%
11期連続増配

株価3493円　最低購入金額　34万9300円

権利確定日　3月・9月末

増配率（5期平均）	25.3%
PER	9.1倍
PBR	1.22倍

かつをコメント

傘下に三井住友海上、あいおいニッセイ同和を持つ損保会社国内トップクラス。国内の自動車保険、火災保険の保険料値上げやアジアをはじめとした海外での売上急増に加え、政策保有株の売却で当期利益が急増。具体的な数値目標はないものの増配率が高く、自社株式の取得も含め株主還元に積極的。

過去10期の配当・業績と株価の推移

配当総額・配当性向

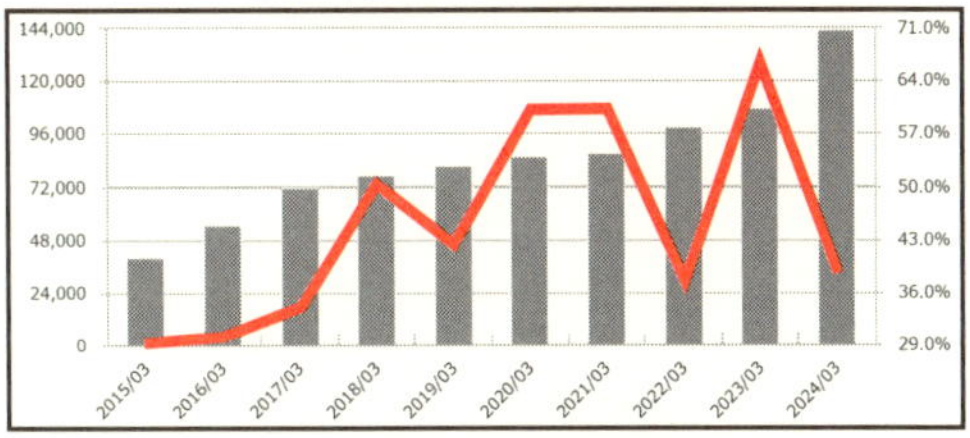

売上高・当期利益

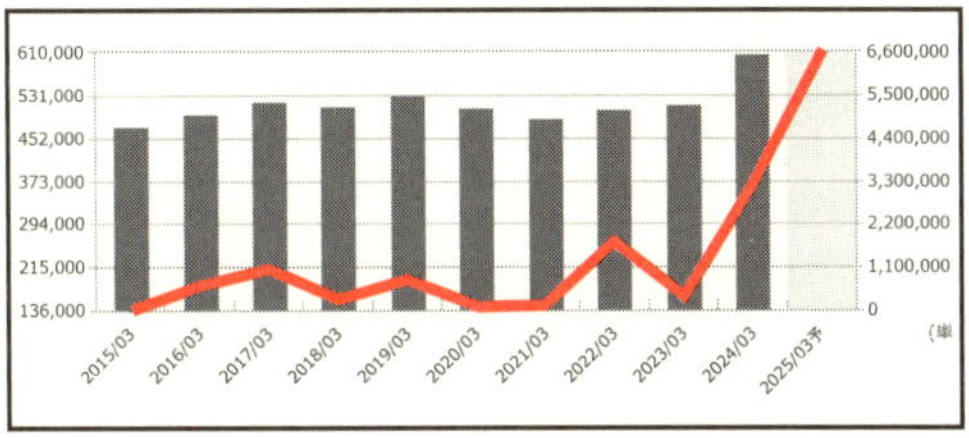

株価（2013年～2024年10月）

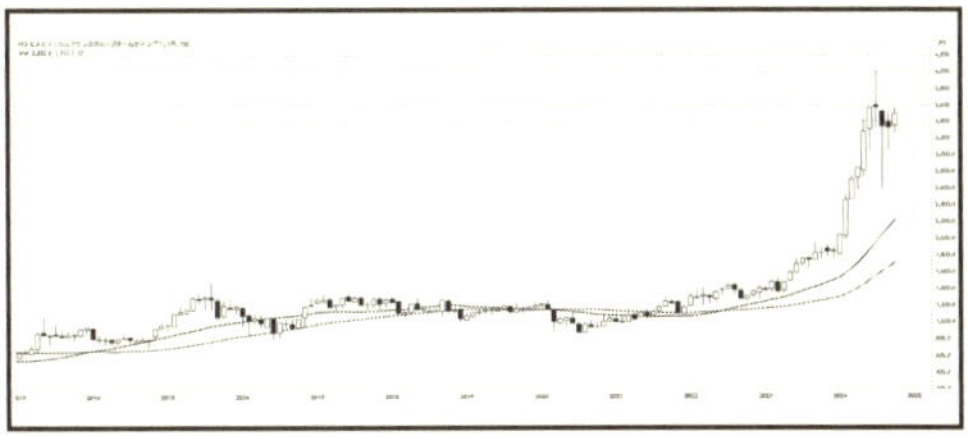

携帯で安定収益、AI データセンター成長

日本電信電話（9432） 東プ 情報・通信業

予想配当利回り
3.54%
13期連続増配
累進配当

株価147.1円　最低購入金額　1万4710円

権利確定日　3月・9月末

増配率（5期平均）	6.5%
PER	11.2倍
PBR	1.24倍

かつをコメント

国内最大手の通信事業グループながら海外売り上げも順調に増加。今後はAI（人工知能）向けデータセンターの運営も成長源に。2024年以降の株価低迷は押し目買いのチャンス。ホームページでも2025年3月期には14期連続増配になることをアピール。長期保有でdポイントがもらえる株主優待制度もある。

過去10期の配当・業績と株価の推移

配当総額・配当性向

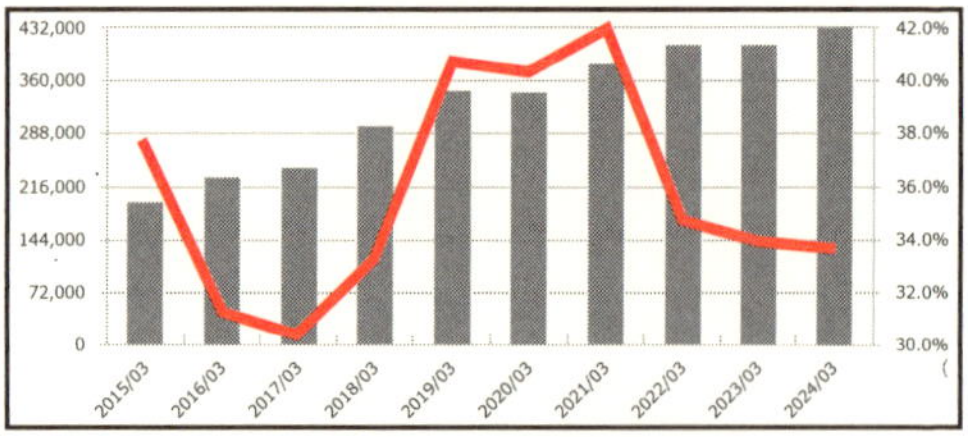

売上高・当期利益

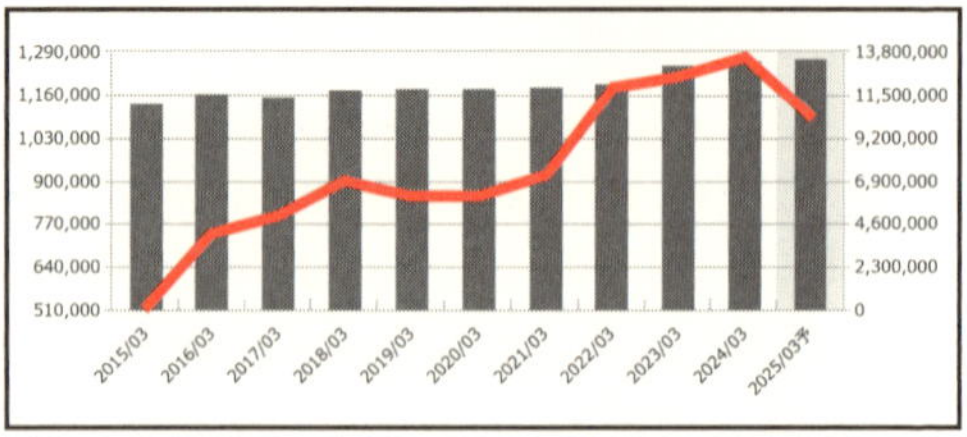

株価（2013年～2024年10月）

暴落時に買いたい株価上昇・配当重視の優良株

次に選んだのは、**業績成長が続き各事業分野で高いシェアを誇る優良大型株**です。配当方針に**累進配当やＤＯＥを導入**しているため、**減配リスクが非常に小さい銘柄**、逆に今後も増配に期待できるので**自分利回りアップ**に貢献できそうな銘柄を厳選しました。

株価も絶好調で長期的な上昇トレンドが継続しています。

そのため、現状ではかなり高値圏まで上がってしまっているので、２０２４年８月５日に日経平均株価が史上最大の下げ幅を記録したような**全体相場の暴落時にツレ安したところで真っ先に買いたい株**になります。

株主配当だけでなく株価の長期的な値上がり益にも期待したい人向けの攻め重視の銘柄になります。

株主還元がトップクラスの総合商社

双日（2768）　東プ　卸売業

予想配当利回り
4.46%
3期連続増配
累進配当・DOE

株価3365円　最低購入金額　33万6500円

権利確定日　3月・9月末

増配率（5期平均）	21.7%
PER	6.6倍
PBR	0.75倍

かつをコメント

総合商社では総資産7位。自動車、航空、肥料事業に強く業績は安定的。株主還元は大手商社の中でもトップクラスで中期経営計画2026ではDOE4.5％と累進配当を新たに目標設定。バフェット効果もあり人気化したトップグループと比べ株価はまだ割安圏にあり、配当利回りが高い点が魅力。

過去10期の配当・業績と株価の推移

配当総額・配当性向

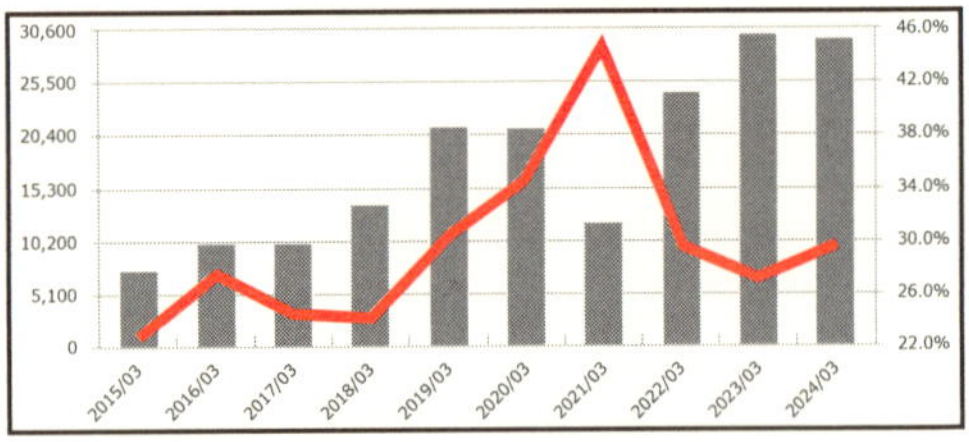

売上高・当期利益

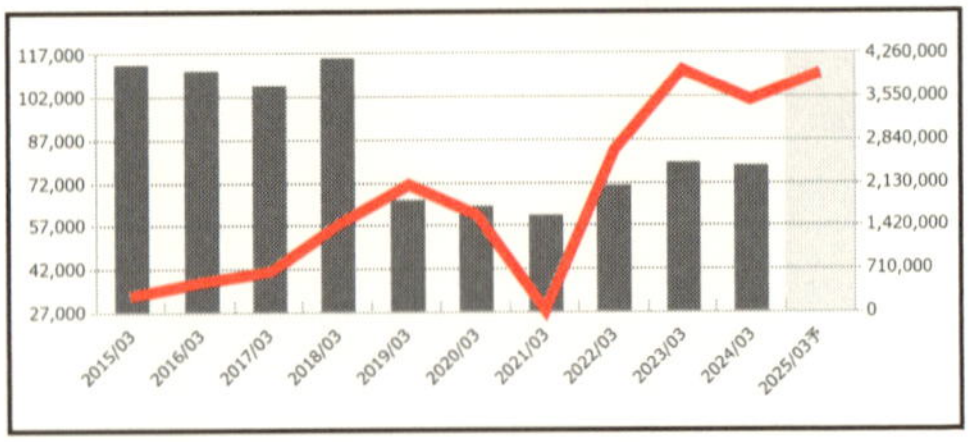

株価（2013年〜2024年10月）

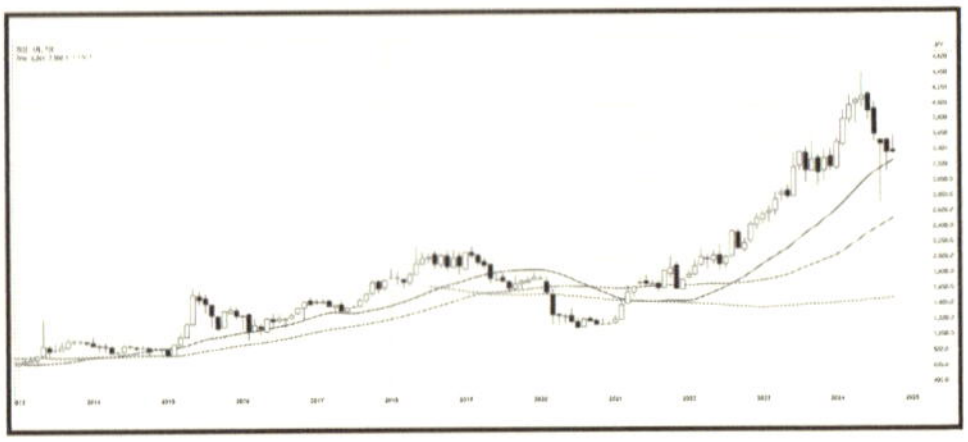

信託残高首位で資産運用・管理に強い

三井住友トラストグループ（8309）東プ 銀行業

予想配当利回り **4.22%**
3期連続増配
累進配当

株価3434円　最低購入金額　34万3400円

権利確定日　3月・9月末

増配率（5期平均）	14.7%
PER	10.3倍
PBR	0.79倍

かつをコメント

信託業界トップクラスで、投資信託など資産運用・管理報酬が新NISAブームもあって着実増。収益性が高いにもかかわらずメガバンクと比べて注目度が低いため、株価はかなり上昇したものの、いまだ割安高配当な状態。2023年から累進配当を導入したばかりで今後も増配に期待できる。

過去10期の配当・業績と株価の推移

配当総額・配当性向

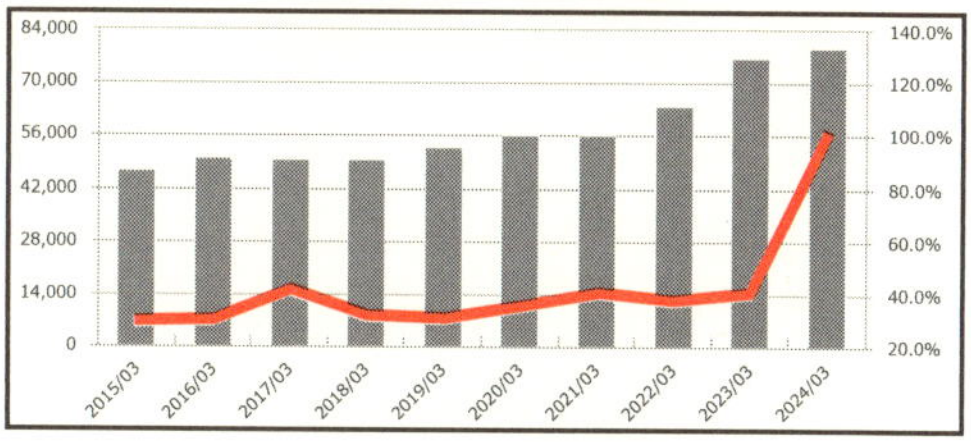

売上高・当期利益

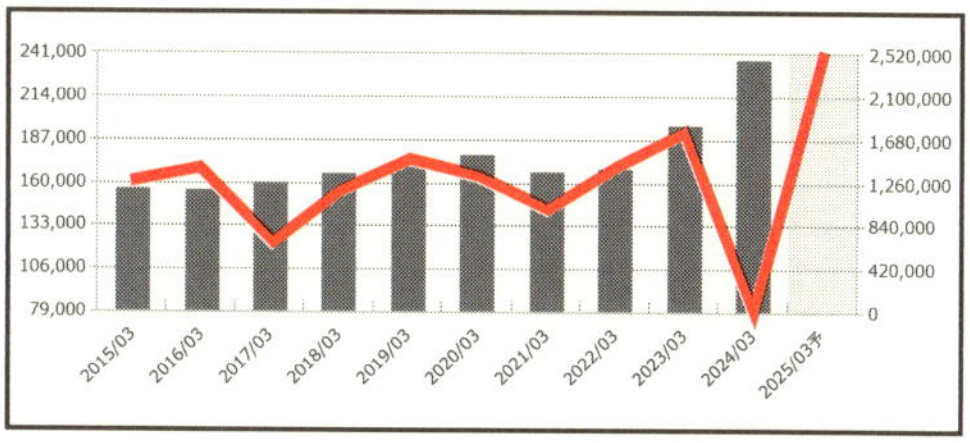

株価（2013年～2024年10月）

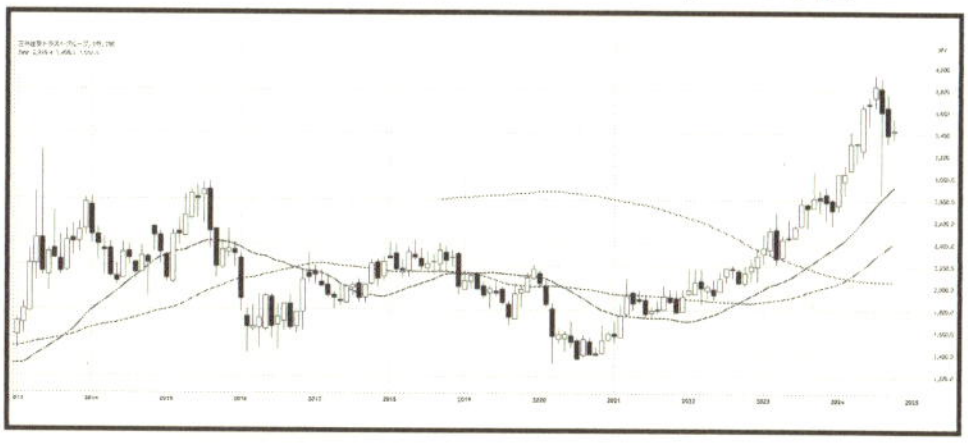

日本電技（1723）　東ス※　建設業

予想配当利回り
3.12%
2期連続増配
累進配当・DOE

株価5650円　最低購入金額　56万5000円

権利確定日　3月・9月末

10期配当総額・配当性向

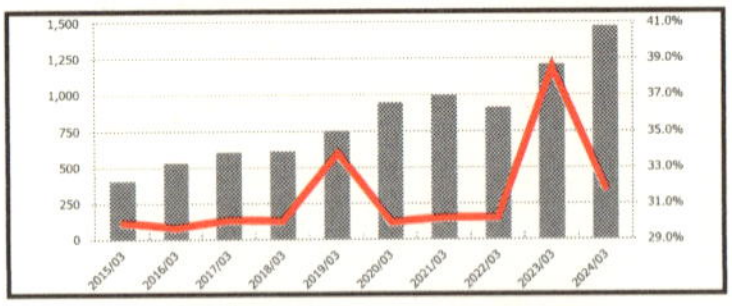

増配率	9.3%
PER	10.5倍
PBR	1.31倍

10期売上高・当期利益

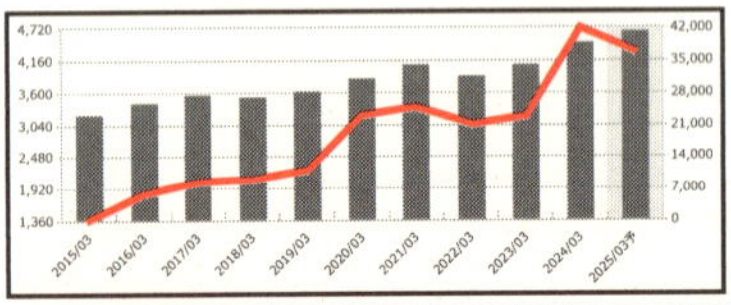

株価（2013年～2024年10月）

かつをコメント

空調システム工事大手。工場の自動搬送ラインなども手掛ける。半導体向けなど空調工事が好調で増収増益が続く。DOE 5 %基準に累進的な配当が基本方針。

※東証スタンダード市場上場。

エクシオグループ（1951）　東プ　建設業

予想配当利回り
3.94%
12期連続増配
DOE

株価1573.5円　最低購入金額　15万7350円

権利確定日　3月・9月末

10期配当総額・配当性向

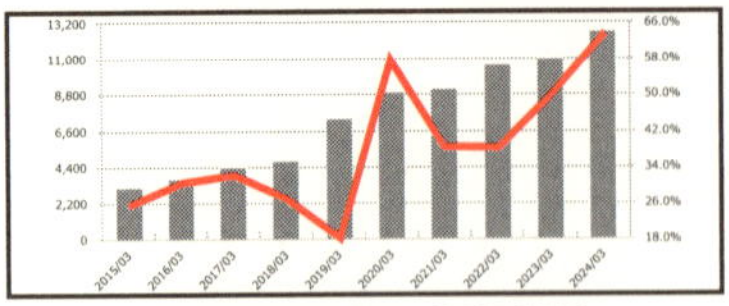

増配率	9.4%
PER	14.8倍
PBR	1.07倍

10期売上高・当期利益

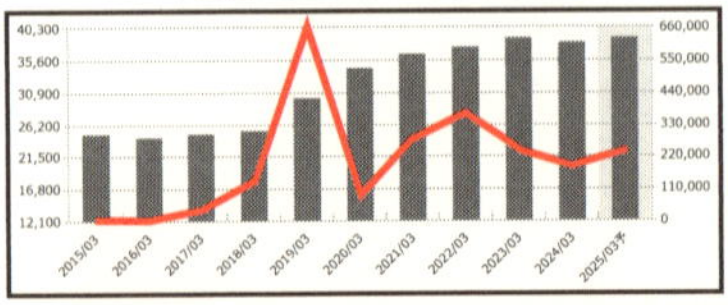

株価（2013年～2024年10月）

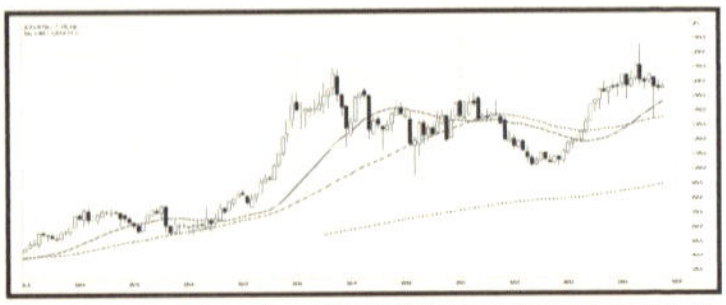

かつをコメント

NTT 向けなど電気通信工事大手。高成長企業ではないものの業績は非常に安定的に推移。DOE 4 %が配当方針。今期2025年 3 月期も13期連続増配予定。

AGC（5201） 東プ ガラス・土石製品

予想配当利回り **4.36%** DOE

株価4685円 最低購入金額 46万8500円

権利確定日 6月・12月末

増配率 15.0%
PER －倍
PBR 0.67倍

10期配当総額・配当性向

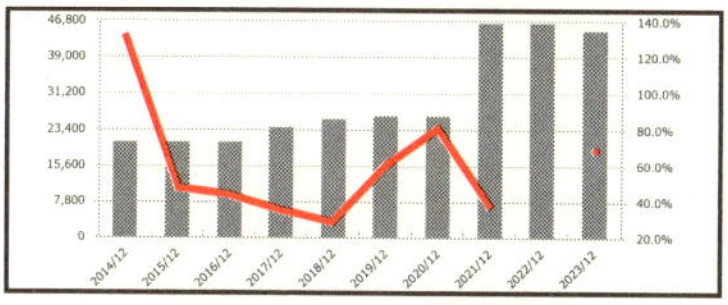

10期売上高・当期利益

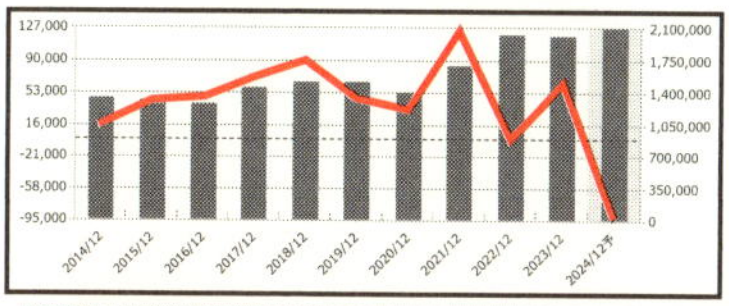

株価（2013年～2024年10月）

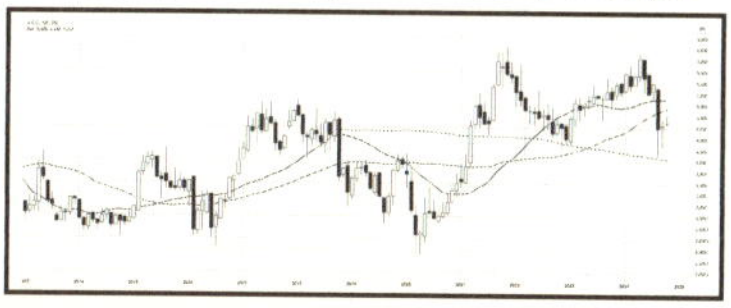

かつをコメント

自動車、建築、液晶向けガラスで世界屈指。電子部品や化学品も。今期は営業赤字に転落も来期以降のV字回復に期待。DOE 3 %程度の安定配当を目指す。

日本特殊陶業（5334） 東プ ガラス・土石製品

予想配当利回り **3.92%** DOE

株価4231円 最低購入金額 42万3100円

権利確定日 3月・9月末

増配率 23.7%
PER 10.2倍
PBR 1.29倍

10期配当総額・配当性向

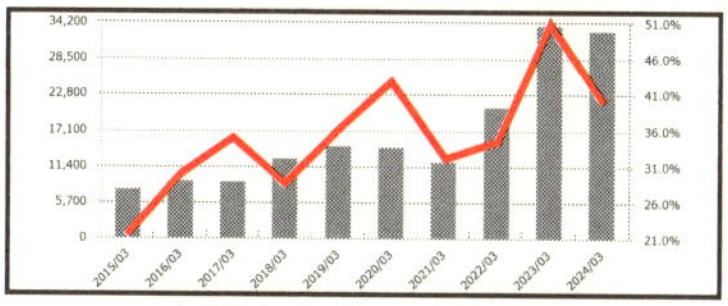

10期売上高・当期利益

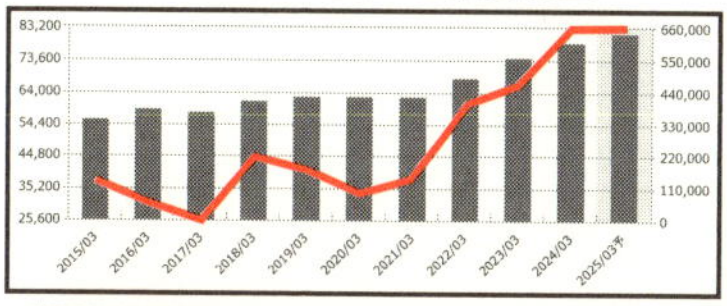

株価（2013年～2024年10月）

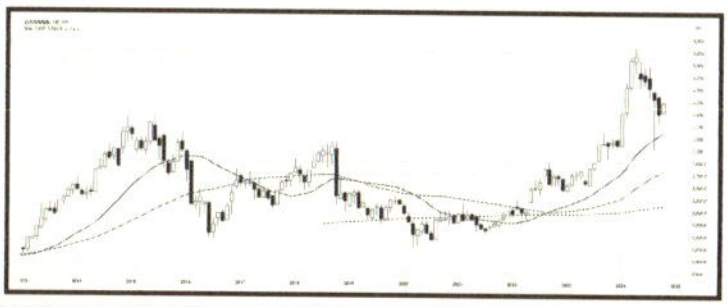

かつをコメント

自動車用プラグや排気系センサーで世界一。業績絶好調。配当はDOE 4 %の安定配当部分に配当性向10％程度の業績連動部分を上乗せして決める方針。

横河ブリッジHD（5911） 東プ 金属製品

予想配当利回り
4.36%
7期連続増配
累進配当

株価2668円　最低購入金額　26万6800円

権利確定日　3月・9月末

増配率	25.1%
PER	9.3倍
PBR	0.88倍

10期配当総額・配当性向

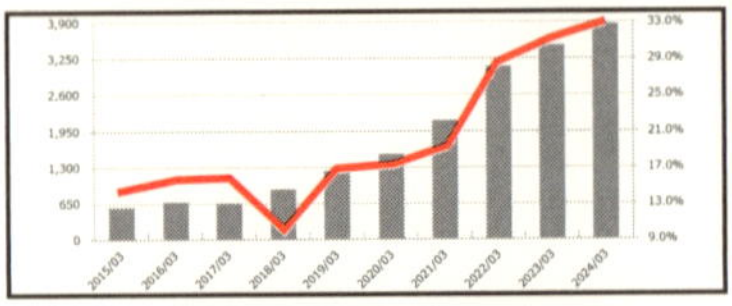

10期売上高・当期利益

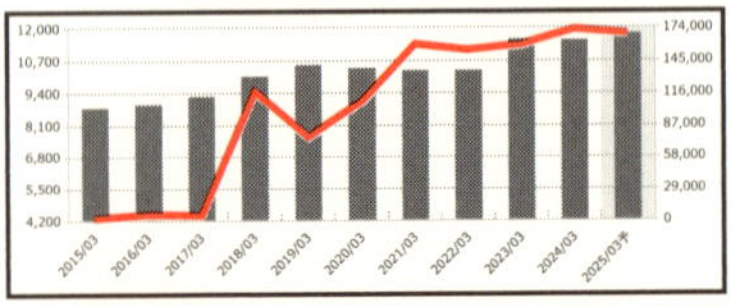

株価（2013年～2024年10月）

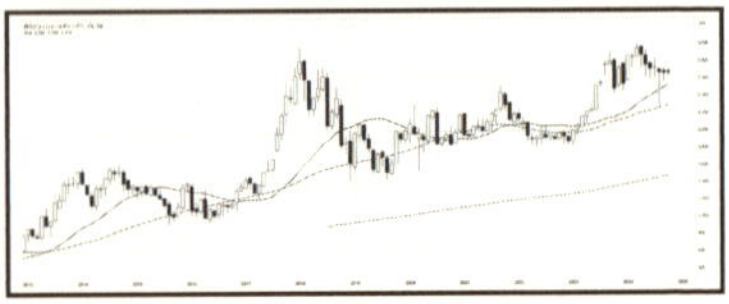

かつをコメント

橋梁建設最大手。成長性は乏しいものの業績は安定。累進配当と配当性向30％以上、増配基調の維持を掲げ17期連続で減配なし。2025年３月期も大幅な８期連続増配予定。

伊藤忠商事（8001） 東プ 卸売業

予想配当利回り
2.60%
9期連続増配
累進配当

株価7684円　最低購入金額　76万8400円

権利確定日　3月・9月末

増配率	19.0%
PER	12.6倍
PBR	1.94倍

10期配当総額・配当性向

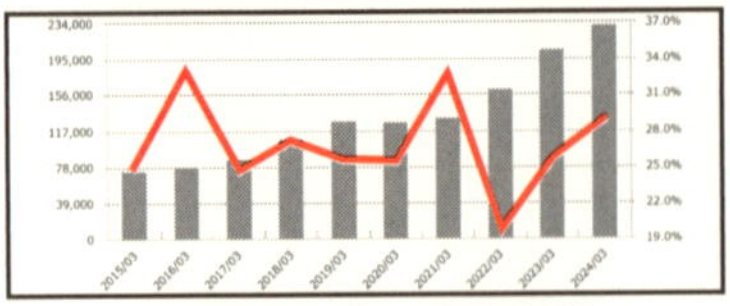

10期売上高・当期利益

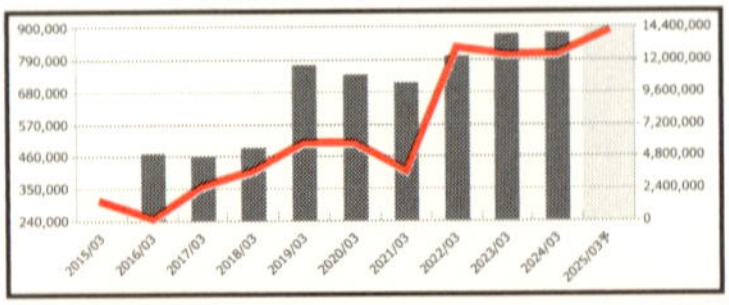

株価（2013年～2024年10月）

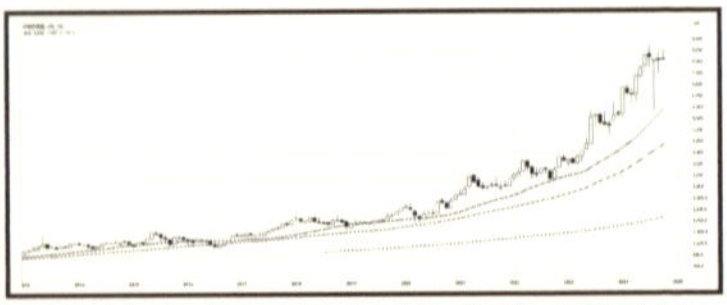

かつをコメント

総合商社国内３位。繊維や食料、中国事業に強い。2025年３月期は総還元性向50％をめどに株主配当は１株200円か配当性向30％のいずれか高いほう。

三井物産（8031）　東プ　卸売業

予想配当利回り
3.10%
4期連続増配
累進配当

株価3229円　最低購入金額　32万2900円

権利確定日　3月・9月末

増配率	20.4%
PER	10.7倍
PBR	1.21倍

10期配当総額・配当性向

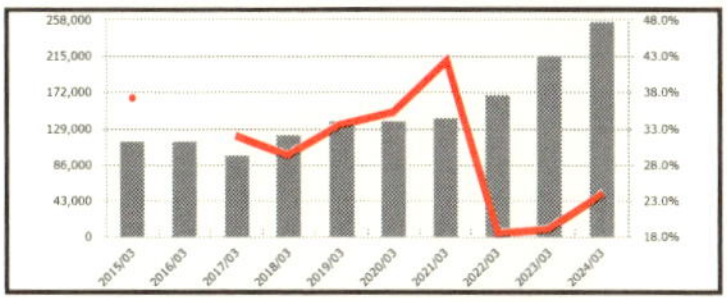

10期売上高・当期利益

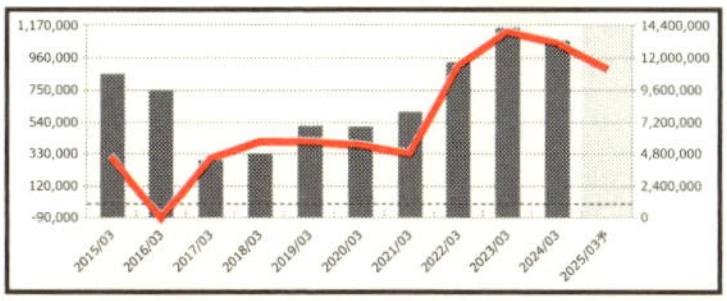

株価（2013年〜2024年10月）

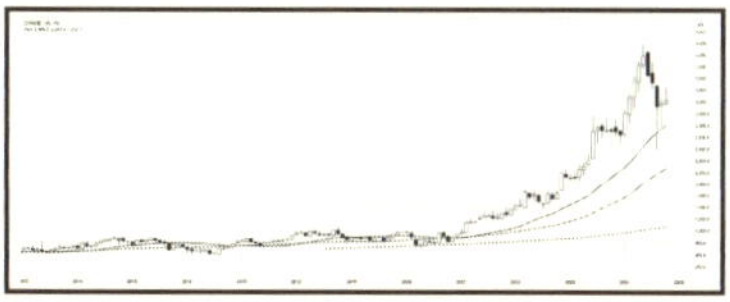

かつをコメント

総合商社国内２位。鉄鉱石や液化天然ガスなど資源・エネルギー関連に強い。１株あたり150円を下限にした累進配当を導入し、４期連続増配中。

三井住友フィナンシャルグループ（8316）　東プ　銀行業

予想配当利回り
3.42%
3期連続増配
累進配当

株価3217円　最低購入金額　32万1700円

権利確定日　3月・9月末

増配率	11.9%
PER	11.9倍
PBR	0.84倍

10期配当総額・配当性向

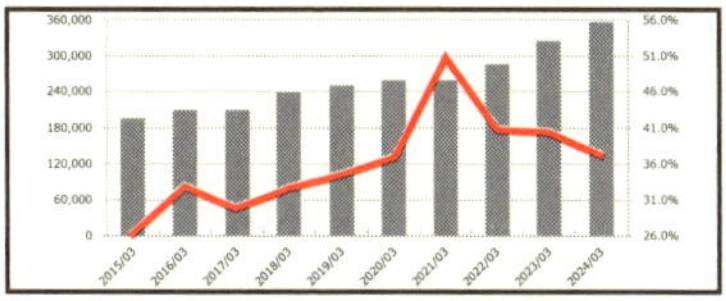

10期売上高・当期利益

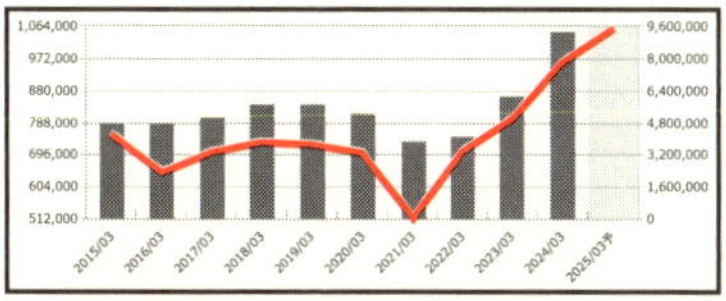

株価（2013年〜2024年10月）

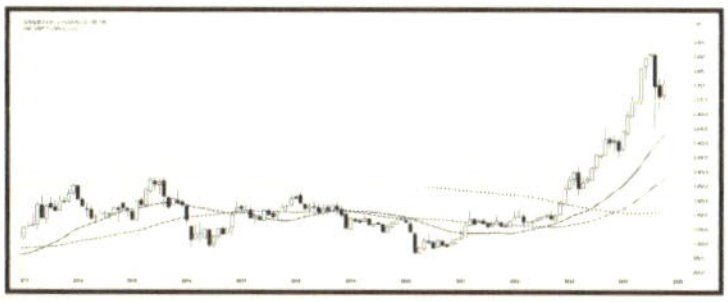

かつをコメント

メガバンク国内２位。国内法人向け融資に強くカード決済事業も堅調で最高益更新が続いている。配当方針は累進配当と配当性向40％維持を掲げて連続増配中。

みずほフィナンシャルグループ（8411） 東プ 銀行業

予想配当利回り
3.72%
3期連続増配
累進配当

株価3093円　最低購入金額　30万9300円

権利確定日　3月・9月末

増配率	9.2%
PER	10.5倍
PBR	0.76倍

10期配当総額・配当性向

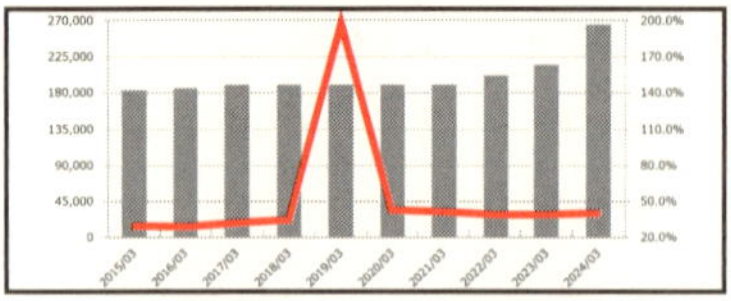

10期売上高・当期利益

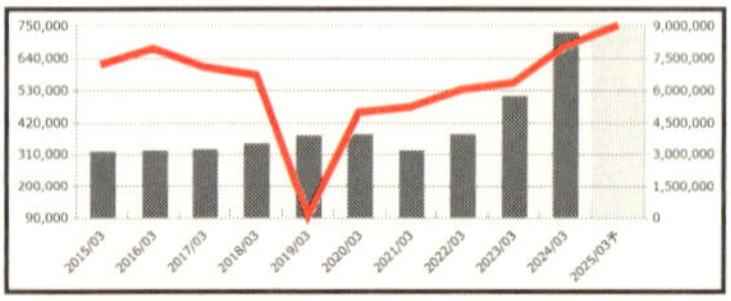

株価（2013年～2024年10月）

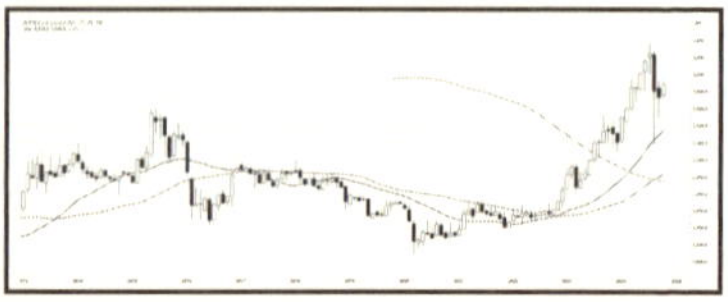

かつをコメント

メガバンク国内3位。国内の金利上昇で利ザヤ拡大。与信費用も横ばい圏で過去最高益の更新が続いている。累進配当を基本とし、配当性向40％を目安に掲げて連続増配中。

住友倉庫（9303） 東プ 倉庫・運輸関連業

予想配当利回り
3.68%
11期連続増配
DOE

株価2744円　最低購入金額　27万4400円

権利確定日　3月・9月末

増配率	21.7%
PER	17.2倍
PBR	0.84倍

10期配当総額・配当性向

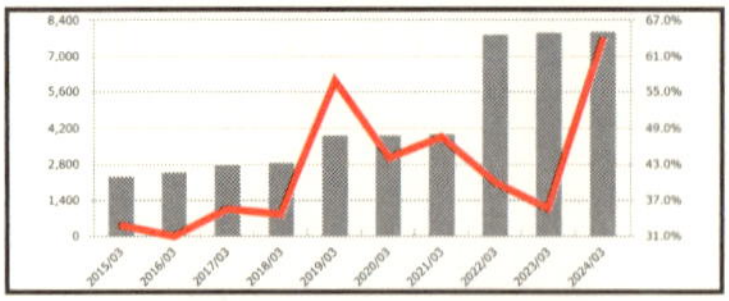

10期売上高・当期利益

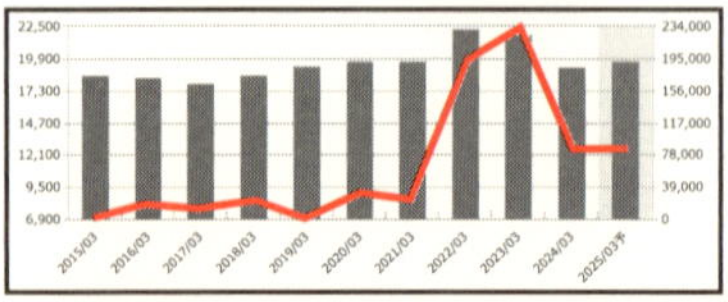

株価（2013年～2024年10月）

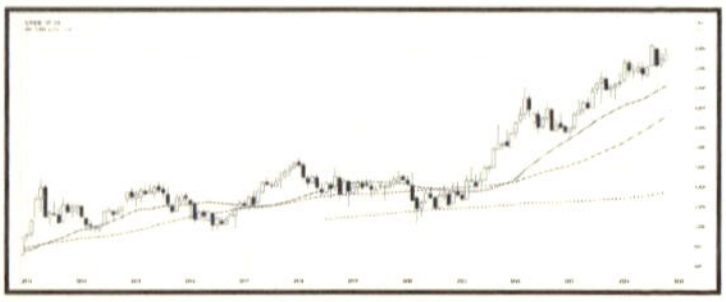

かつをコメント

倉庫大手で物流事業も展開。減価償却費増加などで減収減益が続いたが今期2025年3月期以降は業績も安定しそう。1株100円を最低配当としてDOE3.5～4％を目指している。

100株10万円台で買える高配当株

新NISAの成長投資枠は年間240万円まで投資可能ですが、年間100万円前後の資金で5〜6銘柄に分散投資するためには1銘柄10万円台が、単位未満株取引を使わなくても市場で投資しやすい価格帯になります。

そこで100株10万円台（もしくはそれ以下）で投資できる新NISA向き高配当株を選びました。どの銘柄も知名度が高く業績・株価ともに安定しているので安心して長期保有できます。分散投資の極意は5〜6銘柄が属する業種に重複がないようにすること。6銘柄なら❶銀行・保険など金融株、❷携帯キャリアの通信株、❸電力・食品といったディフェンシブ株、❹日本を代表する自動車株や機械株、❺鉄鋼・化学など割安な景気循環株、❻もう1銘柄は❶〜❺の中で増配率が高そうな金融、通信、ディフェンシブ株などから選ぶのがいいかもしれません。

旭化成(3407)　東プ　化学

予想配当利回り **3.38%** 累進配当

株価1066.5円　最低購入金額　10万6650円

権利確定日　3月・9月末

増配率	1.2%
PER	14.8倍
PBR	0.77倍

10期配当総額・配当性向

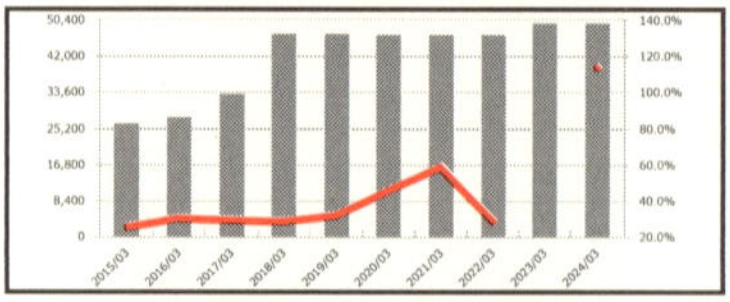

10期売上高・当期利益

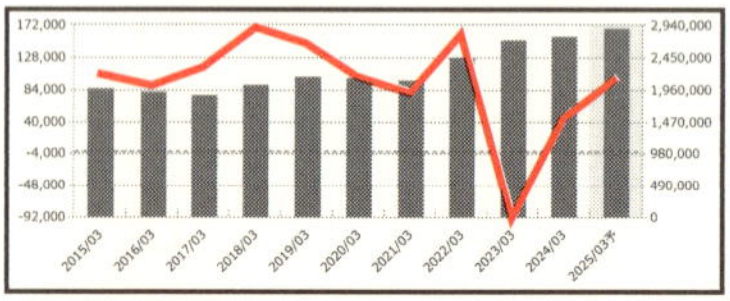

株価（2013年～2024年10月）

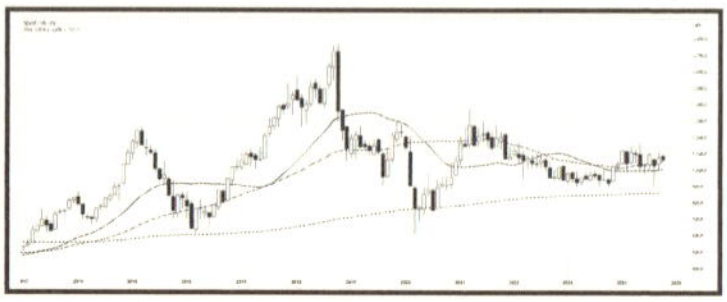

かつをコメント
総合化学メーカーながら電子部品や医薬品など多角経営。「ヘーベルハウス」の住宅事業が大きな収益源で業績安定。累進配当、配当性向30～40%と株主還元にも積極的。

神戸製鋼所(5406)　東プ　鉄鋼

予想配当利回り **5.34%**

株価1685円　最低購入金額　16万8500円

権利確定日　3月・9月末

増配率（4期平均）	106.3%
PER	5.5倍
PBR	0.62倍

10期配当総額・配当性向

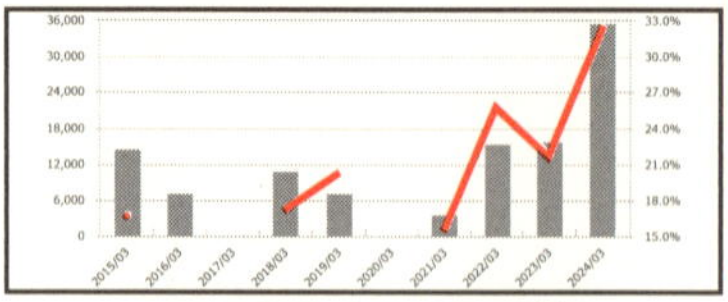

10期売上高・当期利益

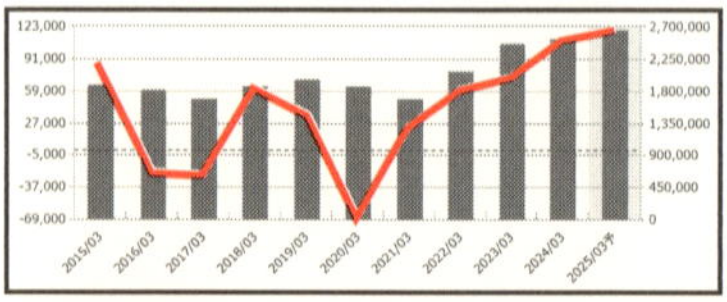

株価（2013年～2024年10月）

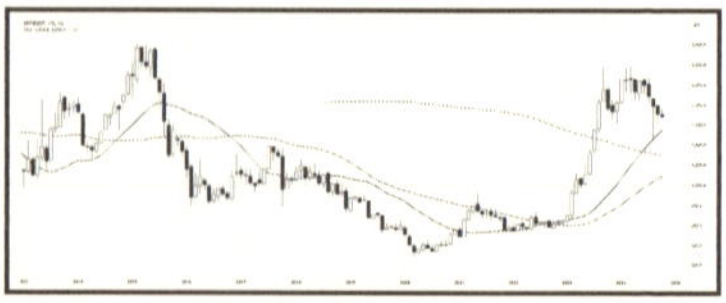

かつをコメント
高炉を持つ鉄鋼メーカー国内3位。鉄鋼価格の下落で今期2025年3月期は営業減益予想も来期以降の業績回復に期待。配当性向30%が目標。さらなる株主還元余地あり。

JFE HD（5411） 東プ 鉄鋼

予想配当利回り **5.89%**

株価1869円　最低購入金額　18万6900円

権利確定日　3月・9月末

10期配当総額・配当性向

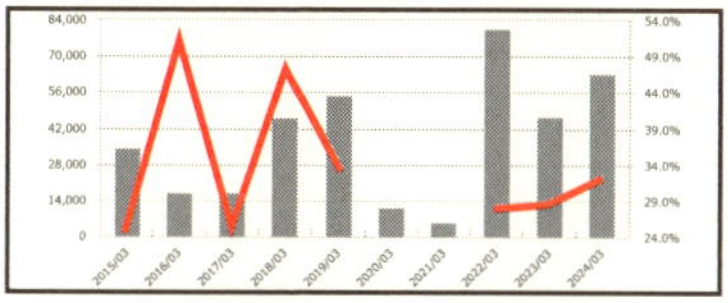

増配率	248.4%
PER	5.8倍
PBR	0.47倍

10期売上高・当期利益

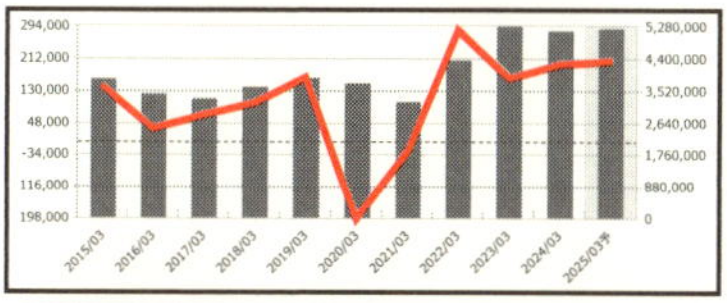

株価（2013年~2024年10月）

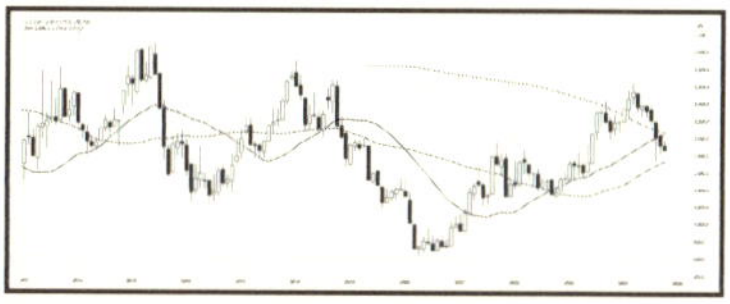

かつをコメント

鉄鋼メーカー国内2位。自動車向け鋼板が収益の柱で来期2026年3月期以降は工場リストラ効果もあって業績回復に期待。配当性向30%で追加の株主還元余地あり。

いすゞ自動車（7202） 東プ 輸送用機器

予想配当利回り **4.68%**
3期連続増配

株価1964.5円　最低購入金額　19万6450円

権利確定日　3月・9月末

10期配当総額・配当性向

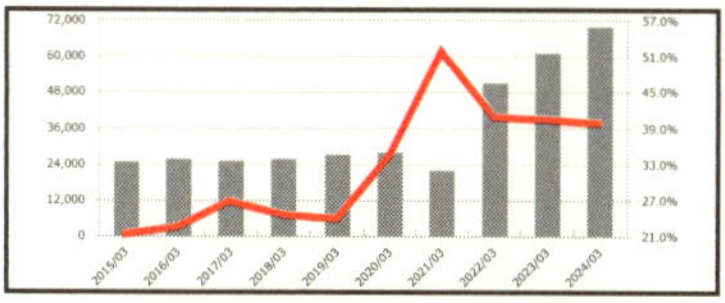

増配率	27.0%
PER	9.2倍
PBR	0.99倍

10期売上高・当期利益

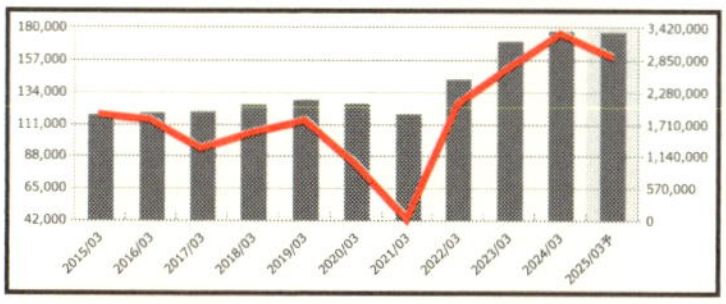

株価（2013年~2024年10月）

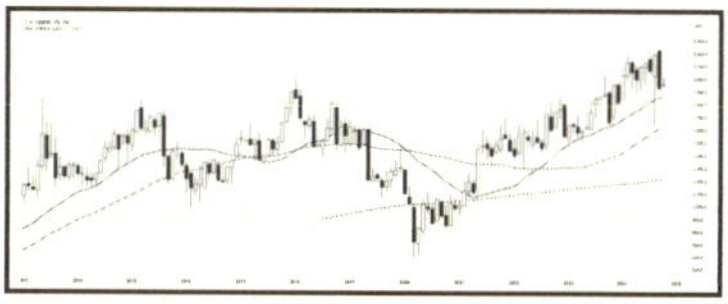

かつをコメント

トラック大手。タイで生産するピックアップトラックも強み。2025年3月末までに750億円を上限にした自社株買い実施中。配当性向40%を掲げる。

本田技研工業(7267) 東プ 輸送用機器

予想配当利回り **4.40%**

株価1547円　最低購入金額　15万4700円

権利確定日　3月・9月末

増配率	15.5%
PER	7.5倍
PBR	0.56倍

10期配当総額・配当性向

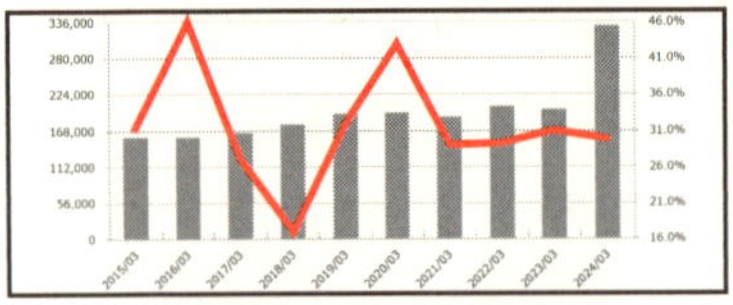

10期売上高・当期利益

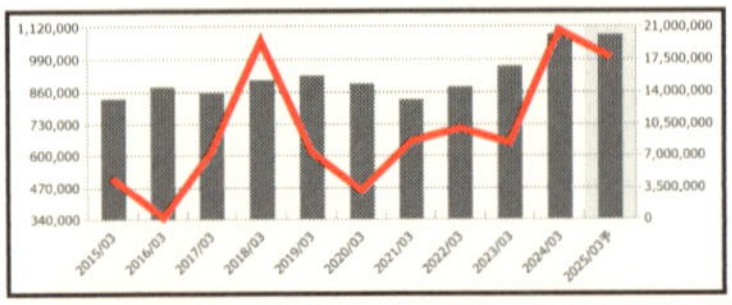

株価（2013年〜2024年10月）

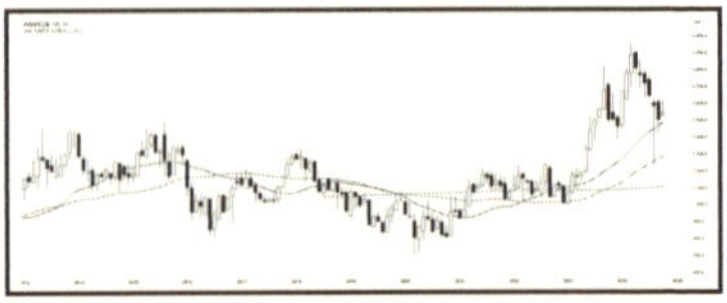

かつを コメント

四輪車で国内2位、世界7位。二輪車は世界首位でアジアに強く収益性の高いドル箱的な存在。配当性向30％以上を掲げ、毎年のように自社株買いを行っている。

ヤマハ発動機(7272) 東プ 輸送用機器

予想配当利回り **3.74%** 3期連続増配

株価1337円　最低購入金額　13万3700円

権利確定日　6月・12月末

増配率	17.3%
PER	7.5倍
PBR	1.07倍

10期配当総額・配当性向

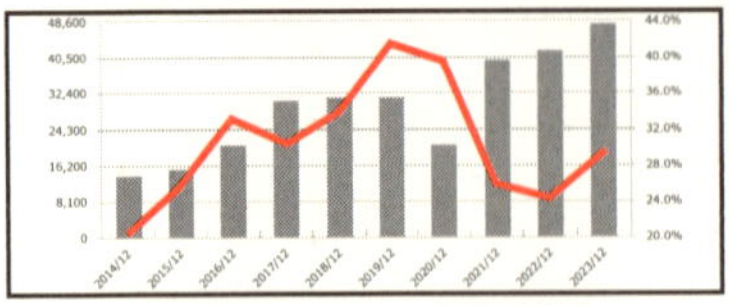

10期売上高・当期利益

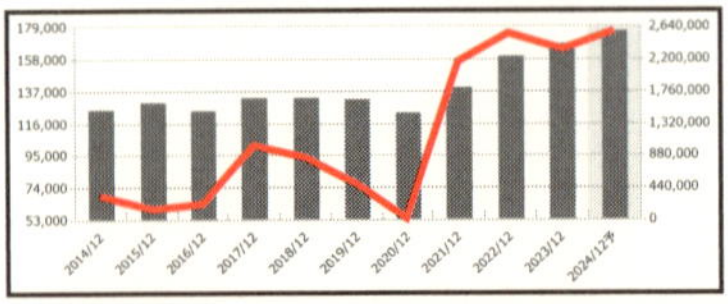

株価（2013年〜2024年10月）

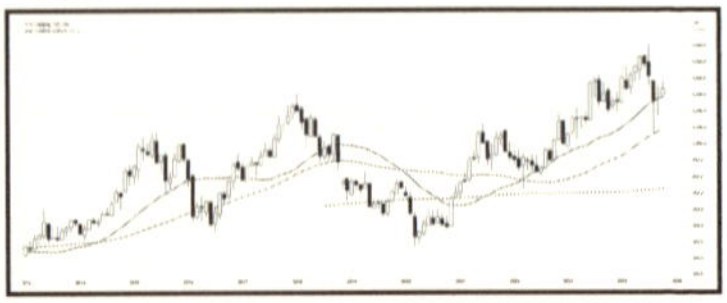

かつを コメント

二輪車大手で高級クルーザーなどマリン事業にも非常に強い。海外売上比率が高く円安が追い風。ここ数年は増収増益が続き連続増配中。配当性向40％以上。株主優待もある。

ひろぎんHD(7337)　東プ　銀行業

予想配当利回り
4.05%
3期連続増配

株価1159.5円　最低購入金額　11万5950円

権利確定日　3月・9月末

4期配当総額・配当性向

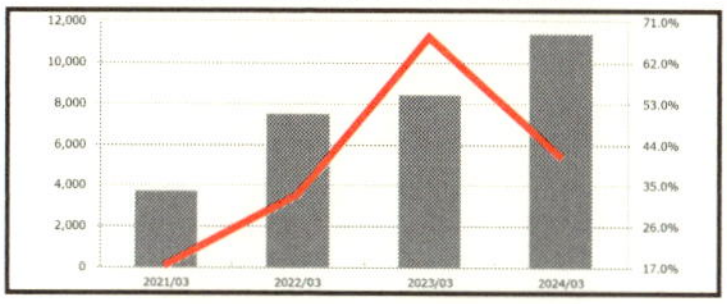

増配率（4期平均）	44.1%
PER	10.1倍
PBR	0.67倍

4期売上高・当期利益

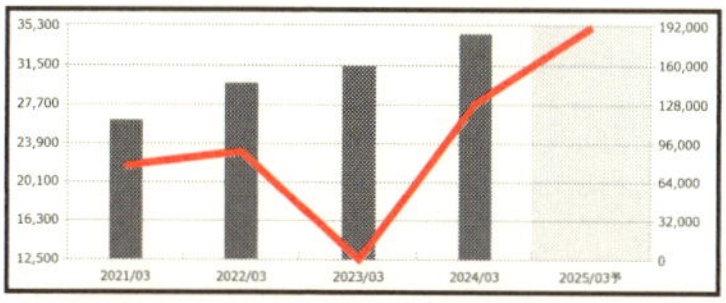

株価（2013年～2024年10月）

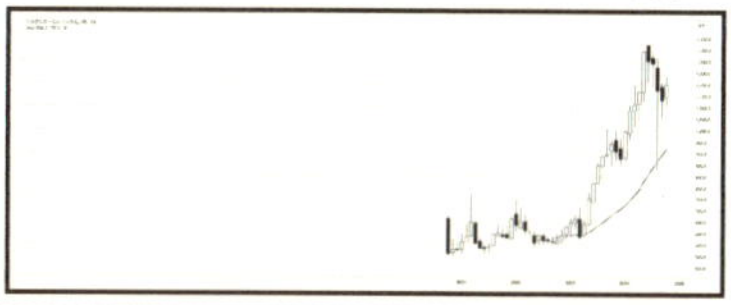

かつをコメント
地銀上位の広島銀行が中核。地方銀行でもトップクラスの好業績。配当性向40%や自己資本比率11%をめどにした自社株買いなど積極的な株主還元政策を掲げる。

シチズン時計(7762)　東プ　精密機器

予想配当利回り
4.80%
3期連続増配

株価938円　最低購入金額　9万3800円

権利確定日　3月・9月末

10期配当総額・配当性向

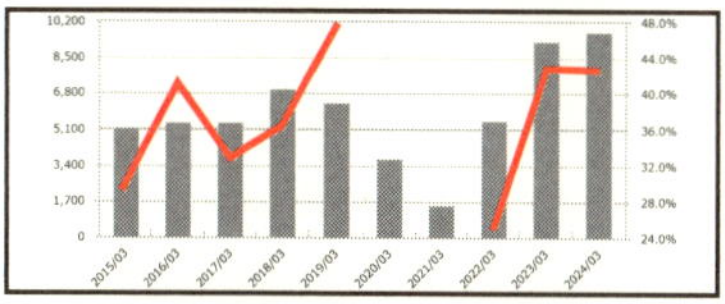

増配率	64.1%
PER	10.4倍
PBR	0.89倍

10期売上高・当期利益

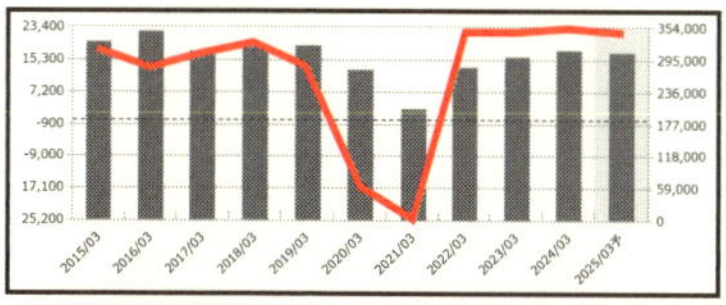

株価（2013年～2024年10月）

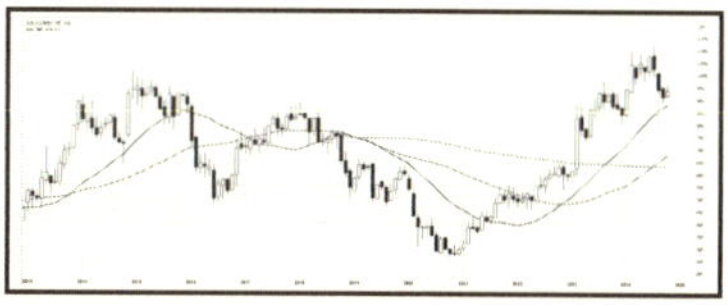

かつをコメント
電波・ソーラー時計に強い腕時計メーカーで自動車向けの工作機械も製造している。成長性はないが安定した業績。配当性向50%を目安に掲げる高配当株。

三菱HCキャピタル(8593)　東プ　その他金融業

予想配当利回り
3.97%
25期連続増配

株価1007円　最低購入金額　10万700円

権利確定日　3月・9月末

増配率	10.0%
PER	10.7倍
PBR	0.80倍

10期配当総額・配当性向

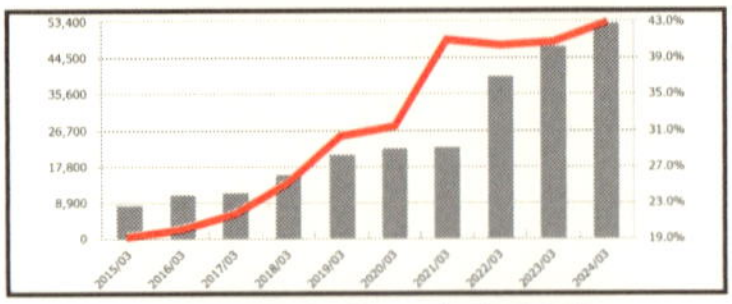

10期売上高・当期利益

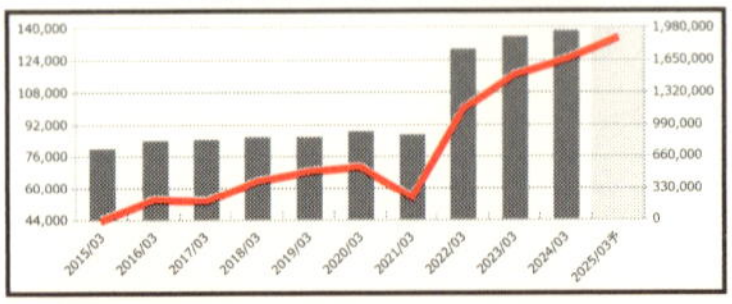

株価（2013年~2024年10月）

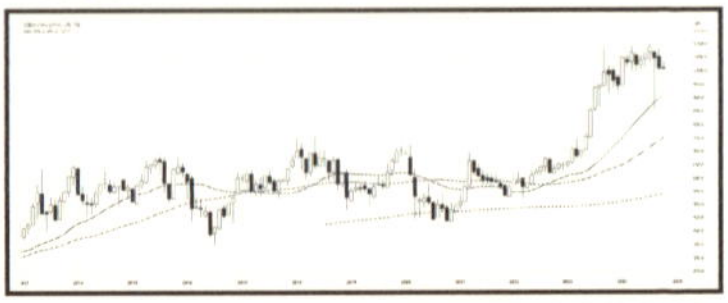

かつをコメント

航空機や海上コンテナのリースに強く、M&Aで海外展開も加速しており成長性も高い。ここ数年ずっと増収増益が続き、株価も長期的に右肩上がり。25期連続増配中。

大和証券グループ本社(8601)　東プ　証券・商品先物取引業

予想配当利回り
4.19%

株価1050.5円　最低購入金額　10万5050円

権利確定日　3月・9月末

増配率	26.5%
PER	ー倍
PBR	0.95倍

10期配当総額・配当性向

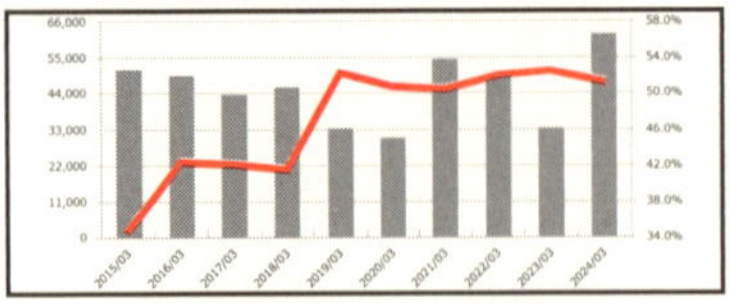

10期売上高・当期利益

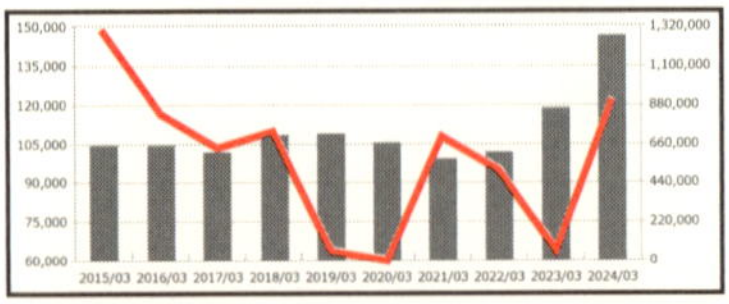

株価（2013年~2024年10月）

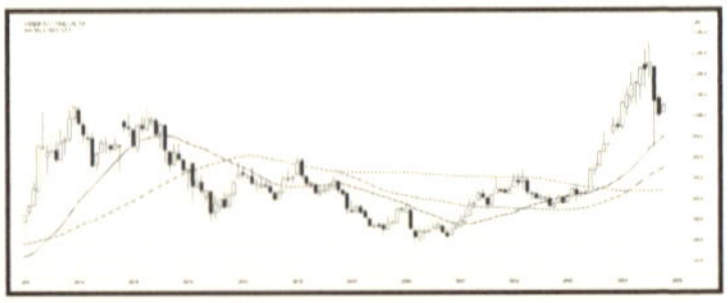

かつをコメント

証券会社国内2位で業績は株式相場の好不調に連動。あおぞら銀行に出資するなどM&Aに積極的。2026年度まで配当性向50%以上、年間配当下限を44円に設定している。

ソフトバンク(9434)　東プ　情報・通信業

予想配当利回り **4.49%**

株価191.5円　最低購入金額　1万9150円

権利確定日　3月・9月末

6期配当総額・配当性向

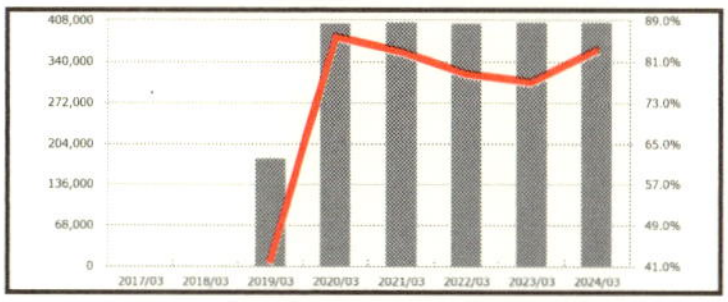

増配率	0.2%
PER	18.1倍
PBR	3.84倍

10期売上高・当期利益

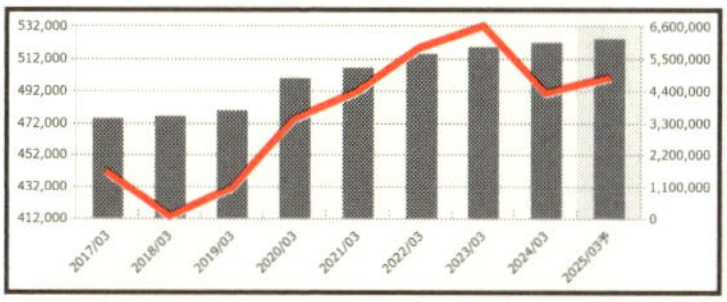

株価（2013年～2024年10月）

かつをコメント

携帯キャリア国内3位で傘下に「Yahoo! Japan」などEC事業や黒字転換したスマホ決済のPayPay事業を持つ。1株190円台で手掛けやすい。株主優待制度も導入。

中部電力(9502)

予想配当利回り **3.57%**

株価1681円　最低購入金額　16万8100円

権利確定日　3月・9月末

10期配当総額・配当性向

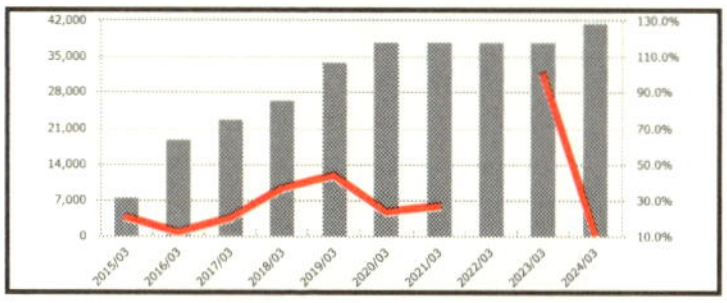

増配率	3.8%
PER	7.5倍
PBR	0.46倍

10期売上高・当期利益

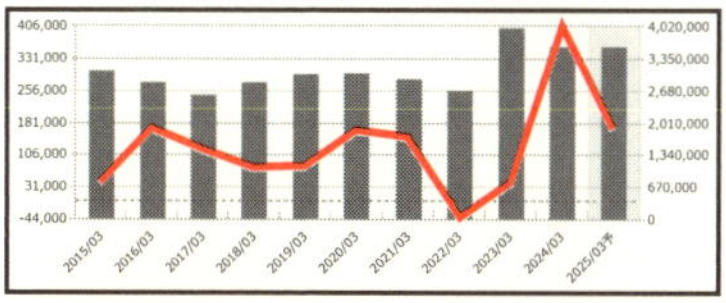

株価（2013年～2024年10月）

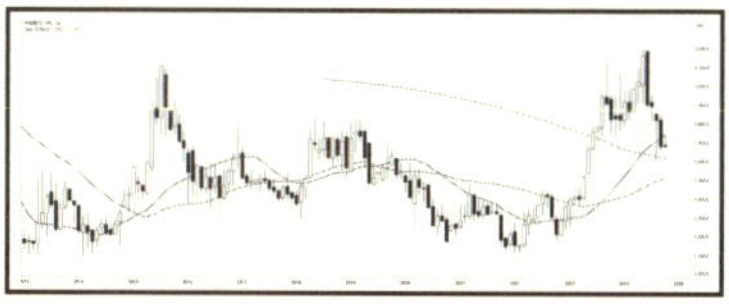

かつをコメント

東海地方地盤の電力会社国内3位。浜岡原発は停止中。燃料高が業績に逆風だが株主配当は維持。不況に強いディフェンシブ株として人気が高い。配当性向30%以上。

株主優待制度のある高配当優待株

高配当株と並んで、個人投資家に人気なのが**株主優待株**。日本人は利回りという言葉に弱いですが「お得なおまけ＝株主優待品」にも大きな魅力を感じやすいので**高配当優待株は1粒で2度おいしい**と感じる人が多いはず。

毎年株主優待をもらい続けたいので自然と長期保有しやすい効果もあります。

株主優待制度を導入している企業は、個人投資家でもある一般消費者がお客様の小売業、サービス業、食料品といった内需株に多くなります。そのため、高配当優待株だけだと業種に偏りが出てしまうかもしれません。

できれば毎年5〜6銘柄への分散投資のうち、**優待のある株は3分の2ぐらいまでにとどめて**、残りの3分の1は自動車、機械、商社、資源関連など株主優待制度はないものの高配当かつ業績安定の**外需株**という銘柄構成がいいでしょう。

サラダ油で国内首位。値上げで高収益

日清オイリオグループ（2602）　東プ　食料品

予想配当利回り
3.37%
3期連続増配

株価5340円　最低購入金額　53万4000円

権利確定日　3月・9月末

増配率（5期平均）	18.7%
PER	11.9倍
PBR	0.93倍

かつをコメント

食用油のトップメーカー。食用油は生活必需品だけあり、原材料の高騰を値上げでしのげる点が魅力大。インフレが売上・利益の拡大につながりやすい。3月末に100株保有で1500円相当の自社商品（植物油など）が贈呈される。

過去10期の配当・業績と株価の推移

配当総額・配当性向

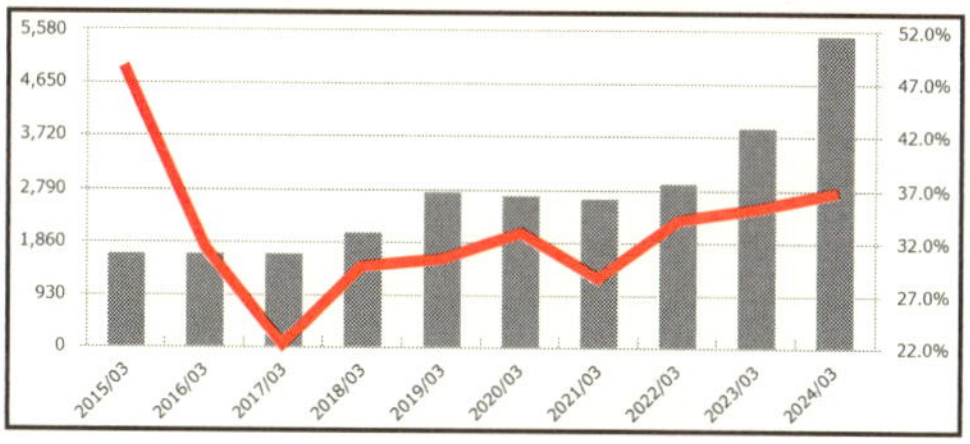

売上高・当期利益

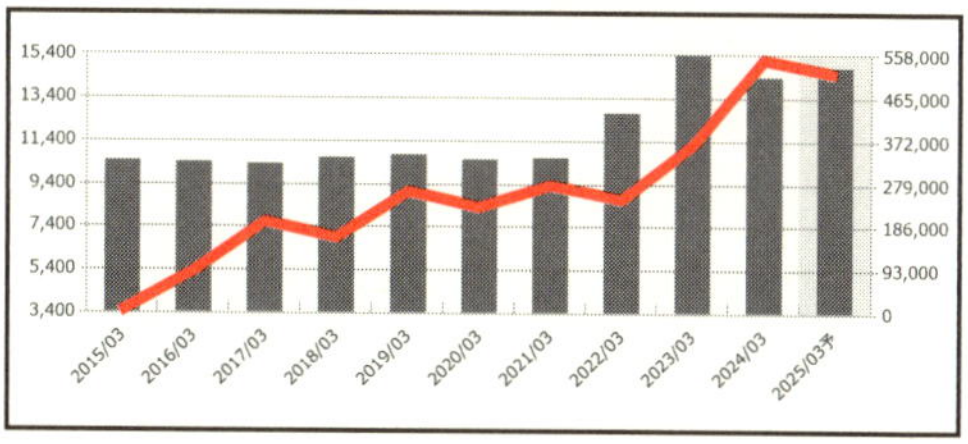

株価（2013年～2024年10月）

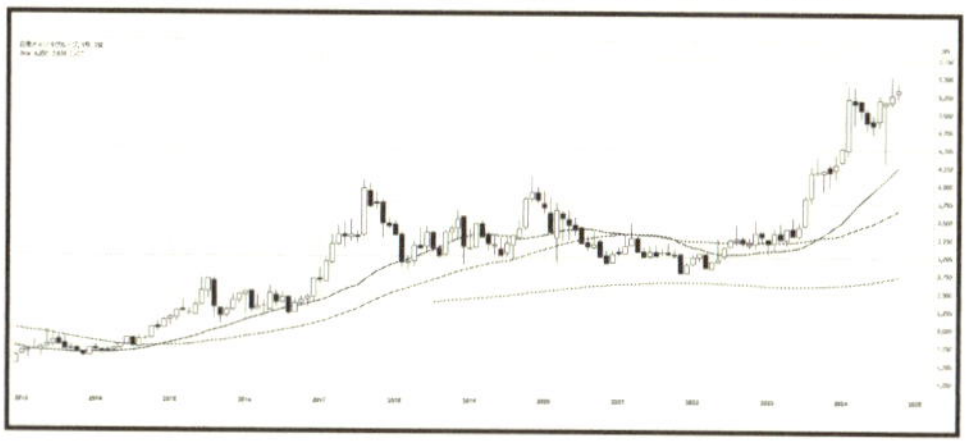

清掃サービスが安定成長。ミスドも運営

ダスキン(4665)　東プ　サービス業

予想配当利回り
3.09%
3期連続増配
DOE

株価4074円　最低購入金額　40万7400円

権利確定日　3月・9月末

増配率（5期平均）	24.9%
PER	6.6倍
PBR	0.75倍

かつをコメント

清掃用品レンタルや清掃サービス代行が安定成長を続けており隠れた高収益企業。飲食業の「ミスタードーナツ」も運営している。株主配当は配当性向60%かDOE 2.5%の高いほう。3月・9月末に100株保有でミスドでも使える優待券各1000円分。優待には長期保有優遇あり。

過去10期の配当・業績と株価の推移

配当総額・配当性向

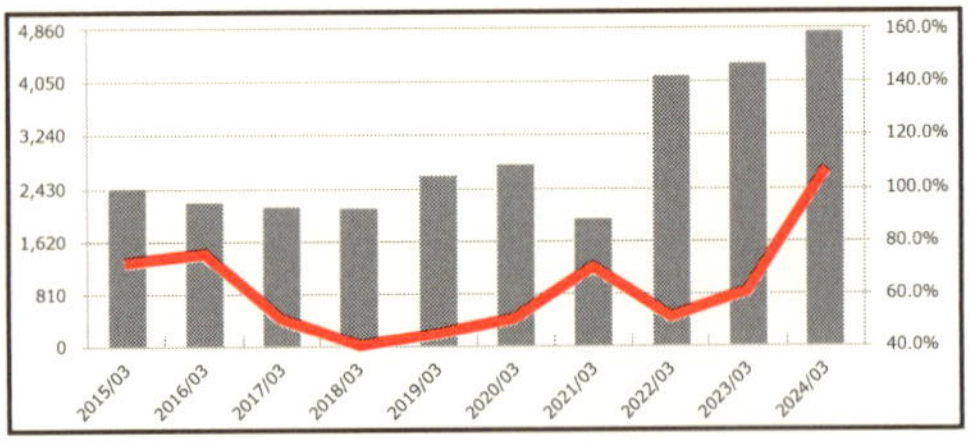

売上高・当期利益

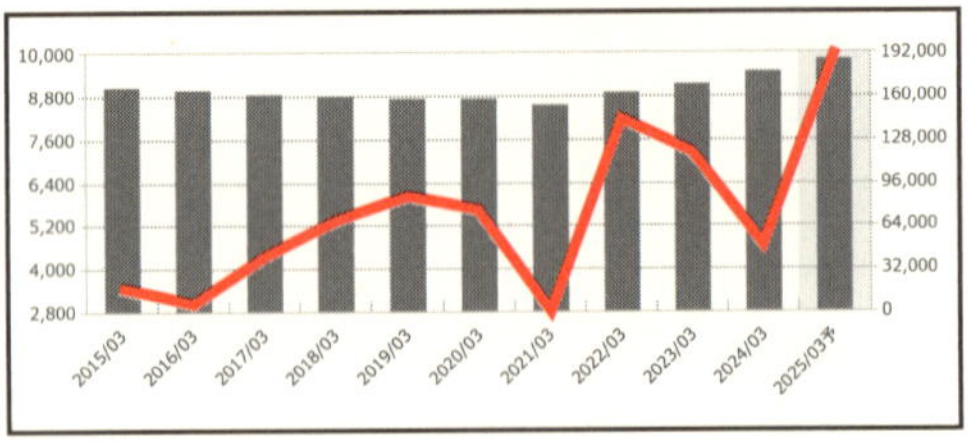

株価（2013年～2024年10月）

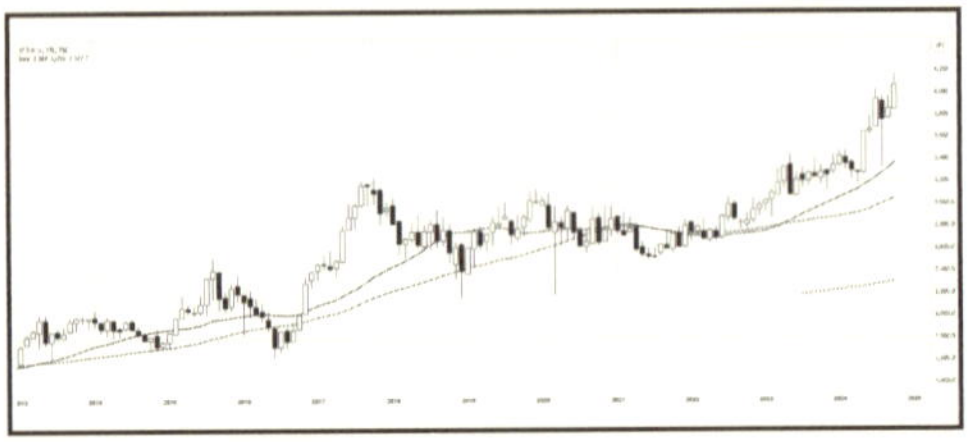

DM三井製糖HD（2109） 東プ 食料品

予想配当利回り **3.96%** 3期連続増配

株価3280円　最低購入金額　32万8000円

権利確定日　3月・9月末

10期配当総額・配当性向

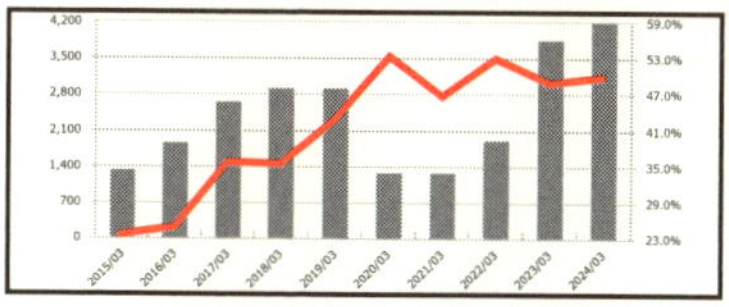

増配率	25.7%
PER	18.6倍
PBR	0.93倍

10期売上高・当期利益

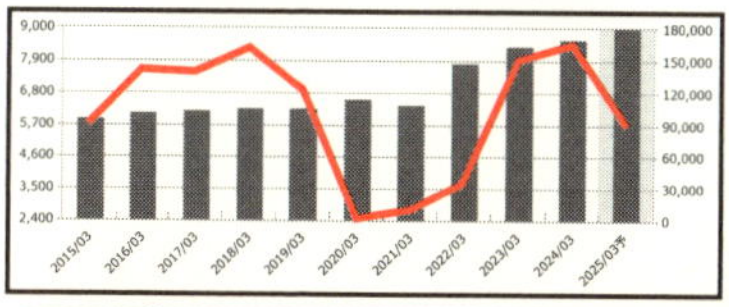

株価（2013年～2024年10月）

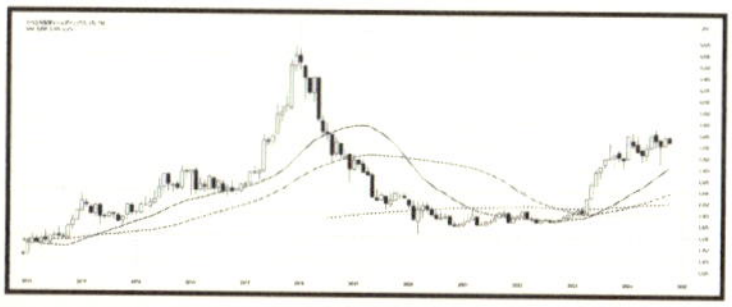

かつを
コメント

砂糖製造の最大手。連結配当性向が100%を超えない限り、最低1株60円配当の実施が基本方針。3月末に100株保有で自社グループ商品など1000円相当の優待がある。

キリンHD（2503）　東プ　食料品

予想配当利回り **3.20%** 2期連続増配

株価2217.5円　最低購入金額　22万1750円

権利確定日　6月・12月末

10期配当総額・配当性向

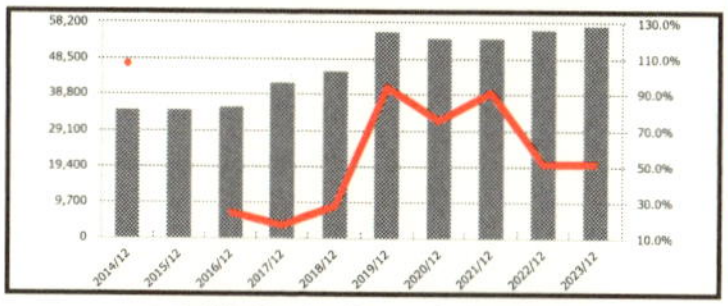

増配率	2.1%
PER	15.8倍
PBR	1.39倍

10期売上高・当期利益

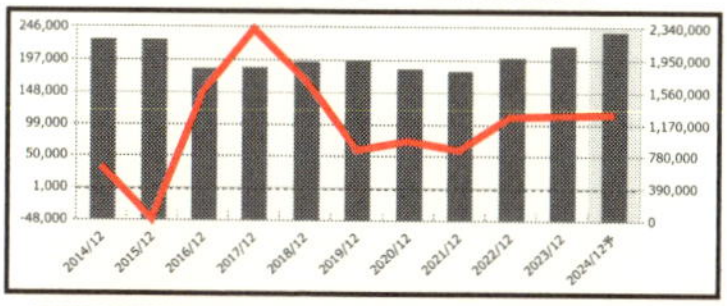

株価（2013年～2024年10月）

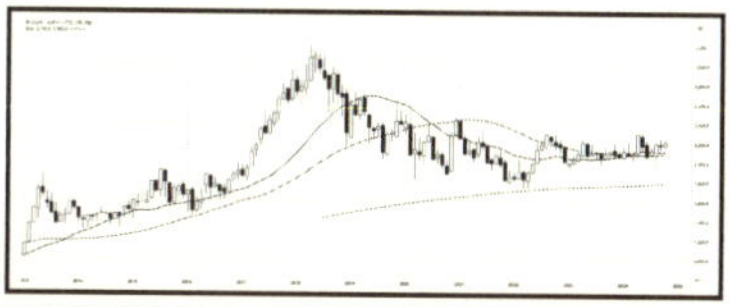

かつを
コメント

ビール会社大手でアジア、豪州などにも海外展開。配当性向40%以上の配当方針。12月末に100株を1年以上保有で500円相当の自社商品。優待には長期保有優遇あり。

TOKAI HD（3167） 東プ 卸売業

予想配当利回り **3.60%**

株価945円 最低購入金額 9万4500円

権利確定日 3月・9月末

増配率	4.0%
PER	13.7倍
PBR	1.38倍

10期配当総額・配当性向

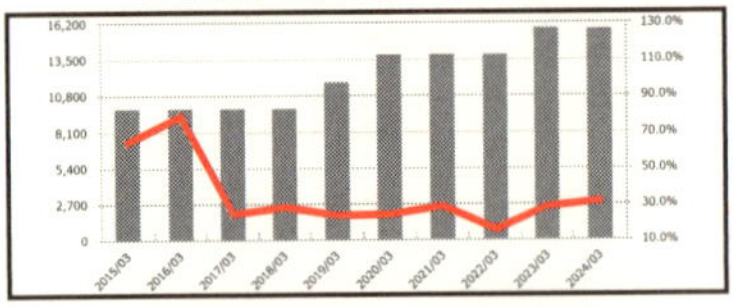

10期売上高・当期利益

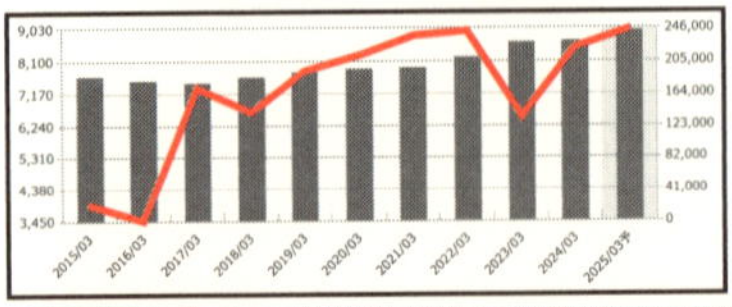

株価（2013年～2024年10月）

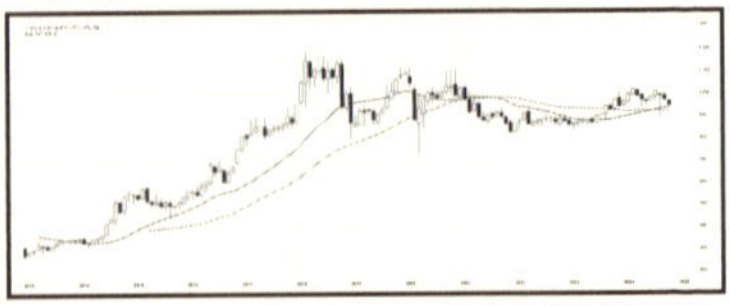

かつをコメント 東海地方でLPガスとケーブルテレビ事業を展開。天然水の販売も行う。3月・9月末に100株保有でアクア商品、QUOカード500円分など5コースから選べる。

王子 HD（3861） 東プ パルプ・紙

予想配当利回り **4.14%**

株価579.6円 最低購入金額 5万7960円

権利確定日 3月・9月末

増配率	12.9%
PER	7.6倍
PBR	0.51倍

10期配当総額・配当性向

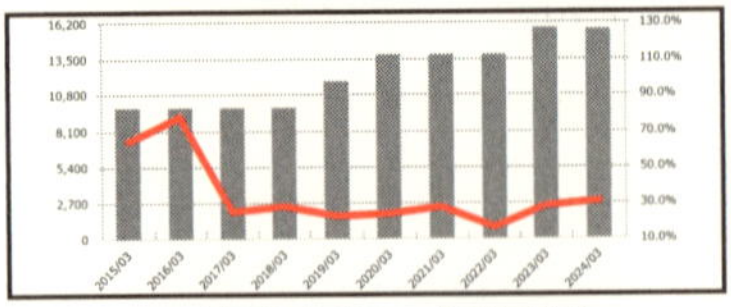

10期売上高・当期利益

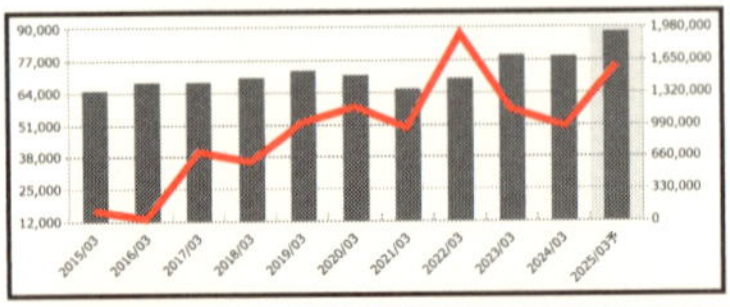

株価（2013年～2024年10月）

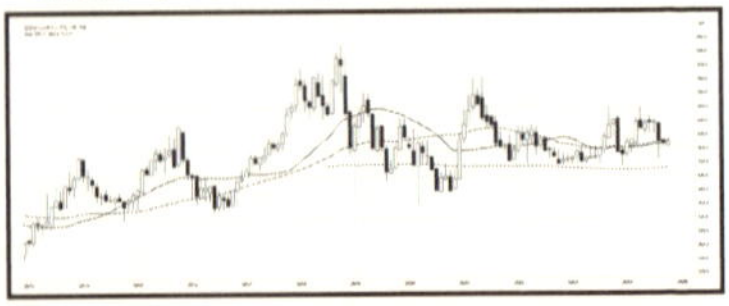

かつをコメント 製紙国内首位で海外パルプ権益が大きな収益源。今期2025年3月期は収益好転で大幅増配予想。3月末に1000株を半年以上保有で自社グループ商品（ティッシュなど）。

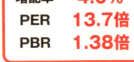

エア・ウォーター(4088) 東プ 化学

予想配当利回り **3.18%** 3期連続増配

株価2013.5円 最低購入金額 20万1350円

権利確定日 3月・9月末

増配率	8.2%
PER	9.2倍
PBR	0.91倍

10期配当総額・配当性向

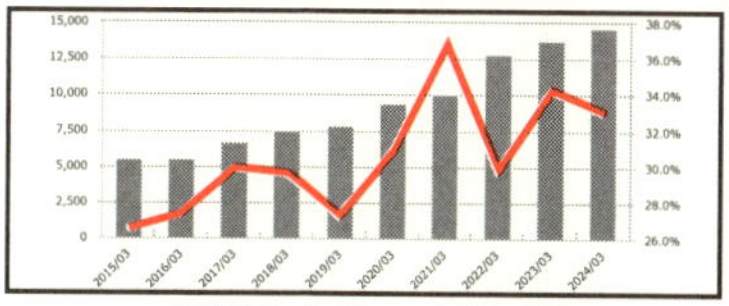

10期売上高・当期利益

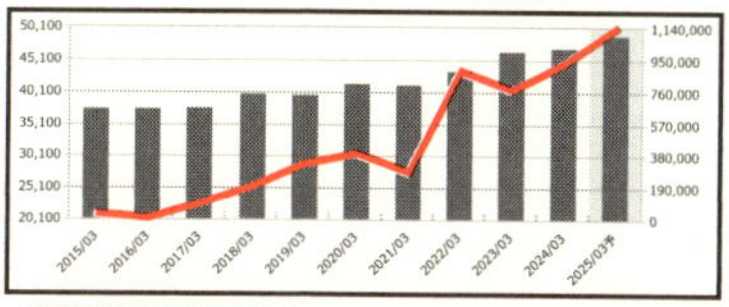

株価（2013年~2024年10月）

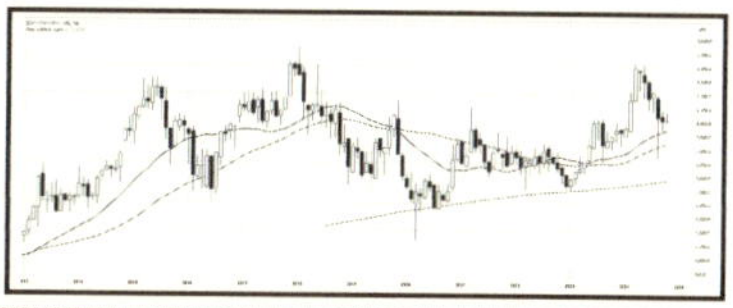

かつをコメント

産業ガスや医療用酸素などを製造。事業多角化に成功し増収増益続く。配当性向30%方針。3月末に100株保有で1500円相当の自社グループ製品（フルーツバーセット）。

ユー・エス・エス(4732) 東プ サービス業

予想配当利回り **3.14%** 24期連続増配

株価1310.5円 最低購入金額 13万1050円

権利確定日 3月・9月末

増配率	8.5%
PER	17.5倍
PBR	3.23倍

10期配当総額・配当性向

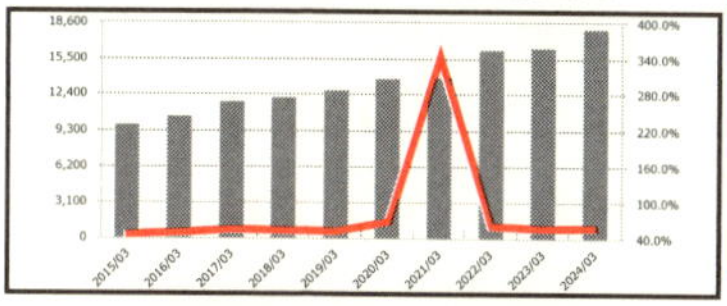

10期売上高・当期利益

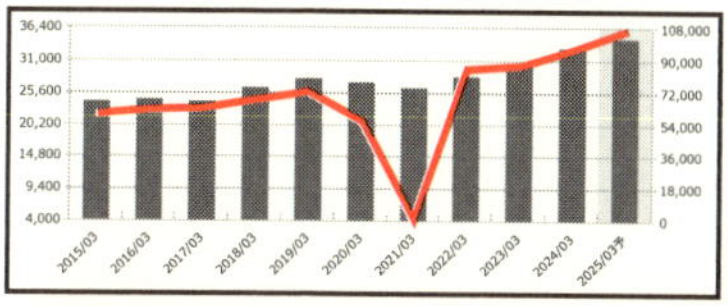

株価（2013年~2024年10月）

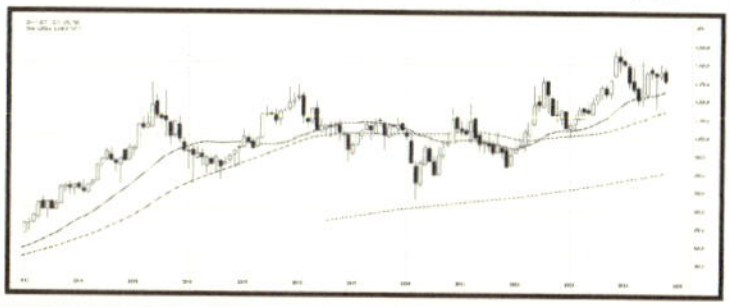

かつをコメント

中古車オークション会場運営というニッチ事業で超高収益、高成長が続く。配当性向55%以上と非常に高い配当方針。3月・9月末に100株保有でQUOカード各500円分。

新晃工業(6458)　東プ　機械

予想配当利回り
2.94%
2期連続増配

株価4585円　最低購入金額　45万8500円

権利確定日　3月・9月末

10期配当総額・配当性向

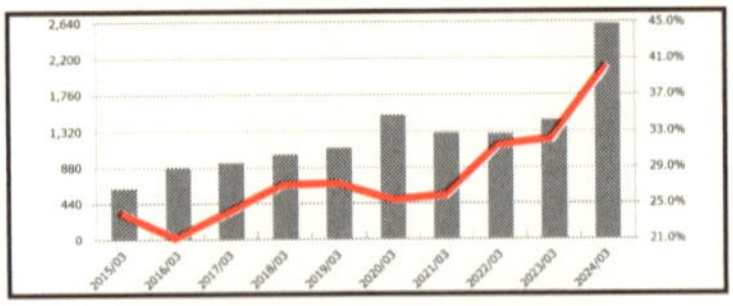

増配率	22.6%
PER	16.6倍
PBR	1.84倍

10期売上高・当期利益

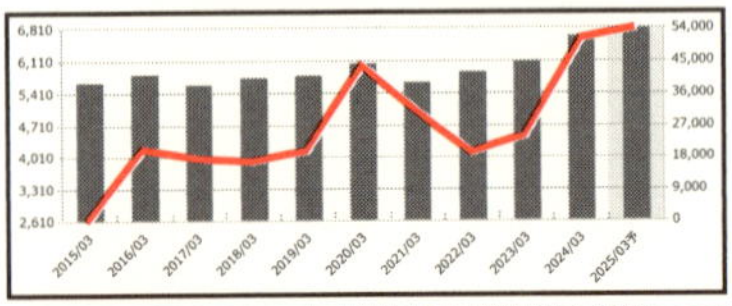

株価（2013年～2024年10月）

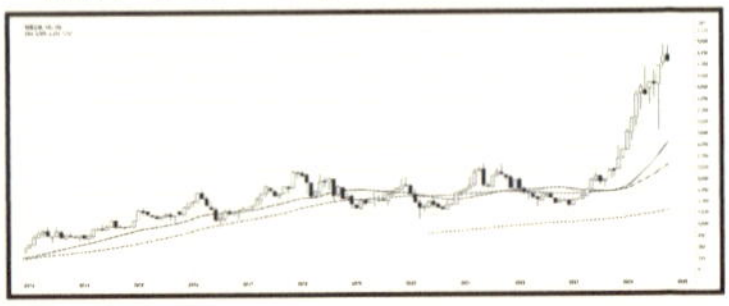

かつを
コメント

空調機器メーカーで半導体工場向けが好調。業績躍進が続き今期も大幅増配予想。具体的な配当方針がなく増配余地あり。3月末に100株を1年以上保有で図書カード1000円分。

AOKI HD(8214)　東プ　小売業

予想配当利回り
4.45%
2期連続増配

株価1235円　最低購入金額　12万3500円

権利確定日　3月・9月末

10期配当総額・配当性向

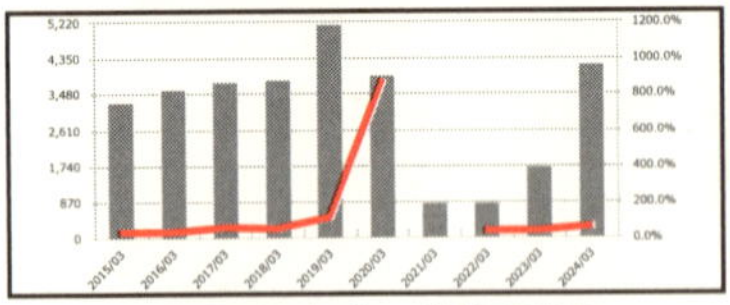

増配率	36.3%
PER	13.0倍
PBR	0.77倍

10期売上高・当期利益

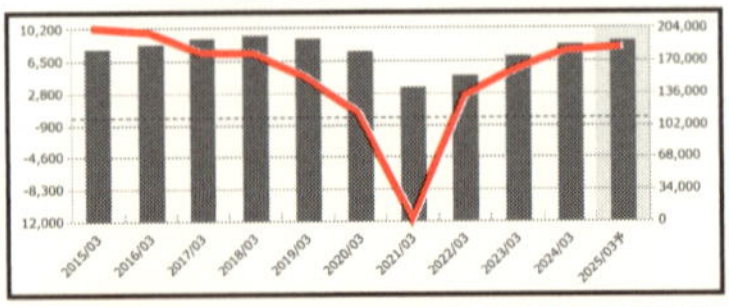

株価（2013年～2024年10月）

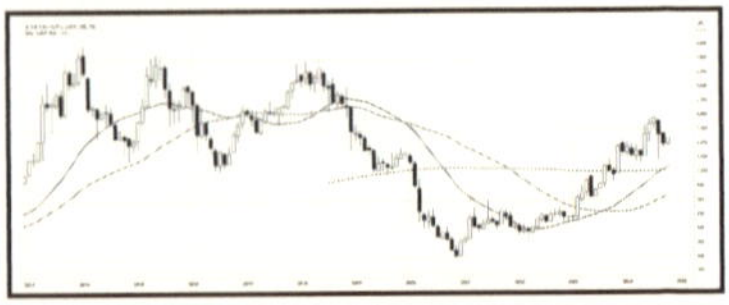

かつを
コメント

紳士服国内2位でカフェ事業も好調。配当性向30%以上、総還元性向50%以上。3月・9月末に100株保有でAOKI 20%割引券5回、快活クラブ20%割引券20回など。

芙蓉総合リース(8424)　東プ　その他金融業

予想配当利回り
4.08%
19期連続増配

株価11040円　最低購入金額　110万4000円

権利確定日　3月・9月末

増配率	17.3%
PER	7.4倍
PBR	0.76倍

10期配当総額・配当性向

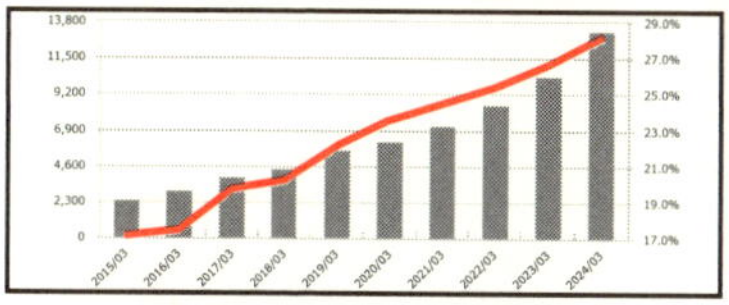

10期売上高・当期利益

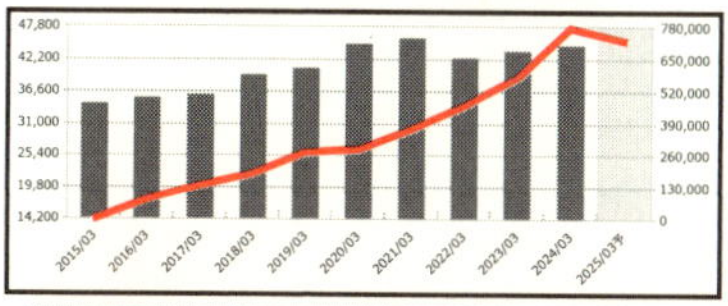

株価（2013年～2024年10月）

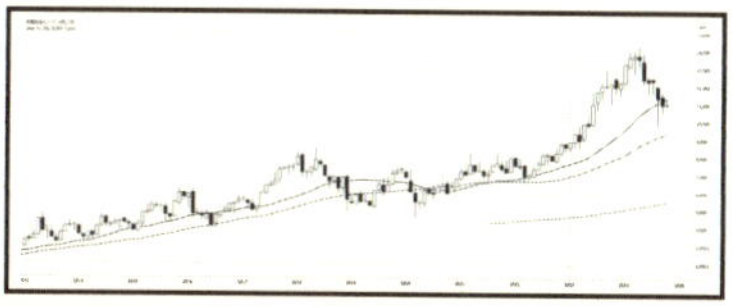

かつをコメント

不動産分野に強いみずほ系リース会社。19期連続増配中。3月末に100株保有でカタログギフト3000円相当か図書カード3000円分。優待には長期保有優遇あり。

KDDI(9433)　東プ　情報・通信業

予想配当利回り
3.02%
22期連続増配

株価4798円　最低購入金額　47万9800円

権利確定日　3月・9月末

増配率	4.8%
PER	14.5倍
PBR	1.90倍

10期配当総額・配当性向

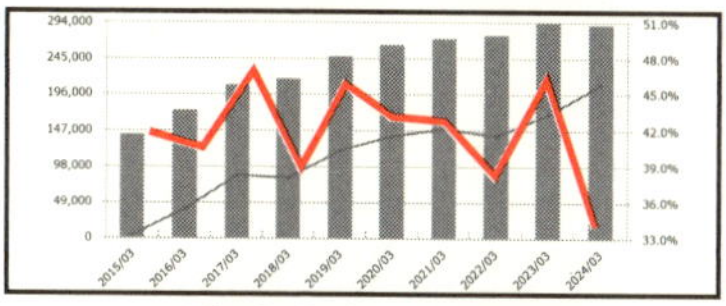

10期売上高・当期利益

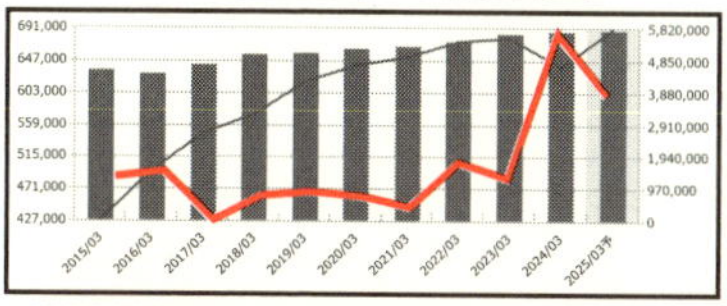

株価（2013年～2024年10月）

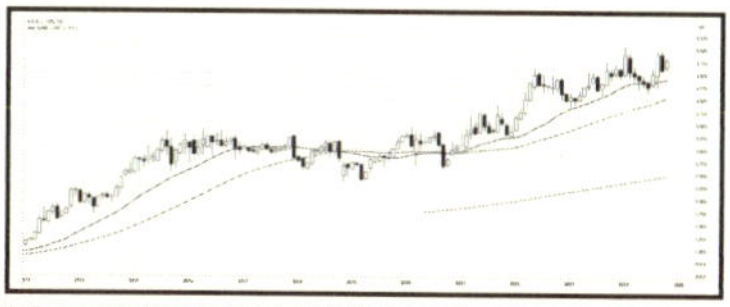

かつをコメント

携帯キャリア国内2位。配当性向40%超を表明し22期連続増配中。株主優待は3月末に100株保有で3000円相当のカタログギフト。2025年度から優待内容変更予定。

米国連続増配株なら株価上昇力アップ

日本株以上に株主還元に積極的な米国株を組み込めば、**利回りアップ**やドル建て投資での**為替分散**、さらに日本株以上に**右肩上がりの株価上昇**に期待が持てます。国際的に超優良で何十年にもわたって連続増配を続けている銘柄に資金の一部を分散投資すれば、ポートフォリオの値上がり力が格段にアップするでしょう。

配当利回りが5~6%を軽く超える世界中に名の知れ渡った超高配当株も多数そろっている一方、株価が上昇しすぎて利回りが低い**連続増配株**もあります。

私自身も米国通信会社の**AT&T（T）**やたばこメーカーの**アルトリア・グループ（MO）**にコールオプションの売りを組み合わせることで、オプションのプレミアム料も含めて**利回り10%を超える高配当株投資**（236ページ以降の付録参照）を実践しています。

AT&T（T） NYSE 通信サービス

予想配当利回り **5.2%**

株価21.51ドル

権利確定月 1月、4月、7月、10月

10期1株配当

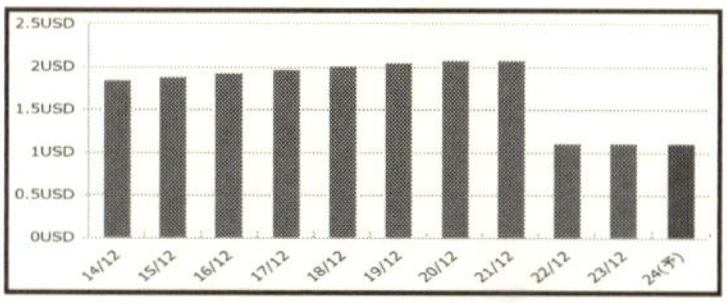

PER **12.2倍**
PBR **1.4倍**

10期売上高・当期利益

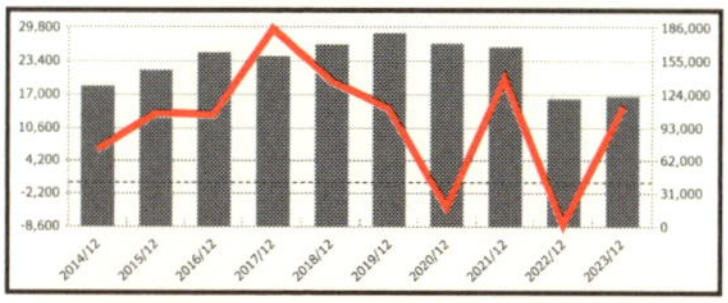

株価（2013年～2024年10月）

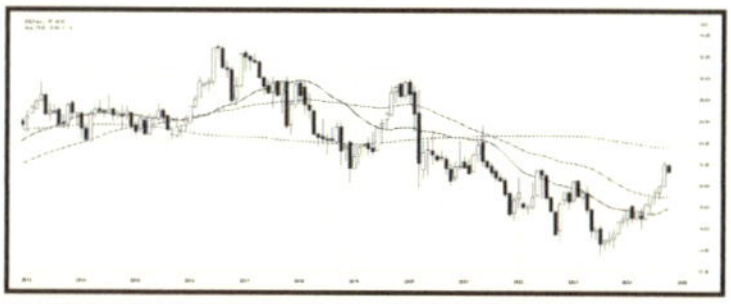

かつをコメント

米国第3位の無線通信事業会社で規模は十分。2021年に36期連続増配がストップして減配。しかし株価に割高感はなく足元の配当利回りも高い。

アルトリア・グループ（MO） NYSE たばこ製品

予想配当利回り **8.2%**
53期連続増配

株価49.9ドル

権利確定月 3月、6月、9月、12月

10期1株配当

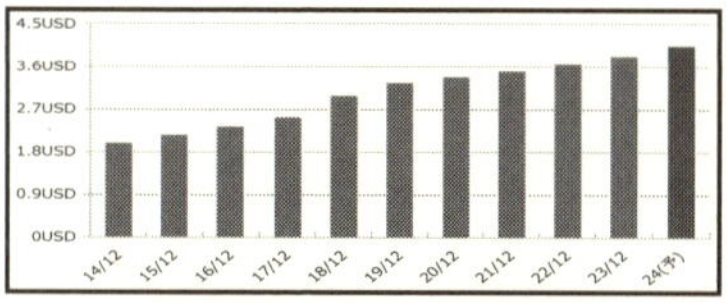

PER **8.6倍**
PBR **－倍**

10期売上高・当期利益

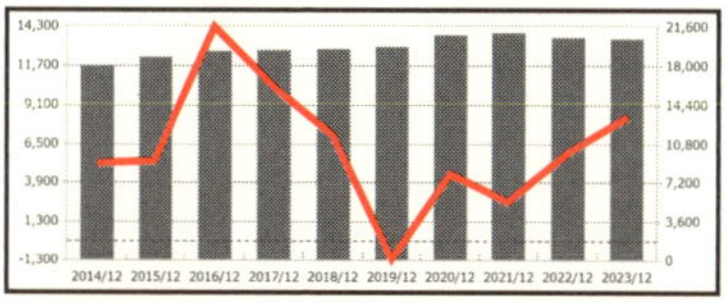

株価（2013年～2024年10月）

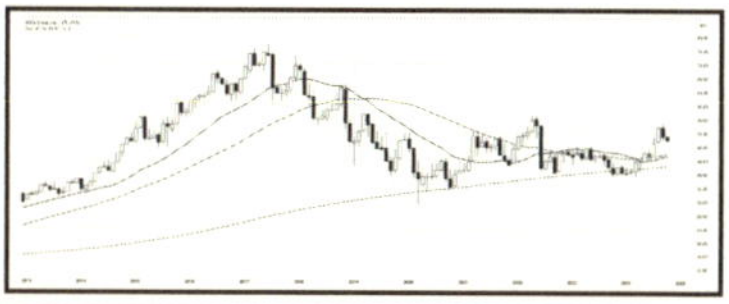

かつをコメント

米国のたばこおよび電子たばこで業界首位。利益は比較的安定しており増配も続いている。

トロント・ドミニオン・バンク（TD） NYSE 銀行

予想配当利回り
5.3%
13期連続増配

株価56.32ドル

権利確定月　1月、4月、7月、10月

10期1株配当

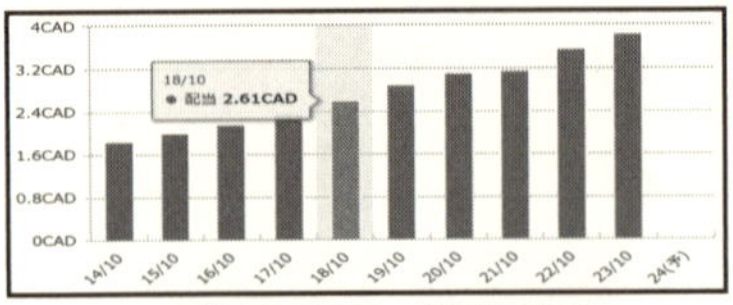

PER　**18.0倍**
PBR　**1.4倍**

10期売上高・当期利益

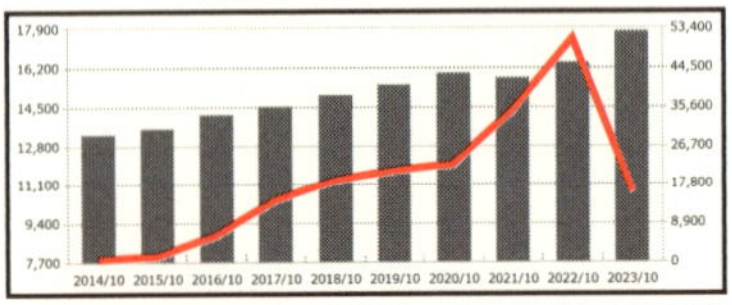

株価（2013年～2024年10月）

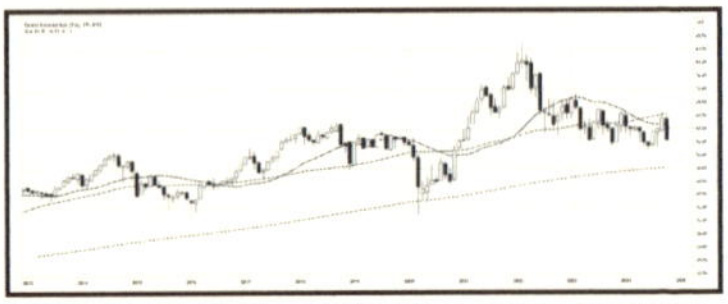

かつをコメント

カナダの2大銀行の1つで米国北東部でも事業展開。株価は横ばい推移も長期間にわたり連続増配中。

ウォルマート（WMT） NYSE 小売

予想配当利回り
1.0%
51期連続増配

株価81.65ドル

権利確定月　3月、5月、8月、12月

10期1株配当

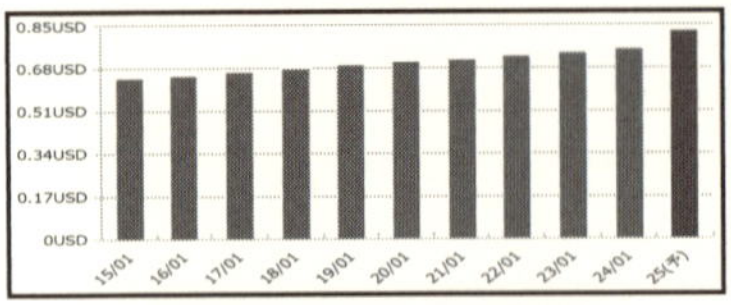

PER　**41.8倍**
PBR　**7.6倍**

10期売上高・当期利益

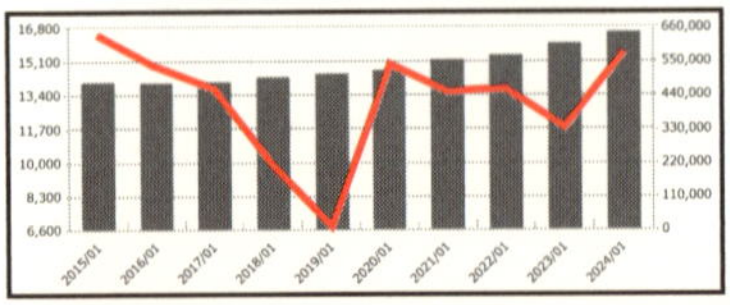

株価（2013年～2024年10月）

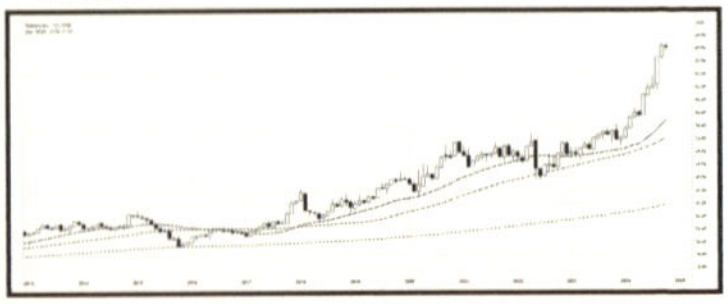

かつをコメント

世界最大の低価格小売チェーン。50年以上連続増配中。配当利回りが1％と低いのは株価が急騰しているため。

プロクター&ギャンブル(PG) NYSE 消費財

予想配当利回り
2.3%
67期連続増配

株価173.57ドル

権利確定月 1月、4月、7月、10月

PER 28.7倍
PBR 8.2倍

10期1株配当

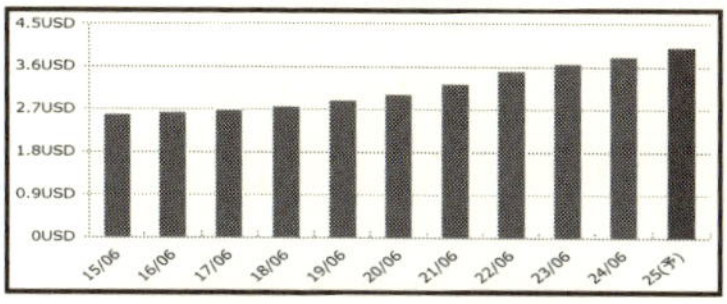

10期売上高・当期利益

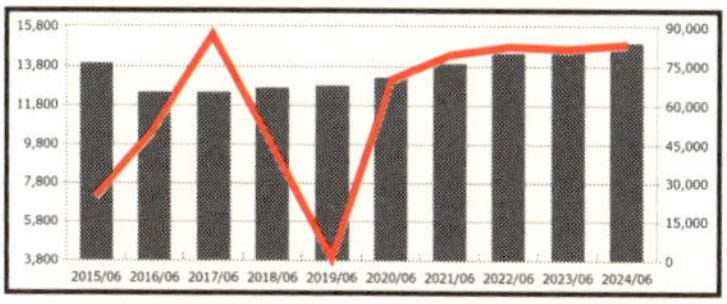

株価(2013年~2024年10月)

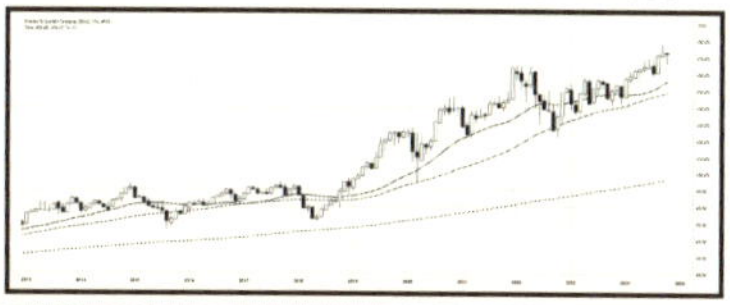

かつをコメント

洗剤、シャンプーなど日用品世界最大手。60年以上連続増配中で2018年以降、株価も2倍以上に長期上昇中。

リンデ(LIN) NASDAQ 化学

予想配当利回り
1.2%
30期連続増配

株価480.71ドル

権利確定月 3月、6月、9月、12月

PER 36.4倍
PBR 6.0倍

10期1株配当

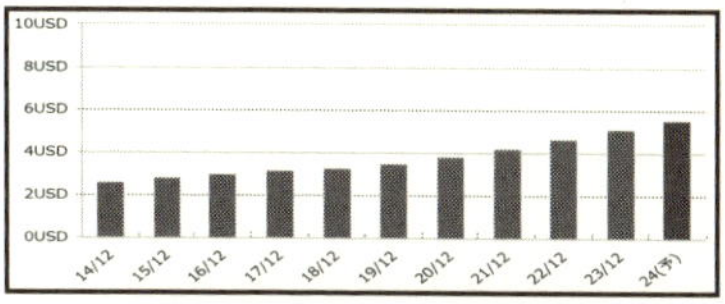

10期売上高・当期利益

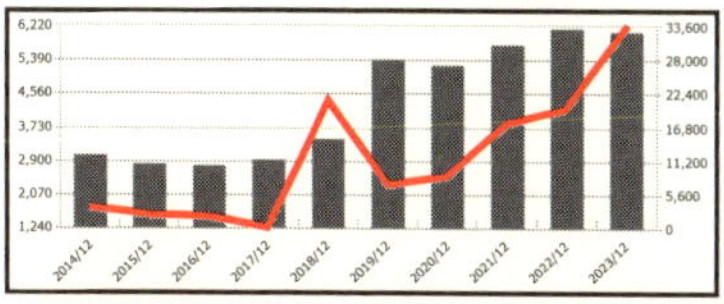

株価(2013年~2024年10月)

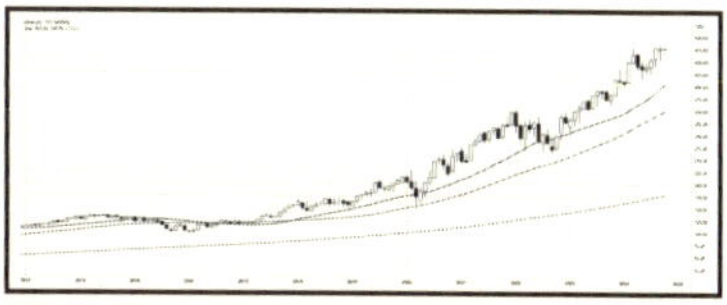

かつをコメント

世界最大の産業用ガスメーカー。30期連続増配中。配当利回りが1.2%前後と低いのは株価が長期上昇中のため。

オートマチック・データ・プロセシング（ADP） NASDAQ ソフトウェア

予想配当利回り **1.9%** 49期連続増配

株価290.04ドル

権利確定月　1月、4月、7月、10月

10期1株配当

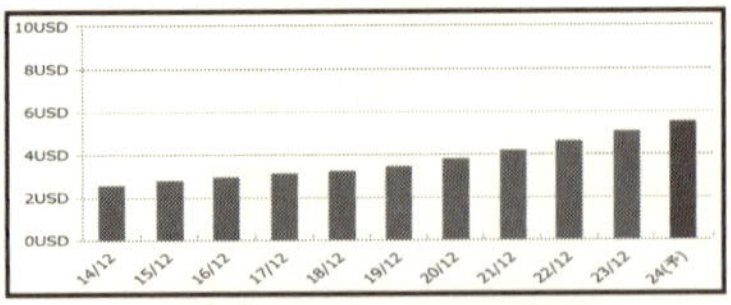

PER　**32.0倍**
PBR　**26.1倍**

10期売上高・当期利益

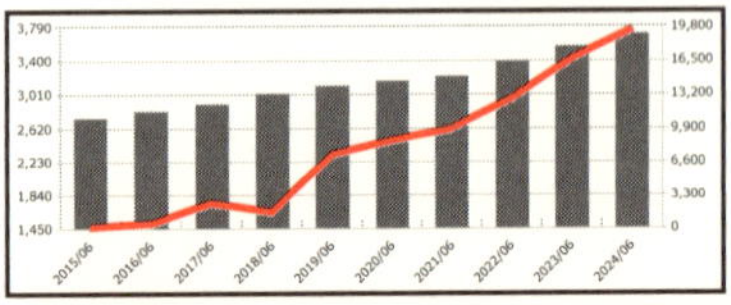

株価（2013年～2024年10月）

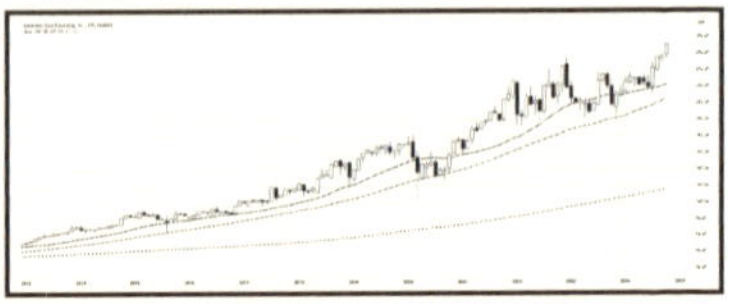

かつをコメント　米国の給与計算代行会社。9期連続増収で2024年6月期も過去最高の売上高・利益。50年近く連続増配中。

チャブ（CB）　NYSE　保険

予想配当利回り **1.3%** 31期連続増配

株価287.4ドル

権利確定月　3月、6月、9月、12月

10期1株配当

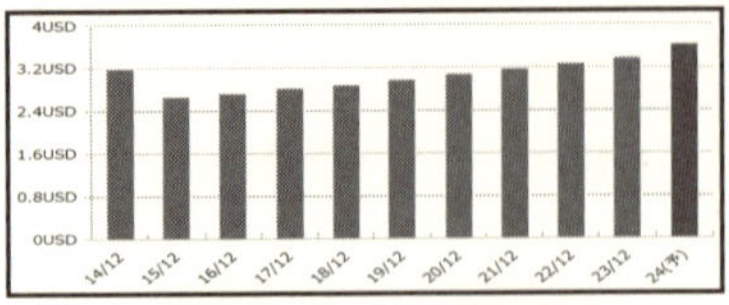

PER　**12.2倍**
PBR　**1.9倍**

10期売上高・当期利益

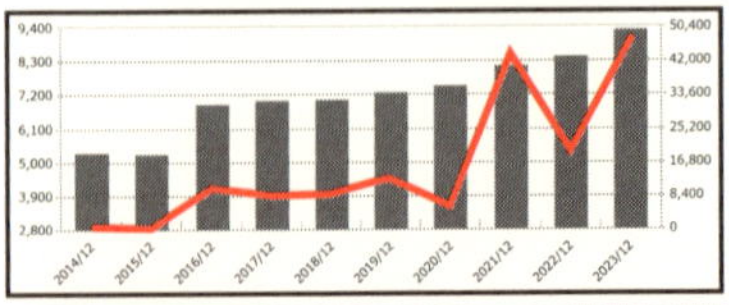

株価（2013年～2024年10月）

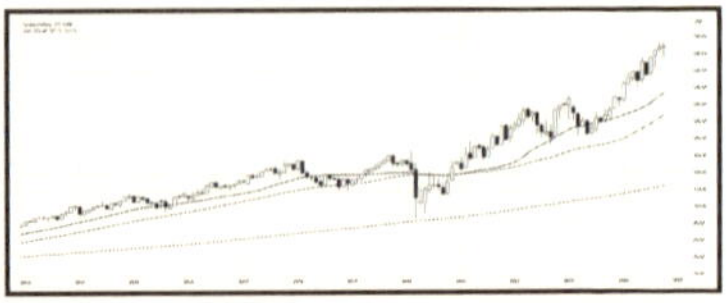

かつをコメント　米国最大級の損害保険会社。2024年5月にバークシャー・ハサウェイの大量保有が判明。自社株買いにも積極的。

シスコ(SYY)　NYSE　小売

予想配当利回り **2.7%** 54期連続増配

株価75.56ドル

権利確定月　1月、4月、7月、10月

10期1株配当

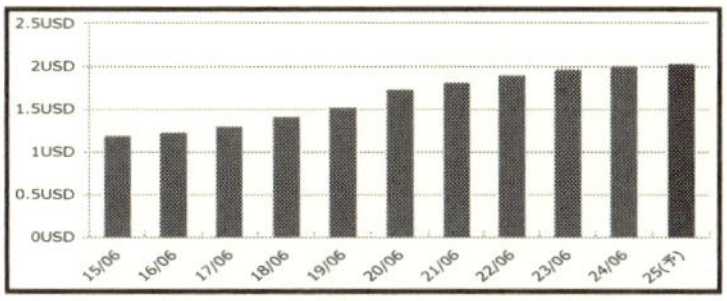

PER　19.3倍

PBR　19.9倍

10期売上高・当期利益

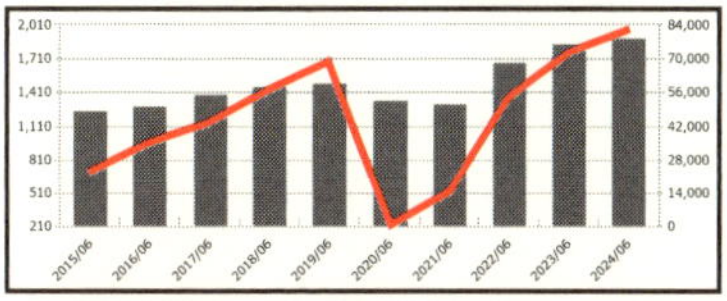

株価（2013年～2024年10月）

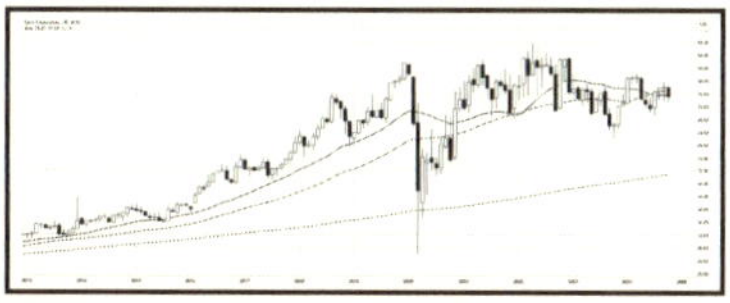

かつをコメント

米国最大級の食品サービス卸売会社。50年以上にわたり連続増配中。株価も長期的な上昇トレンドが続いている。

S&Pグローバル(SPGI)　NYSE　資本市場

予想配当利回り **0.7%** 51期連続増配

株価528.45ドル

権利確定月　2月、5月、8月、11月

10期1株配当

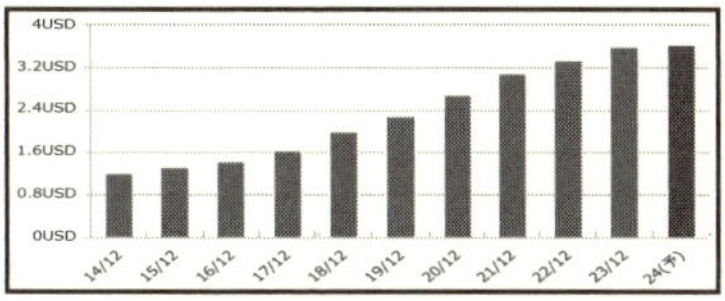

PER　50.0倍

PBR　4.7倍

10期売上高・当期利益

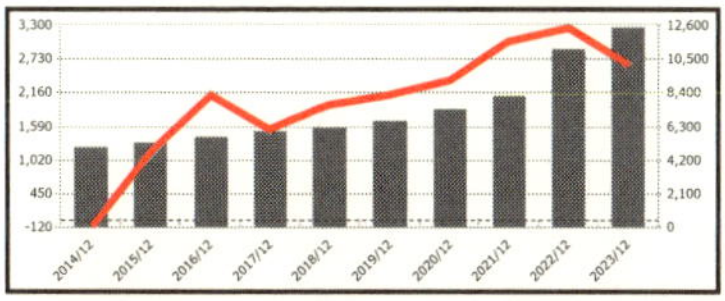

株価（2013年～2024年10月）

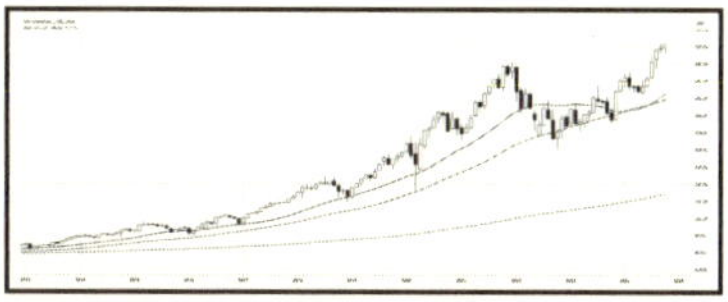

かつをコメント

金融市場の指数算出、信用格付けなどを行う金融情報会社。S&P500は同社が算出。株価も絶好調な連続増配株。

付録

なぜ利回り10％超もありうるのか？
【上級者向け】高配当株カバードコール戦略

高配当株を保有して高額の株主配当をちゃっかり受け取りながら、その株のコールオプションを売ることでプレミアム料という上乗せ金利のような収入ももらって自分利回りを向上させる――これが「カバードコール戦略」というオプション取引です。

私かつを自身、米国高配当株のAT&T（T）やアルトリア・グループ（MO）の現物株を保有しつつ、それらの個別株オプション取引を行っています。その結果、「株主配当＋オプション収益（プレミアム料）」の合計額が利回り換算して年率10％に達したこともあります。

オプション取引をりんごの売買で例えると

「オプション？　何それ？　怖い！」と拒否反応を示す方も多いでしょう。

「オプション取引とは何か？」を説明しないと、多くの方は何のことかさっぱりわからないはずです。

オプション取引とは、ある金融商品を**将来、決められた価格で買ったり売ったりする「権利」を売買する取引**のこと。

りんごで例えるなら「6カ月後にりんご1個を100円で買える権利（コールオプション）を今10円で売るけど買う人いないですか？」という取引です。

権利（オプション）を売った人は10円が手に入ります。

権利を買った人は6カ月後にりんごが1個120円で売られていても権利を行使すれば1個100円で購入できます。

この場合、「価格差20円－オプション費用10円＝10円」が買い手の利益になります。しかし、将来のりんごの価格が90円だったら権利を行使して100円払って買うまでもなく、90円で売られている市場のりんごを買ったほうがお得です。**権利を買った人は権利を行使しないで放棄する**ことになりますが、過去に権利を10円で売った人はその10円がまるまる利益になる、というわけです。

この例えでいうと、りんごを将来100円で買える権利（コールオプション）を売って10円のオプション料（これを**「プレミアム（料）」**と呼びます）を手に入れることが、ここで解説するカバードコール戦略です。

個別株コールオプションの仕組み

個別株オプション取引は、ある企業の株を**将来、決められた権利行使価格で買う（コール）／売る（プット）ことができる権利を売買**する取引です。株そのも

― 図48　コールオプションの売りで利益が得られる仕組み ―

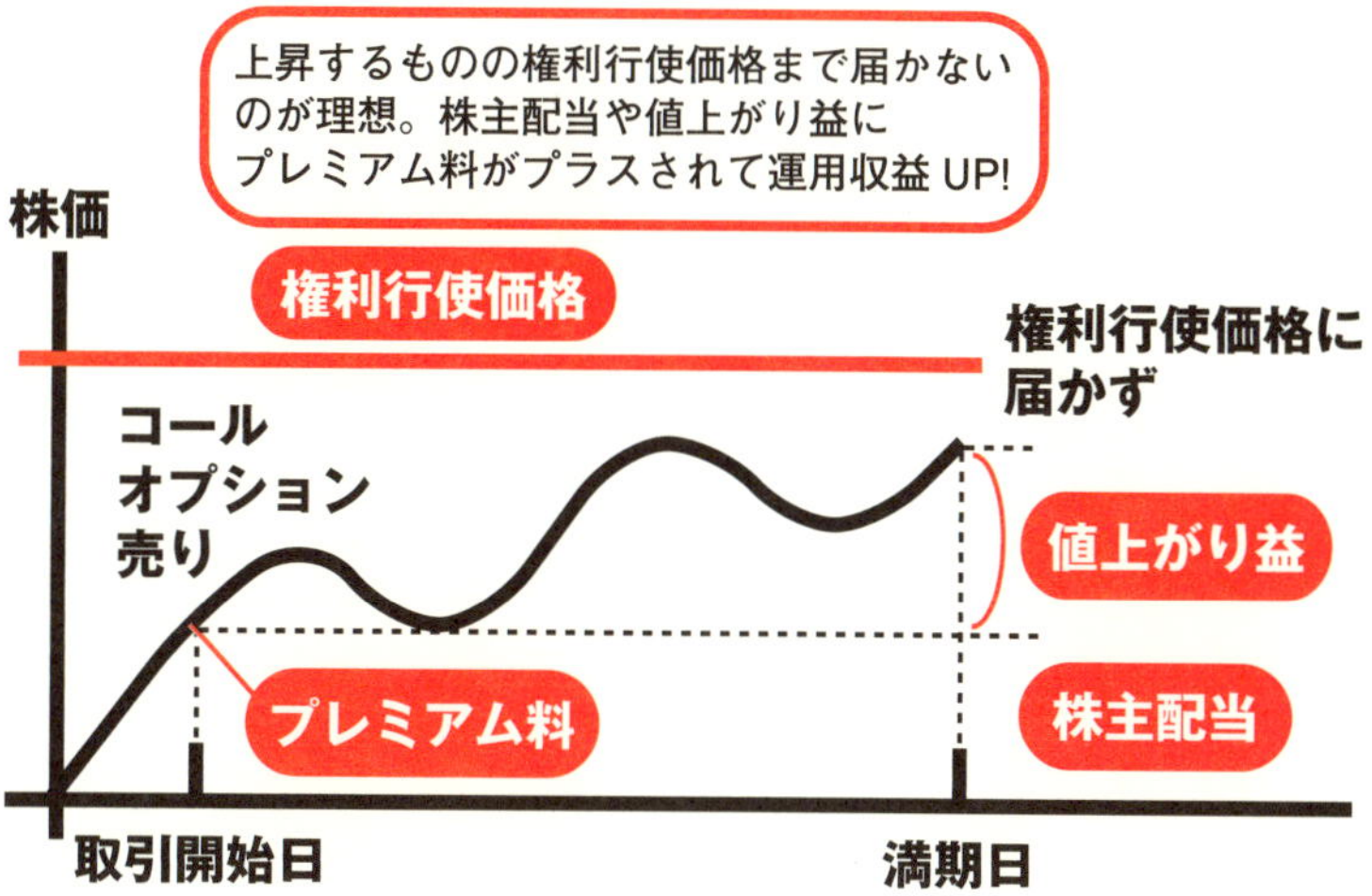

のではなく、株を買ったり売ったりする「権利」を売買するのが現物株投資とは違うところ。

コールオプションの売りで利益が発生する仕組みは図48のようになります。

株価がこの先、上がるか下がるかは誰にもわかりません。

仮に株価の上昇が続いてオプション取引のときに決めた権利行使価格以上に値上がりしたとしましょう。すると、コールオプションを「買った」人はその株を前もって決めた、**時価より安い権利行使価格で買うことができる**ので「その価格差－オプション権利の取得費用」が利益になります。

一方、コールオプションを「売った」人は**プレミアムというオプション料を手に入れる**ことができます。

とはいえ株価は無限大まで上昇する可能性があります。つまりコールオプションの売り手には損失が無限大まで拡大するリスクがあります。

「損失無限大！　そんな危ない取引できるわけない」

と思われるかもしれません。しかし、同じ証券会社の口座で現物株を保有していれば、たとえコールオプションの権利が行使されても、その**現物株を差し出すだけでいい**ので株価上昇リスクは回避できます。

逆にいうとカバードコール戦略を行うなら、現物株の取引もオプション取引も同じ証券会社の口座内で行いましょう。現物株を別の証券会社の口座で保有していると、株価が急変してコールオプションの権利を行使されたとき、**追加証拠金を支払うリスク**が生じるからです。

そのため、新NISA口座で米国の個別株を保有しながら、米国株のオプション取引は別の証券会社の口座で行うというのは現実的ではありません。

カバードコール戦略は新NISAとは切り離して課税口座で行いましょう。

執筆時点でカバードコール戦略を行えるのは、米国株の個別株オプション取引ができる外資系の**ウィブル証券、サクソバンク証券**の2社だけです。

ただし、今後増える可能性があります。

個別株カバードコール戦略の具体例

このように個別株のカバードコール戦略は個別株を保有しつつ、その個別株のコールオプションを売却することで、次の3つの損益を合わせたものが手に入る投資方法です。

❶個別株の損益（株価の変動によって利益にも損失にもなる）

❷コールオプション売却によるプレミアム料（必ず利益になる）と権利行使にともなう損失（必ず損失になる）

❸個別株の損益とコールオプションの権利行使にともなう損失は相殺されるので、手元にはオプションのプレミアムと原資産からの株主配当が残る

いわば、**将来の株価の値上がり益を捨てる**かわりに、プレミアム料を株主配当に上乗せして手に入れちゃおうという戦略です。

わざわざ、こんな複雑な取引をするメリットは株価の上昇や下落の影響を除いた**キャッシュフロー収入の予測が立つ**ことです。

プレミアム料はコールオプションを売った時点で確定しますので、現物株の株主配当＋プレミアム料というキャッシュフロー収入が確定します。

具体例を示したほうがわかりやすいでしょう。

そこで、投資の神様ウォーレン・バフェット氏も愛する世界的な飲料メーカー、**コカ・コーラ・カンパニー（KO）**のオプション取引を具体例として取り上げました。次ページの図49は米国系スマホ証券のウィブル証券で2024年9月21日に取引されていたコカ・コーラ株とそのオプション価格です。

注目してほしいコールオプションとその価格を示しました。

コカ・コーラの現在の株価は図49にあるように**71・64ドル**です。

オプションの期日（満期日）は2024年12月20日です。

権利行使価格が**72・5ドル**のオプション価格を見ると現在値が**1・94ドル**。コールオプションを売ることで、このオプション価格1・94ドルを手に入れるのがカバードコール戦略です。

このコールオプションを売却するということはコカ・コーラ株を2024年12月20日に72・5ドルで買う権利を1・94ドルで売却するということです。

将来の株価が上がるか下がるかで収益が大きく変わるので、2024年12月20日のオプション決済時点でコカ・コーラの株価が以下に示す**AからDの4パターン**のいずれかになった場合、それぞれ損益がどうなっているか見てみましょう。

― 図49　ウィブル証券のコカ・コーラ株のオプション価格 ―

コカ・コーラ・カンパニー（KO）の株価とコールオプション価格

掲載した画面の価格は実際に2024年9月21日にウィブル証券で取引されていた価格に基づいています。

行使価格	買気配	売気配	現在値
満期	2024年12月20日		
60	11.50	13.60	11.78
62.5	9.70	10.15	9.79
65	7.00	8.35	6.50
67.5	5.30	5.90	4.79
70	3.40	3.65	3.50
コカ・コーラの現在値 71.64ドル			
72.5	1.89	1.99	1.94
75	0.87	0.92	0.79
77.5	0.32	0.37	0.30
80	0.90	0.14	0.08
85	0.00	0.08	0.05

コカ・コーラ株価

71.64

コカ・コーラ株を2024年12月20日に1株72.5ドルで買う権利の現在値（実際の取引価格）は**1.94ドル**。この価格がコールオプションのプレミアムとして売り手に支払われる

A　コカ・コーラの株価が72ドル

原資産のコカ・コーラ株が71・64ドルから72ドルへ、つまり0・36ドル値上がりしました。この場合、オプションを買った投資家は72・5ドルで権利行使するより市場価格の72ドルのほうが安く買えます。そのため、オプションの権利を放棄することになります。

オプションの売り手からすると、**原資産の値上がり益0・36ドル（含み益）とプレミアム料1・94ドルの合計2・23ドルが利益**になります。

原資産のみ保有していた場合は0・36ドルの値上がり益だけしか得られなかったわけですのでカバードコール戦略がうまく機能しているといえます。

B　コカ・コーラの株価が80ドル

原資産のコカ・コーラ株は71・64ドルから80ドルへ、つまり8・36ドル値上がりしたことになります。

この場合、オプションの買い手は権利行使価格の72・5ドルのほうが安く買えるので**権利行使**します。つまり、売り手は時価80ドルと権利行使価格72・5ドルの**差額の7・5ドルを負担**する必要があります。

ただし、カバードコール戦略ではオプション取引とは別にコカ・コーラの現物株を保有しているわけですから、**権利行使者に保有株を差し出すことで取引を終了**させることができます。この場合は実質的な費用の追加負担はありません。

もしコカ・コーラ株をオプション取引したときの株価71・64ドルで購入していたら、**71・64ドルから権利行使価格の72・5ドルまでの値上がり益0・86ドルとプレミアム料1・94ドルの合計2・8ドルの利益（72・5ドルから80ドルまでの株価上昇による7・5ドル分の利益取り逃がし）**という結果になります。

カバードコール戦略を行わなかったときの利益は原資産の保有による株価の値上がり益8・36ドルですので、カバードコール戦略はうまくいきませんでした。

ただし運用損益としてはプラスになっています。

C　コカ・コーラの株価が70ドル

原資産のコカ・コーラ株は71・64ドルから70ドルへ、つまり1・64ドルの値下がり。Aと同様、オプションの買い手は権利を放棄します。よって**プレミアム収入1・94ドルから原資産の値下がり1・64ドルの含み損を引いた差額0・3ドルが利益**になります。原資産のみ保有の場合は1・64ドルの含み損だけになるので、カバードコール戦略がうまく機能しているといえます。

D　コカ・コーラの株価が60ドル

原資産のコカ・コーラ株は71・64ドルから60ドルまで11・64ドルの値下がり。この場合、AやCと同様、買い手は権利を放棄します。

売り手は**原資産の値下がり11・64ドル（含み損）とプレミアム収入1・94**

ドルを相殺して、差し引き9・7ドルの損失（含み損）になります。

原資産のみ保有の場合は11・64ドルの含み損だけを抱えることになりますから、カバードコール戦略のほうが損失は抑えられています。

カバードコール戦略の成功パターン

以上の4パターンから考えると、カバードコール戦略がうまく機能したといえるのはAとCのパターンですね。すなわち、コカ・コーラ株が**権利行使価格以上に上昇せず、大きく値下がりもせず横ばい程度で推移したケース**になります。

一方、BとDのように株価が大きく変動してしまうと、カバードコール戦略はうまく機能しません。

つまり、**株価があまり変動しない横ばい相場**や**ゆるやかな上昇・横ばいの値動きが続きやすい個別株**にはカバードコール戦略は適しているといえます。

保有株と同じ株数の分だけコールオプションの売りを駆使することで**オプション料をノーリスクで得られる**のがこの戦略のうま味です。

「オプションプレミアム1・94ドル÷取引時のコカ・コーラの株価71・64ドル」で利回り換算すると**2・7%**。コカ・コーラの予想配当利回りは**3・0%**前後ですので、2つ合わせて利回りを**6%近くまで跳ね上げる**ことができます。

高配当株とカバードコール戦略は相性がいい

このコールオプション戦略が有効なのは、そもそも高配当株の多くは業績が急成長しているような花形株ではないからです。

高配当株というのは株主配当に比べて**株価があまり上昇していない株**ともいえます。業績や財務基盤は安定しているものの急成長は見込めないため、株価が割安圏に放置された不人気株が高配当株になりやすい傾向があります。

コールオプションの売りで一番ダメージが大きいのは権利行使価格以上に「激しく」「大きく」株価が上昇してしまったとき。

しかし、AI（人工知能）関連の花形株ならともかく、**成熟産業であることが多い高配当株の株価が急上昇することは稀**です。

業績は安定しているものの、将来、大化けする可能性は小さいため、**年率10％前後の上下動をゆるやかに繰り返している**というのが高配当株の値動きイメージです。

カバードコール戦略はそんな高配当株の値動きのクセにとてもマッチしたオプション戦略といえるでしょう。

オプション取引は少額資金で取引できるため、欧米では個別株投資以上にポピュラーです。

オプションを買う取引は**少額のプレミアム料を支払って、将来の株価の大きな値上がり（もしくは値下がり）から利益を狙う投資法**です。オプション買いを繰り返して億万長者になった米国の若者もたくさんいるようです。

一方、オプションの売りは株価の値動き次第では損失が無限大になるので、個人投資家が単独でオプションの売りを行うのは極めて危険です。

あくまで現物株を同じ株数保有して、損失が生じても保有株の売却で穴埋めできる形で取引すべきです。

そうした注意点を踏まえて、もし興味と勇気があるなら、自分利回り激増を狙った投資戦略の1つとして考えてみるのもいいでしょう。

終わりに

本書をここまでお読みいただき有難うございます。

新NISAといえば全世界株式やS&P500に連動するインデックス型投資信託につみたて投資して、あとはほったらかしで一切利益確定は行わず複利の力で資産を大きく増やす手法が定番になりつつあります。

全世界株式にしてもS&P500にしても「GAFAM」や「マグニフィセント・セブン」といわれる、時価総額が巨額な米国巨大IT企業の急成長に乗って毎年5~10%の上昇を続けています。

20年も保有し続ければ複利効果もあって資産が5倍10倍に増えてもまったくおかしくありません。

しかし、**投資はあくまで目的があっての手段**です。

投資の目的が毎月のお給料や年金に＋αできる定期収入であるなら、毎年決まった時期に現金（株主配当）が入ってくる高配当株投資のほうに優位性があります。投資する以上、日々の生活が少し豊かになったりお金に余裕ができたりして、お金では買えない自由や幸福感を感じたくありませんか？

今を楽しむために投資をするのは決して間違っていないはず。

そんな思いから、高配当株の値動き自体に惑わされることなく、投資元本に関しては手をつけず、とにかく毎年60万円、毎月5万円の定期収入が得られる高配当株投資に焦点をあてて解説しました。

新ＮＩＳＡの成長投資枠１２００万円は高配当株投資に使い、つみたて投資枠６００万円だけをインデックス型投資信託にストイックに長期投資して複利効果で資産を増やすだけで十分じゃないですか？

株式投資で「幸せだな〜」とつくづく感じることができるのは毎年決まった時

期に配当収入を得られること。その幸福感や充実感を大切にしましょう。

インデックス型投資信託へのつみたて投資ははっきりいって**思考停止状態**で続けるのが一番。逆にいろいろ考えて値動きを見たりしてしまうほうが、年に数度の暴落におびえたり、利益確定の欲望を抑えるのに苦労したりして大変なぐらいです。よくいわれる話ですが、亡くなった人、もしくは新ＮＩＳＡ口座で投資していたこと自体を忘れてしまった人のほうがきっと運用成績もよくなるでしょう。

それに比べて、高配当株投資なら、「このアイドルが好き」と今後、より多くの配当金を支払ってくれそうな**高配当株の推し活をするような楽しみ**も得られます。真剣に高配当株の投資対象を選んでいれば、自然と経済や金融、投資の知識や経験を積み上げることができます。

ほったらかしインデックス投資では得られない人生の貴重な経験や知識、知的好奇心や探求心を磨くことができます。

どうか皆さんも新ＮＩＳＡの成長投資枠１２００万円のうち、ほんの少しでもいいので高配当株に投資してその魅力を感じてください。

最後になりますが、出版の機会を与えてくださった株式会社KADOKAWAの編集者・荒川三郎さん、丁寧な取材と言語化をしてくださったライターの大上信久さん、そしていつも応援してくださっているYouTube視聴者の皆さんにこの場を借りて、お礼を申し上げます。そして帰りが遅くなったり土日の時間を使って動画を作ったりしても文句をいわず応援してくれている妻へ、本当に有難う。まだ小さい我が子へ、10年後くらいにこの本を読んでくれ。母ちゃん、もうちょっと長生きしてね。

ここまでお読みいただいた皆さまに感謝します！　**それでは、ご武運を！**

2024年11月吉日

サラリーマン投資家　かつを

買《か》って寝《ね》るだけ！
ゼロから5年《ねん》で月《つき》5万円《まんえん》もらえる高配当株《こうはいとうかぶ》

2025年2月14日　初版発行

著者／かつを

発行者／山下　直久

発行／株式会社KADOKAWA
〒102-8177　東京都千代田区富士見2-13-3
電話　0570-002-301（ナビダイヤル）

印刷所／TOPPANクロレ株式会社
製本所／TOPPANクロレ株式会社

●お問い合わせ
https://www.kadokawa.co.jp/（「お問い合わせ」へお進みください）
※内容によっては、お答えできない場合があります。
※サポートは日本国内のみとさせていただきます。
※Japanese text only

定価はカバーに表示してあります。

ISBN 978-4-04-607319-8 C0033